绿色金融

主　编　宋　敏　唐方方　张　生
副主编　李旭超　宋　锴　陈星辰　巴光明

WUHAN UNIVERSITY PRESS
武汉大学出版社

图书在版编目(CIP)数据

绿色金融/宋敏,唐方方,张生主编.—武汉:武汉大学出版社,2020.11
(2022.9 重印)

ISBN 978-7-307-21546-7

Ⅰ.绿…　Ⅱ.①宋…　②唐…　③张…　Ⅲ.金融业—绿色经济—
研究—中国　Ⅳ.F832

中国版本图书馆 CIP 数据核字(2020)第 091370 号

责任编辑:黄金涛　　　　责任校对:汪欣怡　　　　版式设计:马　佳

出版发行:**武汉大学出版社**　　(430072　武昌　珞珈山)

(电子邮箱:cbs22@whu.edu.cn　网址:www.wdp.com.cn)

印刷:武汉邮科印务有限公司

开本:720×1000　1/16　印张:19.5　字数:350 千字　插页:3

版次:2020 年 11 月第 1 版　　2022 年 9 月第 2 次印刷

ISBN 978-7-307-21546-7　　定价:58.00 元

宋 敏

武汉大学经济与管理学院教授、院长，曾担任香港大学经济与工商管理学院教授、中国金融研究中心主任，北京大学经济学院金融系主任，教授。在Journal of Financial Economics, Economic Journal, Journal of Business、Journal of Development Economics, Journal of Comparative Economics, American Journal of Agricultural Economics 等国际著名经济金融杂志发表论文四十余篇，在《中国社会科学》、《经济研究》、《经济学季刊》、《经济学报》、《经济学动态》、《数量经济与技术经济研究》、《金融研究》、《南开管理评论》《管理世界》、《新华文摘》、《中国社会科学文摘》等权威核心中文期刊发表数十篇论文。

唐方方

北京大学国家发展研究院经济学、金融学及营销学教授，爱思唯尔(Elsevier)人文社会科学99位中国高被引学者之一。师从博弈论宗师泽尔腾(Reinhard Selten)和海萨尼(John C. Harsanyi)教授，两位恩师与"美丽心灵"纳什教授(John F. Nash)分享1994年诺贝尔经济学纪念奖。德国波恩大学数量经济学与信息科学博士。1997年获实验经济学会Heinz Sauermann奖(两年一度)。获颁过多个教学奖(从本科到EMBA)，教授过数以千计的本科、硕士、博士生以及企业管理人员和政府官员。上海交通大学管理学院工学硕士(系统工程)，成都科技大学应用数学系理学学士(运筹学)。在各种国际学术期刊上发表学术论文五十余篇，合作者包括赛勒教授（Richard Thaler, 2017年诺贝尔经济学奖得主，行为金融之父）、克内齐教授（Jack Knetsch, 国际著名环境经济学家）等。

张 生

北京师范大学心理学学士，北京大学国家发展研究院经济学双学位。

李旭超

武汉大学经济系副教授，武汉大学中国与全球化研究中心执行主任，武汉大学新民营经济研究中心副主任。

宋锴

男，山西汾阳人，中共党员。高中毕业于山西省实验中学，北京大学环境科学与工程学院15级本科生，19级博士生。曾两度荣获北京大学"三好学生标兵"称号，两度荣获教育部国家奖学金，荣获北京市优秀毕业生、北京大学优秀毕业生等多项荣誉。

陈星辰

北京大学国家发展研究院17级经济学双学位，曾供职于保尔森基金会和毕马威创新创业共享中心。研究兴趣包括：绿色金融与企业社会责任，公司治理，创新与创业等。

巴光明

北京科技大学机自15级学生，北京大学国家发展研究院16级学生，中科大金融硕士MF上海班19级学生。

撰稿人

主　编　宋　敏　唐方方　张　生
副主编　李旭超　宋　锴　陈星辰　巴光明

各章撰稿人如下：

第一章　亓浩然　王润萌　赵修杰　李　涵　宋　锴
第二章　朱江成　周舒玥　徐子璇　栾睿安　宋　锴
第三章　郑　韵　俞　颖　段长宇　金秀珍　巴光明
第四章　徐元正　胡敏喆　杨　宁　裴蓉蓉　巴光明
第五章　张佳龄　高子茹　于筱涵　陈星辰
第六章　李笑含　郑凯元　曾　量　刘　东　陈星辰
第七章　李佳盈　陈星辰　王子璇　王东雷　李旭超
第八章　朱浩灵　张潇菡　伊　珊　杨雨蒙　李旭超
第九章　黄露莹　王天宇　胡梦雪　李旭超
第十章　蔡兴瑞　陈　驰　陈颖婕　宋　锴

尚昊成同学担任2018年春季北京大学国家发展研究院经济学双学位"低碳经济与碳金融"课程助教，协调各小组的工作安排，特此致谢。

序　言

转变发展模式，实现经济增长与环境保护的协调共进，既是原有粗放式发展模式难以为继的被迫转型，更是"创新、协调、绿色、开放、共享"五大新发展理念的主动选择。只要有适当而充分的政策设计和市场发展，"金山银山"与"绿水清山"是可以共存、共融、共进的。绿色金融市场的发展就是实现绿色发展理念的重要支撑。

绿色金融在国际上早有研究和实践。Scholtens(2006)定义"绿色金融通过最优金融工具及金融产品组合解决全球环境污染和气候变迁问题，实现经济、社会、环境的可持续发展。"特别是 2008 年国际金融危机之后，伴随着全球变暖等环境问题日益突出，建设全球环境治理体系和绿色可持续发展体系成为国际共识，绿色金融在解决环境问题中的地位也越来越突出，与之相关的责任投资原则、赤道原则、绿色债券原则、气候债券准则等日益被接受，包括国际组织、政府、非政府组织以及企业等众多主体积极参与进来，形成了绿色信贷、绿色债券、绿色投资、绿色基金、绿色保险等绿色金融产品体系，最前沿的互联网技术和区块链技术也被吸纳进来。

中国绿色金融的起步虽然相对较晚，但重视度高、发展迅速、成就突出。党的十八届三中全会将生态文明建设提升到了前所未有的高度，为中国绿色金融的发展带来了战略窗口。在政府的推动下，《绿色信贷指引》、《关于建立统一的绿色产品标准、认证、标识体系的意见》、《关于构建绿色金融体系的指导意见》、《关于支持绿色债券发展的指导意见》、《绿色债务融资工具业务指引》等政策相继出台，中国的绿色金融法规体系逐步建立。绿色产品规模逐渐增加，绿色信贷从 2013 年末的 5.20 万亿元增长至 2017 年 6 月末的 8.22 万亿元，绿色债券的规模从 2015 年的近乎于零发展至 2018 年二级市场累计现券交易量高达 4544.24 亿。2016 年，中国已成为仅次于美国的全球第二大绿色债券发行市场。地方政府也积极参与到绿色金融中心的建设中来，2017 年 6 月全国设立 6 个绿色金融改革创新试验区。同时，"一带一路"绿色投资原则（GIP）第一次全体会议于 2018 年 8 月 16 日在北京举行，中国的绿色发展理念正在向全球传播。

虽然实践早已先行，但截至 2018 年 6 月 1 日，国内外对于绿色金融的研究尚处于探索阶段，没有形成完整的理论体系，也缺乏对绿色金融实践的脉络梳理和国别对比。因此，在北京大学唐方方教授的倡议下，唐教授与本人一起联合北京大学团队和武汉大学团队双方的力量，对国内外绿色金融发展的理论和实践中的一些重点问题进行了分析，最终形成《绿色金融》这本书。

本书第一章梳理了绿色金融定义的发展史，并评价了绿色金融不同定义的优缺点。第二章介绍绿色金融的技术载体。首先是基于互联网技术的绿色金融，主要内容包括互联网金融与绿色产业的结合以及绿色货币的创造；其次是绿色金融中区块链的应用，主要围绕区块链技术原理、行业白皮书、实际应用展开。第三章重点介绍绿色金融产生以来具有重要意义的几项国际条约和准则，分别是《巴黎协定》、《责任投资原则》、《赤道原则》、《绿色债券原则》和《气候债券标准》。第四章、第五章和第六章着重介绍国际组织、政府机构以及银行、交易所等业界主体对绿色金融发展的参与和贡献。第七、八、九章是对已有实践的梳理和总结，包括国外的绿色金融实践、中国的绿色金融实践以及绿色金融的具体应用。第十章则是在前九章的基础上对绿色金融的未来发展进行展望。

参与撰稿的有亓浩然、王润萌、赵修杰、李涵、宋楷、朱江成、周舒玥、徐子璇、栾睿安、郑韵、俞颖、段长宇、金秀珍、徐元正、胡敏喆、杨宁、裘蓉蓉、巴光明、张佳龄、高子茹、于筱涵、李笑含、郑凯元、曾量、刘东、李佳盈、陈星辰、王子璇、王东雷、朱浩灵、张潇菡、伊珊、杨雨蒙、李旭超、黄露莹、王天宇、胡梦雪、蔡兴瑞、陈驰、陈颖婕等老师和同学，参与修改的有徐瑞峰、聂聪、卢洁宜、魏希、黄晓琪、赵婧、李旭超等老师和同学。

这本书是集体智慧的结晶，经过北京大学团队和武汉大学团队的长期撰写和反复修改得以成稿，每一位成员都做出了重要的贡献，在此一并感谢。

最后，还要特别感谢武汉大学出版社的黄金涛编辑，对于书稿进行了认真、详细的审阅，此书才能顺利出版。

宋　敏

2019 年 10 月于珞珈山

目 录

图 表 目 录

第一章

绿色金融的内涵与定义

第一节 学者对绿色金融的定义

从 20 世纪 80 年代到 2018 年 6 月 1 日，国际组织、国内外机构对绿色金融的内涵进行了定义，但并没有形成统一的认识。

国外学者较早地对绿色金融进行了定义。Salazar（1998）认为"绿色金融是连接金融产业和环境产业的重要桥梁，是寻求环境保护路径的必要金融创新"。[①] Crown（1999）认为"绿色金融属于绿色经济与金融学的交叉学科，围绕发展绿色经济的资金融通问题展开"。[②] Labatt（2002）定义"绿色金融是以市场为研究基础，改善环境质量、转移环境风险的金融工具"。[③] Scholtens（2006）定义"绿色金融通过最优金融工具及金融产品组合解决全球环境污染和气候变迁问题，实现经济、社会、环境的可持续发展"，[④] 具体地表达出对气候问题的担忧。其他国外学者的定义则使用不同的具有宽泛性质的词语来解释绿色金融中的"绿色"部分，对于金融则使用统一的 Finance 一词，进一步的定义也相差无几，关键词均在于"金融业运用金融手段"。

相比于国外学者，国内学者对绿色金融的定义则比较具体。

在 2010 年以前，国内学者的定义更多在理论方面。和秀星（1998）将绿色金融定义为"金融业在贷款对象、贷款条件、贷款种类与方式上，将'绿色产

---

① Salazar J. (1998). Environmental Finance：Linking Two Worlds. Presented at a Workshop on Financial Innovations for Biodiversity Bratislava.

② Cowan E. (1999). Topical Issues In Environmental Finance. *Eepsea Special & Technical Paper*, 43(3), 1-20.

③ Labatt S. and White R. (2002). Environmental Finance：A Guide to Environmental Risk Assessment and Financial Products. Canada：John Wiley & Sons Inc.

④ Scholtens B. (2006). Finance as a Driver of Corporate Social Responsibility. *Journal of Business Ethics*, 68 (1), 19-33.

业'作为重点扶植项目,从信贷投向、投量、期限及利率等方面给予政策支持,使金融优先支持'绿色产业'成为规范银行信贷管理活动的方针,对银行信贷活动发挥指导性和制约性作用",① 强调发挥政策的作用。高建良(1998)将绿色金融定义为"金融部门将环境保护作为一项基本政策,通过金融业务的运作实现'可持续发展'战略,促进环境资源保护和经济协调发展,实现金融可持续发展",② 强调金融业的可持续发展。陈春光(2005)对绿色金融进行了相关梳理,提出"绿色金融内涵应更丰富,金融业要将金融资源投入到绿色产业、生态保护和环保基础设施项目,还要在信贷投资决策中引入环保理念,考虑潜在环境影响"。③ 王玉婧(2006)将绿色金融定义为"根据可持续发展原则、环境资源对于人类经济和社会发展的制约和制衡作用以及将环境指标、生态指标纳入金融可持续发展体系,金融业可在实现全球可持续发展战略中发挥重要作用。环境保护应成为指导金融业行动原则,在金融投融资决策行为中应体现'绿色'。应注重环境管理、生态保护和污染治理,增强对环保产业和环境技术创新的支持,通过其对社会资源的引导作用,促进经济的可持续发展以及经济与生态的协调发展",④ 强调现有经济的环境风险。安伟(2008)将绿色金融定义为"遵循市场经济规律的要求,以建设生态文明为导向,以信贷、保险、证券、产业基金以及其他金融衍生工具为手段,以促进节能减排和经济资源环境协调发展为目的宏观调控政策"。⑤

在2010年以后,国内学者对绿色金融的定义进一步深化至实践手段方面。周道许、宋科(2014)认为与环境保护相关的产业、技术、工程和商业等领域的资金融通都叫绿色金融。或者说,金融部门在传统经济向绿色经济发展模式的转换过程中,将环境保护这一外生变量内生化,从而影响投融资决策,引导社会资源投向绿色产业与技术,促进经济、社会与环境的协调可持续发展。狭义上讲,绿色金融就是与环境保护相关的金融产品和服务,⑥ 强调绿色金融中的政府作用。易金平(2014)将绿色金融定义为金融机构和组织通过运用多样

　　① 和秀星(1998).实施"绿色金融"政策是金融业面向21世纪的战略选择.南京审计学院学报,4,22-25.

　　② 高建良(1998).绿色金融与金融可持续发展.哈尔滨金融高等专科学校学报,4,17-19.

　　③ 陈春光(2005).绿色金融:现状、问题与趋势,新疆财经,6,38-44.

　　④ 王玉婧 & 江航翔(2006).环境风险与绿色金融.天津商学院学报,6,16-21.

　　⑤ 安伟(2008).绿色金融的内涵、机理和实践初探.经济经纬,5,156-159.

　　⑥ 周道许 & 宋科(2014).绿色金融中的政府作用.中国金融,4,22-24.

化的相关金融产品和服务，以保护环境、提高能源利用效率、优化资源配置等促进人类社会可持续发展的一系列金融活动。一类是为有助于环保的企业提供的金融服务，主要形式有绿色信贷、绿色证券、绿色保险等；另一类是通过金融市场及金融衍生工具来限制温室气体排放的碳金融活动，主要形式有联合履行机制(JI)、国际排放交易(IET)、清洁发展机制(CDM),[①] 强调中国的绿色金融发展现状与对策。

总体来说，国内学者在对绿色金融所下定义中使用大量的内容解释具体的金融工具，在有关绿色的部分也同样使用了诸如环境、可持续发展、生态之类的概念。

在绿色金融理论中，绿色金融的定义比较模糊。绿色在英文中可以和下面这些词语相互通用，包括有关环境的(Environmental)、可持续发展的(Sustainable)、生物多样性(Biodiversity)、增长(Growth)，而金融一词的争议则较小，也曾经在诸多文章中以以下词汇的方式出现，包括投资(Investment)、经济(Economy)、债券(Bonds)，其中，金融(Finance)可以认为是经济(Economy)的一部分，而又将投资(Investment)、债券(Bonds)等包括在内。也就是说，对于绿色金融中金融一词，源于学者通过设想首先采用一些具体手段包括投资、发放债券来促进"绿色"，之后再逐渐将这些具体手段统称为金融(Finance)。金融(Finance)本身的定义是没有任何疑问的，绿色金融定义的模糊性关键在于对绿色(Green)的定义困难。由于绿色一词远比有关环境的、可持续发展的、生物多样性、增长要抽象的多，因此所有与其相关的概念都可以用绿色金融表示。因此，对绿色的定义决定了定义的准确性。

大多数的学者在定义绿色时走向两个分歧，其一是产品(Goods)或者服务(Services)本身是绿色的，其二是生产产品或者提供服务的过程、技术是绿色的。早期对绿色定义局限在前者，Eyrand 等人在 2011 年的国际货币基金组织(IMF)工作文件与欧盟统计局(Eurostat)则进一步将后者概括在内。

总体来说，绿色包括两部分定义：一是有关环境的商品与服务(Environmental Goods And Services)，二是通过使用清洁能源或者更有效的能源来减轻环境损害。第一部分存在技术认定的困难。例如核能是低碳能源，但也带来与废物处理、国家安全和辐射释放有关的其他风险。第二部分重点在于如何减少具有重大环境溢出效应的部门(农业、制造业、采矿业、林业、运输业、建筑业)生产过程对环境造成的损害，或者通过金融手段促使这些部门的从业人员

---

① 易金平，江春 & 彭祎(2014). 我国绿色金融发展现状与对策研究. 对策与战略，5，81-84.

采用更加环保的生产工具与生产习惯。但是不同的部门对应不同的指标，而且不同部门对应的指标也不能保证有效率。

因此对绿色金融定义的局限性关键在于，技术与统计、监控成本的限制使得很难确定什么是绿色什么不是。学者只能使用宽泛的词汇去定义绿色，而一些技术部门曾经尝试从技术的角度确定绿色的定义。欧洲专利局与经济合作发展组织的研究人员为许多气候变化缓解技术开发了标签，它们分为7类：一般环境管理(包括废物管理、空气和水污染减少、土壤修复)、可再生能源(包括生物燃料)、提高效率的燃烧技术、缓解气候变化(如捕获、储存、封存、处理温室气体)、间接投入(如能源储存)、运输(减排效率)、建筑物(能源效率)。

就绿色而言，一些定义非常广泛和通用，其他定义则更具技术性和具体性。截至2018年6月1日，我们已在一些定义上发现了相当大的共同交叉点，包括部门(例如可再生能源)、商品(例如无铅燃料)、服务(例如水和废物管理)、技术和工艺(例如提高能源效率)。但仍有一些主要争议，例如核能、生物燃料、生物质、页岩气、重新造林。因此，当对绿色金融的定义深入到具体层面时，汇集众多学者与专家的机构往往做的更好。

第二节　机构对绿色金融的定义

通过借鉴相关领域的学者和专门研究机构的结论，我们发现很多相关机构在进行实际应用时制订了更具有现实意义的定义和标准。虽然绿色或可持续金融没有单一确定的定义，但是在全球金融体系、国家金融体系、金融机构(如绿色银行)和金融工具(如绿色债券)的背景下，很多机构已经出台了一些定义和标准。这些定义和标准包括广泛的一般性声明，市场主导的标准和政策，监管、财政或以统计为目的的官方标准。为了评估国际上的绿色金融，一些研究组织也建立了工作定义。①

---

① 摘译自 Definitions and Concepts：Background Note, Inquiry：Design of a sustainable financial system DEFINITIONS AND CONCEPTS, UNEP, 2016 年 9 月．原文：There is no single definition for green or sustainable finance but a few working definitions and sets of criteria have been developed in the context of the global financial system, national financial systems, financial institutions (e. g. 'green banking') and financial instruments (e. g. 'green bonds'). Definitions include broad general statements, market-led standards and official criteria for policy, regulatory, fiscal or statistical purposes. A number of studies have also established working definitions in order to assess green finance internationally.

截至 2018 年 6 月 1 日，依照联合国环境规划署对于绿色金融的定义：提高金融体系在为绿色包容性经济筹集资金方面的效能——换句话说，就是可持续发展。① 我们梳理了已有的机构对于可持续金融系统的设计与规划(定义与概念)。

以下是正在使用的绿色金融的定义(截至 2016 年 9 月联合国的统计数据)：

中国人民银行："绿色金融政策是指通过贷款、私募股权基金、债券、股票和债券等金融服务吸引私人资本投资环保、节能、清洁能源等绿色产业的一系列政策和制度安排、保险。"②

德国政府："绿色金融是将金融部门纳入低碳和资源节约型经济转型过程并适应气候变化的战略方针。"③

印度尼西亚金融服务管理局(OJK)："印尼的可持续金融被定义为金融服务业为实现经济、社会和环境利益之间的和谐关系而实现可持续发展提供的全面支持。"④

经济合作与发展组织(OECD)："绿色金融是在实现经济增长的同时减少污染和温室气体排放、减少浪费并提高自然资源利用效率。"

瑞士联邦环境部(FOEN)："可持续金融被定义为金融产品和服务，在整个风险管理和决策过程中考虑到环境、社会和治理因素，旨在促进负责任的投资，创造积极的环境、社会和治理影响。"⑤

---

① 出处同上，原文：To improve the financial system's effectiveness in mobilizing capital towards a green and inclusive economy—in other words, sustainable development.

② Establishing China's Green Financial System. Theoretical Framework of Green Finance. [Retrieved on 2018. 6. 1]. http：//unepinquiry. org/wp-content/uploads/2015/04/ECGFS_Background_Paper_A_Theoretical_Framework. pdf.

③ BMZ and GIZ (international cooperation). [Retrieved on 2018. 6. 1]. http：//www. greengrowthknowledge. org/sites/default/files/downloads/resource/Green _ finance _ GIZ. pdf, https：//www. bmz. de/en/what _ we _ do/issues/wirtschaft/nachhaltige _ wirtschaftsentwicklung/finanzsystementwicklung/green_finance/index. html.

④ 2015-2019-Roadmap Keuangan Berkelanjutan di Indonesia / Roadmap for Sustainable Finance in Indonesia, OJK. [Retrieved on 2018. 6. 1]. http：//unepinquiry. org/wp-content/uploads/2015/10/Roadmap-OJK-2015-2019. pdf.

⑤ Overview of the 'Green' Swiss Financial Market. [Retrieved on 2018. 6. 1]. http：//www. sustainablefinance. ch/upload/cms/user/20151031_pwc_green_swiss_financial_market_e. pdf.

绿色金融在绿色增长的融资方面也经常被提及：

联合国亚洲及太平洋经济社会委员会(联合国亚太经社会)："强调环境可持续的经济进步以促进低碳社会包容性发展的增长。"

世界经合组织："促进经济增长和经济发展，并确保自然资产继续提供我们福祉所依赖的资源和环境服务。"

世界银行："在自然资源利用方面高效率的增长，最大程度减少污染和环境影响的清洁能力，以及适应自然灾害和环境管理和自然资本在防止物理灾害方面的作用。"

除了一般的定义外，以下定义还涉及特定的金融领域和工具，如银行、债券或机构投资：

中国银行业监督管理委员会："银行业金融机构董事会或监事会应当建立和推广节能、环保和可持续发展的绿色信贷理念，致力于发挥促进经济社会全面协调可持续发展的职能，建立有利于社会的可持续发展模式。"[1]

孟加拉国银行："绿色金融作为绿色银行的一部分，对于向资源节约型和低碳产业转型，即绿色工业和绿色经济的普遍贡献做出了巨大贡献。绿色银行业务是一组利益攸关方为保护环境而采取的全球举措的一个组成部分。"

全球可持续投资联盟将可持续投资定义为一种投资方法，在投资组合选择和管理中考虑环境、社会和治理(ESG)因素。[2]

"南非负责任投资准则(CRISA)"："机构投资者应将可持续性考虑因素(包括ESG)纳入其投资分析和投资活动，作为向最终受益者提供卓越的风险调整回报的一部分。"

国际发展金融俱乐部："向可持续发展项目和举措中流动的金融投资，环境产品和鼓励发展更可持续经济的政策。"

第三节　对绿色金融定义的梳理

绿色金融是一个不断变化的概念。1987 年，由世界环境与发展委员会出

---

[1]　中国银监会关于印发绿色信贷指引的通知．[检索时间：2018. 6. 1]．http：//www. cbrc. gov. cn/chinese/home/docDOC_ReadView/127DE230BC31468B9329EFB01AF78BD4. html.

[2]　Global Sustainable Investment Review．[Retrieved on 2018. 6. 1]．http：//www. gsialliance. org/wpcontent/uploads/2015/02/GSIA_Review_download. pdf.

版的《我们共同的未来》引起全世界关注绿色经济，这标志着绿色金融的诞生。绿色金融诞生在经济全球化的日益加剧，环境问题引起世界关注的背景下。2016 年 9 月的杭州峰会，在中国的倡议下，全世界首次将绿色金融纳入议题，并提出"所谓绿色金融是指在金融业务中，将项目对环境的影响及相应的成本、收益、风险等进行综合考虑，并作为金融支持与否的重要依据"。① 这次峰会在绿色金融领域产生的首要影响就是在不同的表述方式上。

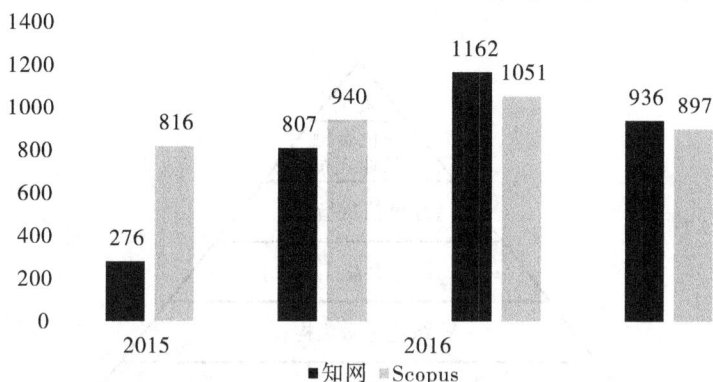

图 1.1　以绿色金融相关概念为主题的论文数

通过知网和 Scopus 两大中英文学术平台的检索，我们发现绿色金融相关文章呈现逐年上升的趋势。在不同表述方式中，中文"绿色金融"开始变多，英文"environment finance"和"sustainable finance"开始变多。

绿色金融定义主要涵盖了表述方法、实质、对象、手段、原则、目的几个方面，每个方面都在随着时间发展不断扩充其内涵。从表述方法看，这个问题上文已经涉及，在这里不再赘述；从实质来看，从最早的政策、制度、工具，到后来上升为企业的战略和企业责任，这是从不同视角进行的观察；从对象来看，开始是单纯地面向金融机构，到后来逐渐扩展到绿色产业，又扩展到全部的工业生产，近些年的研究中又有更多人关注了绿色技术，从中可以看出绿色金融面对的对象是不断扩充的；从手段看，最早的工具只有信贷，到后来逐渐延伸到了信贷、保险、证券、基金、碳交易市场等多种金融衍生工具，也是处

---

① G20 杭州峰会：用绿色金融开启发展新时代 . [检索时间：2018. 6. 1]. http：// opinion. huanqiu. com/plrd/2016-08/9381774. html.

在不断扩张扩充的过程中；从原则看，绿色金融是在不断被拔高的，最早的说法是金融业应体现绿色原则，到后来以绿色原则来指导金融业决策，再到绿色增长上升为战略，其重要性得到越来越多的认识。从目的看，最早绿色金融的实行就是为了保护环境、应对日益加重的气候变化，到 2018 年 6 月 1 日之前的近些年里则开始追求经济效益与环境效益的双丰收。

以上是横向的拆解，我们同样可以通过纵向的"金字塔"来更加清晰的看懂绿色金融的整个体系架构。

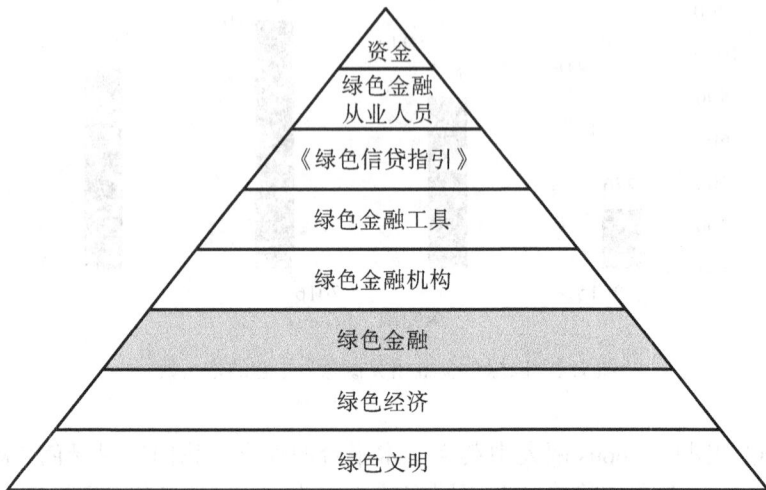

資金

绿色金融
从业人员

《绿色信贷指引》

绿色金融工具

绿色金融机构

绿色金融

绿色经济

绿色文明

图 1.2 绿色金融的纵向"金字塔"结构

在整个绿色金融体系中，绿色文明是最宽泛的概念，它代表了一种可持续发展的文明形态。绿色经济是其重要的组成部分，而绿色金融则是实现绿色经济的一种重要手段。在绿色金融的体系内，绿色金融机构是具体负责施行的主体，比如银行、保险公司等，各种绿色金融工具是被使用的客体，投入到绿色金融中的资金是驱动整个体系运转的核心。

正如上文所说，要真正地定义绿色金融，关键在于如何定义"绿色"，我们试从政府、金融机构、企业、学术四个视角来对绿色金融的定义进行归纳。从政府视角看，绿色金融指的是通过实施绿色战略(包括政策、制度)，引导资源向绿色经济相关行业集聚，建设生态文明；从金融机构视角看，绿色金融是综合使用各种金融工具，以绿色原则指导决策，引导资金流向绿色经济；从企业视角看，绿色金融是追求经济效益和社会责任双赢，绿色发展成为企业发展的重要环节,；从学术视角看，绿色金融是综合运用各种市场手段减少经济发展的负外部性。

截至 2018 年 6 月 1 日，学术界对绿色金融的定义还没有形成共识，其主要原因有四点：首先，绿色金融的外延太广，几乎涵盖了社会经济的各个方面；其次，正如前面的表述中可以看到的，从不同主体视角来看，绿色金融有不同的定义；再次，伴随经济发展与社会进步，新的金融工具被不断地被开发出来；最后，环境形势也在不断变化。这使得绿色金融必须不断的调整自身内涵，才能适应社会发展的需求。

综上得出，绿色金融的定义呈现出易变性。

第四节　发展绿色金融的意义

在这一部分我们将从绿色金融与宏观经济和微观经济的关系来看绿色金融对于这个世界的意义。

一、绿色金融与宏观经济

绿色金融是低碳经济时期重要的金融创新之一。绿色金融能够优化宏观经济，与其他经济政策产生互补效应；此外在实践绿色金融的过程中，相关政策能够加强环境风险管理。因此，发展绿色金融是实现经济可持续发展的必要条件。

发展绿色金融，使用金融手段来推动经济绿色发展的动因在于中国环境恶化的现状。《2017 年中国生态环境状况公报》显示，2017 年全国大气与水质量进一步改善，土壤风险有所遏制，生态系统格局总体稳定，核与辐射安全得到了有效保障。虽然生态环境有所改善，但是各类生态危机却也频频出现，气候异常、污染加剧、灾难频发，濒危灭绝的物种数量上升，森林面积不断减少、土地沙漠化加剧、严重缺水干旱区域不断扩大等问题仍未有完全的解决之策，这些现象的出现无一不昭示着生态环境有限的资源承载力。气候变暖、能源资源枯竭是不争的事实，而且以资源消耗和高环境成本为代价的经济增长方式已难以为继，经济社会可持续发展受到环境与资源的约束。因此只有在强调生态环境保护的前提下，生态系统才能为经济发展提供保证，努力协调生态环境保护与经济增长之间的关系，更好地实现人与自然和谐发展，实现经济的可持续发展。

二、绿色金融与微观经济

绿色金融中的微观经济中主要包括三个主体，即金融机构、非金融企业与个人。

（一）绿色金融与金融机构

从金融机构与绿色金融的关系上看，发展绿色金融可以增强金融机构的社会责任感，提高其自身声誉。Scholtens 等[1]分别选取 51 家实行"赤道原则"和 56 家未实行"赤道原则"的金融机构作为样本进行对比，发现前者具有更强的社会责任感和社会声誉。

发展绿色金融可以加强金融机构对企业的环境风险管理，实现可持续发展。商业银行发行绿色金融债券、推出绿色抵押等银行类环境金融产品，创新金融产品与工具能够更好激发其生存、发展的活力；针对钢铁、水泥等"两高"行业建立环境准入门槛，不仅能从源头上减少污染，也能加强自身环境风险管理，实现金融机构的可持续发展。

（二）绿色金融与非金融企业

绿色金融的发展可以扶持、规范非金融企业自身的经营行为，帮助其规避环境风险。绿色金融可以对环境友好型企业提供低利率贷款，对污染企业实施惩罚性高利率的贷款，这些举措改变了企业融资成本，促使企业经营行为导向保护环境。金融机构通过审查企业环境排放标准而为其提供上市融资的便利条件，规避环境风险，规范企业的环境行为。

绿色金融可以推动非金融企业的绿色产业转型，由此实现自然生态环境的整体帕累托改进。企业若在发展中受到了绿色金融相关条件的约束，必须在其产品的生产制造过程中考虑环境保护的因素，规避绿色金融的利率风险。在新的投资领域，为赢得绿色金融支持的发展机会而优先选择那些有益于环保和有益于企业利润的产业。因此企业的投资会更多地投向环境风险低的产业——绿色产业、环保产业，推进企业产业的环保化。胡春生等[2]通过构建完全信息静

---

[1]　Scholtens B. (2006). Finance as Driver of Corporate Social Responsibility. *Journal of Business Ethics*, 68(1)：19-33.

[2]　胡春生，蔡锦松 & 丁毅(2013). 绿色金融路径下公司行为重构. 科学经济社会，31(4)：48-51.

态博弈模型，分析了金融机构和企业之间的博弈行为和均衡结果，该项研究认为，公司经营可通过向绿色产业转型，实现自然生态环境的帕累托改进。

绿色金融可以助力能源企业的融资，为其生产提供资金支持。Tang、Chiara 和 Taylor① 提出将碳收入债券作为可再生能源企业的重要融资工具，并以欧洲、澳大利亚和美国新泽西州三个不同市场为例，通过运用随机过程预测未来收入并对碳收入债券进行定价。其研究结果表明十年期碳收入债券能够为可再生能源生产提供大部分资金。

绿色金融能提高企业债券信用等级，增强企业融资能力。Graham② 等通过引入环境风险因子，对企业债券的信用评级进行深入研究。其研究结果表明环境因素对企业债券信用评级有着重要影响，二者呈负相关关系。

绿色金融可以促使企业加大环保技术投资，由此促进环保技术创新。Schwartz③ 等综合考虑环保政策、企业产量极值、运营成本等因素，对企业最佳环境投资决策进行研究，研究表明产出价格波动较大的企业在提高环保技术投资方面具有更高的积极性。企业为了获得绿色金融的优惠政策，必然会迎合绿色金融在环保方面的要求，改变原有的生产条件和生产技术，加大环保技术创新，优化产品设计和生产流程与工艺，实现较高产品的资源利用率。企业的环保技术需求和节能减排的硬约束，可以激发企业的技术创新，推动企业环保设备和技术的升级换代。

（三）绿色金融与个人

首先绿色金融的发展可以促使个人的投资倾向向环保倾斜。Climent、Soriano④ 通过运用 1987—2009 年基金回报率数据研究发现，即使环境共同基金的回报率低于其他类型基金，但考虑到企业的社会声誉、未来发展的可持续性等因素，投资者依然倾向购买前者。

绿色金融可以通过降低绿色消费成本，促进个人的绿色消费。绿色金融通

---

① Tang A，Chiara N，Taylor J E.（2012）. Financing Renewable Energy Infrastructure：Formulation，Pricing and Impact of a Carbon Revenue Bond. *Energy Policy*，45(11)，691-703.

② Graham A，Maher J J. and Northcut W. D.（2001）. Environmental Liability Information and Bond Ratings. *Journal of Accounting Auditing & Finance*，16(2)，93-116.

③ Cortazar G，Schwartz E S，and Salinas M.（1998）. Evaluating Environmental Investments：A Real Options Approach. *Management Science*，44(8)，1059-1070.

④ Climent F，Soriano P.（2011）. Green and Good? The Investment Performance of US Environmental Mutual Funds. *Journal of Business Ethics*，103(2)，275-287.

过对各方面资源的有效配置，使得借助绿色金融工具的绿色消费者能够降低绿色消费的成本，促使社会资源更多地向绿色消费产业链上流动。绿色金融还可以潜移默化的培养个人的绿色消费观念，促进绿色消费的进一步推广，更好实现绿色金融的可持续发展。

第二章

绿色金融的技术载体

本章分为两部分介绍绿色金融的技术载体。第一部分为基于互联网技术的绿色金融，主要内容包括互联网金融与绿色产业的结合与绿色货币的创造；第二部分为绿色金融中区块链的应用，主要围绕区块链技术原理、行业白皮书、实际应用展开介绍。

第一节　基于互联网技术的绿色金融

一、互联网金融+绿色产业

2016 年被认为是中国绿色金融发展的元年，在政府推动、市场发挥主体作用下，中国绿色金融市场发展迅速，市场对绿色理念的认识和认同逐步提升。其中互联网技术为绿色金融提供了强大的支持，一个典型的模式便是互联网金融平台为绿色产业提供投资、融资、项目评估、财务顾问等金融服务。接下来我们就中再融、环投汇、国鑫所、澳大利亚的 RateSetter 借贷平台、瑞典 Trine 投资平台五个案例对这一"互联网金融+绿色产业"的技术应用模式进行简要介绍。

（一）中再融：绿色金融服务中心①

2017 年 12 月，中国再生资源回收利用协会（下称"中再生协会"）联合中再融、中民国信等金融机构共同发起成立了"绿色金融服务中心"，为再生行业中小微企业提供贷款、股权投资、信托、资金撮合、IPO 策划与辅导等金融以及大数据信息服务。该绿色金融服务中心以互联网金融为先导，通过中再生协会引入外部资源，以降低资产获取成本。同时，该中心通过将资金用途控制

---

① 中再融携手中再生协会成立"绿色金融服务中心". [检索时间：2018. 6. 1]. http：//www. caijing. com. cn/20171208/4374216. shtml.

在收购原材料、更新设备、扩大再生产以及短期资金周转等贷款金额有限的领域以实现风险分散。

中再生协会数据显示，截至 2017 年 12 月，我国再生资源企业达 13 万家，其中 85% 为中小企业，普遍存在融资难、融资贵的现状。绿色金融服务中心的成立，旨在从资金供给侧结构性改革的角度解决绿色企业融资难、融资贵问题，实现再生资源产业的转型升级。

（二）环投汇：绿色金融超市①

由环投汇创立的"绿色金融超市"联合了银行、证券、保险、信托、基金、担保、资产管理公司、小额贷款公司、评级公司等 100 多家金融机构，推出了针对中小微企业提供设计和开发绿色金融产品的金融服务，其中包括绿色信贷、绿色基金、绿色融租、绿色保理、绿色信托、绿色保险等领域，旨在为中小微企业搭建与金融对接的桥梁，帮助有竞争力的节能环保项目进行融资。

同时，针对市场上没有有效的抵押物，较难在银行进行融资的中小微型创新创业类企业，环投汇也推出了定向的金融服务产品。其联合平安银行、浦发银行、大连银行等金融机构推出的"绿色信贷"金融产品，主打手续简单、利息低等优势，旨在为中小微绿色环保企业提供流动安全资金。

（三）国鑫所②

国鑫所是我国首个"能源+互联网+金融"的新能源互联网金融平台。其借助母公司协鑫集团在新能源领域多年的经验积累，以能源大数据为基础，从供应链金融出发，旨在建立一个基于互联网金融的绿色生态。

国鑫所主要产品为"鑫安盈"，该产品以央企、国企和上市公司等核心企业的信用为背书，以其与产业上下游供应商、经销商之间真实的交易背景为依托，通过将供应商提供的对核心企业应收账款的债权进行转让，帮助中小供应商与经销商进行经营资金的融通。私人投资者在官网上能查看到鑫安盈所有具体投资项目的情况并在网上平台进行投资，同时国鑫所将投资款项贷给新能源公司，并将产生的利润作为投资回报返还给投资者。

---

① 搜狐财经．"绿色金融超市"应运而生，破解中小微企业融资难．[检索时间：2018.6.1]．http：//www.sohu.com/a/203244444_696999.

② 国鑫所官方网站．[检索时间：2018.6.1]．https：//www.gclfax.com.

(四)澳大利亚 RateSetter 借贷平台

凭借清洁能源金融公司(Clean Energy Finance Corporation，CEFC)的 2000 万美元投资支持，澳大利亚网络点对点借贷平台 RateSetter 建立了专项针对绿色金融的服务平台。它汇集了投资者、借款人和清洁能源产品供应商，并允许投资者直接贷款给信誉良好的、且希望购买或安装批准的绿色产品的借款人。通过在线平台，投资者可以填写他们希望投资的金额，和他们准备接受的利率，随后他们的请求可以与已批准的借款人相匹配。借款人获得的资金可以投资于符合条件的清洁能源资产。

RateSetter 这种创新机制通过将采购商、安装商和制造商紧密结合在一起，提供了改善绿色资产市场的潜力。澳大利亚之前已经有了绿色贷款和 P2P 借贷，但 RateSetter 是第一个实现两者结合的金融服务平台。

(五)瑞典 Trine 投资平台①

国际上，许多创业公司已经开发出创新型解决方案，致力于以更加环保和道德的方式开展金融业务。在瑞典就有这样一家公司 Trine 投资公司，寻求通过提供数字投资平台来结束"能源贫困"，以便私人投资者在新兴经济体寻找并资助太阳能项目。

2015 年，Trine 创办于瑞典哥德堡。一个典型的例子是其对 Azuri Technologies 的投资项目。合作伙伴公司 Azuri Technologies 获得了 Trine 的资助，与当地合作伙伴 Raj Ushanga House(RUH)一起运营太阳能项目。整个合作流程大体如下：通过筛选，Trine 选择与 Azuri 以及 RUH 成为合作伙伴。这笔钱从私人投资者募集而来，并以一定利率借给 Azuri。Azuri 从马来西亚购买太阳能电池板并移交给 RUH，RUH 再通过多种零售渠道将其出售给非洲的农民，农民每月分期付款给 RUH/Azuri。Azuri 在规定期限内向 TRINE 支付投资回报并返还给投资者。

私人投资者通过网上平台参与投资，过程相当便捷。当投资者选择了一项投资项目后，投资额便被转移到一个电子钱包中，直到整个活动获得全额资助为止，而该电子钱包则将由第三方 Lemonway 管理。一旦项目获得全额资助，投资人的资金便成为太阳能合作伙伴贷款的一部分；如果没有筹到足够资助，则这笔资金会保留在投资人电子钱包中以供撤回或重新投资。

---

① Trine Company's Official Cite. [Retrieved on 2018. 6. 1]. https：//www. jointrine. com.

二、绿色货币的创造

在绿色金融与互联网技术的结合模式中，"绿色货币"给商业提供了一种全新的图景。和传统碳货币不同，此处我们将"绿色货币"定义为"通过绿色行为获得的交易媒介"，这样一种交易媒介主要通过互联网平台或官方机构奖励用户的低碳行为而产生，并可能在未来获得和传统货币相当的实际价值。如下就最具代表性的几个涉及"绿色货币"的应用进行介绍。

(一)支付宝"蚂蚁森林"

蚂蚁森林是支付宝客户端为首期"碳账户"设计的一款公益行动，其运作模式是用户通过低碳行为(走路、乘坐公交车、在线支付等)积累"绿色能量"，并用此"绿色能量"在蚂蚁森林平台购买虚拟的树苗。而蚂蚁森林作为第三方，会在西北地区(鄂尔多斯、库布齐、赤峰等地)出资种植相应的实体的树，使用户能够对环境保护做出实质的贡献。用户可以通过支付宝平台查看自己种植的实体树的实景图，确认自己种植树木的生长状况。

根据蚂蚁森林的运作方式来看，这样一种植树活动仍然是一种纯粹的以公益为主导的活动，其本质上是蚂蚁森林在用钱购买用户的低碳行为。但是，通过这样一种方式建立的"碳账户"则本质上构建起了一种全新的绿色货币。虽然在初期这种货币的价值仍然是由蚂蚁森林通过支付真实货币加以赋予，但是可以预见在不久的将来，当对"污染行为"的收费被逐步确定了之后，那么这样一种基于"环保行为"的"绿色货币"就可能真正被赋予和法币相当的价值。

(二)深圳市绿色出行碳账户①

2015 年，深圳市绿色出行办公室、深圳市交警局等部门联合推出了"绿色出行碳账户"活动。活动一开始主要为主动申请机动车停用、少用的用户发放停工碳积分奖励，后来奖励逐渐延伸至绿色出行、旧瓶回收、骑单车等活动。用户可通过在微信公众平台"碳账户"上的操作，完成任务、积累碳积分。和蚂蚁森林的"绿色能量"相似，深圳市"碳账户"体系本质上仍然是政府出资购买市民的低碳行为，即一种"花钱买环保"的模式。同蚂蚁森林一样不容小觑的是，这样一种"碳账户"同样构建起了一种新兴的绿色货币。只不过截至

---

① 深圳交警启动"绿色出行碳账户"活动 . [检索时间：2018. 6. 1]. http：//www. stc. gov. cn/JGDT/201509/t20150921_49087. html.

2018年6月1日，这一货币的用户覆盖面仍十分有限，尚处于快速增长阶段，无法和拥有庞大流量的支付宝蚂蚁森林相比较。

(三)英国 Energi Mine 公司的 ETK 代币

英国的 Energi Mine 发布的 EnergiToken(ETK)平台，建立了一套基于区块链技术的代币奖励机制。[1] 为鼓励网络铁路公司(Network Rail)[2]的员工在工作中使用低碳交通工具，在工作场所中节约能源，Energi Mine 公司以虚拟货币的方式给予完成低碳行为的员工奖励。

在网络铁路员工收到他们的 ETK 代币之前，员工需要先上传节能行为的证据。通过智能合约，平台将自动分配奖励，将 ETK 部署到员工的数字钱包中。此后，员工可以通过应用程序查看他们的代币，并可以用这些代币支付电费，或将之兑换成法定货币。

(四)小结

由上述分析可以看到，绿色货币的如上应用，除 ETK 代币已有一定的"官方色彩"外，其余绿色货币都没有独立的价值，而必须通过"礼品"、"植树"等方式人为赋予价值。换言之，绿色货币仍然没有真正成为一种能够广泛充当交换媒介的价值载体。绿色货币背后的本质是人们的低碳行为。因此，要使绿色货币真正拥有价值，仍需要政府真正为低碳行为做出明确的价值确认。

第二节　区块链在绿色金融中的应用

一、技术原理

区块链是脱胎于比特币的一种底层技术，是一个可按照数据结构规则存取的分布式账本。每一笔转账在账链上都有一个公开记录，含有输入值和输出值

---

[1]　此部分同样涉及本章区块链技术部分，可对照参看第二部分第三章第四小节"自然资源保护——彩币投资保护自然资产"。ETK 货币和彩币同属此处"绿色货币"范畴，也均具备区块链技术属性。但 ETK 货币更能体现"绿色货币"的特征，而彩币更加彰显了区块链的优势，因此在本节对于 ETK 代币进行讨论，而对于彩币的探讨则放在对于区块链技术的应用分析之中。

[2]　Network Rail 公司具有极强的政府支持，这也为此后 ETK 代币与法定的兑换提供了条件。

的数据结构。作为一种全新的技术范式，区块链弥补了互联网体系结构中的技术缺陷。在上一代互联网 TCP/IP Networking 中，存取是基于 IP 地址的，是整个网络系统最关键的地方，IP 相当于门牌号，获取信息的时候，需要根据门牌号去寻找物品。但是在区块链中，存取信息是根据具体物件信息的索引去拿取的，这意味着准确的、精细的管理，而且总体成本更低。区块链的可编程性可以有效控制参与者资产端和负债端的平衡，同时区块链数据透明的特性也使整个市场交易价格对资金需求的反应更真实，进而形成更真实的价格指数。

从交易成本角度看，区块链最显著的特点是去中心化，采用分布式的定价、交易和流通，真正实现了点对点的价值传递。系统每个节点之间进行数据交换无须任何以验证信任为目标的操作（如输入验证密码等），系统运作规则公开透明。

从覆盖范围看，通过区块链信息的记载和回溯的方式，可以快速建立基于关键字或其他智能方式的信息检索系统，提升信息的有效性；同时借助区块链开放性的优势，信息能更加快速的传导至需求方，从而减少市场的不对称。传统的金融服务依赖于物理网点和人工服务，而区块链金融则基本不受时空的限制，灵活性较强。随着智能终端的普及，绿色金融业务更容易渗透到家庭及个人投资者，推动零售业务发展。农村、西部偏远地区等一些金融服务盲区，通常拥有丰富的矿产资源，但资源利用率低，同时受经济状况的制约，相应的环境污染问题更加严重。而通过区块链技术引入绿色金融，这些地区能够更好地提高资源利用率，充分发挥金融的资源配置作用。

从产品创新角度看，区块链开源的设计使其数据对所有人公开，任何人都可以通过公开的接口查询区块链数据和开发相关应用，能够加快市场创新的速度。区块链与商业票据、股票、基金、期货等多种衍生品市场结合，将进一步扩大绿色金融多元化程度。

从风险管理角度看，区块链是对市场经济中所有权的一种全新的制度性安排。这就使得区块链具有不同于传统互联网金融的许多特性。工作量证明机制保证共识攻击只能影响有限几个区块的共识，而且随着时间的推移，整个区块链被篡改的可能性越来越低。同时，共识攻击也不会影响用户的私钥以及加密算法。因此，区块链的数据稳定性和可靠性较高。基于区块链的全网共识确保了信息的可信任性和精确计量，区块链技术应用于碳交易系统能够在很大程度上对绿色金融业务的道德风险、操作风险、信用风险和市场风险进行防范和控制。

区块链的去中心化、开放透明、自治匿名、不可篡改等机制的设计，可能颠覆传统的碳交易模式，成为绿色金融体系多元化建设新的"加速器"。

二、行业白皮书

(一)国内政府机构发布的白皮书

表 2.1　　　　　　　　　　　国内政府机构发布的白皮书

序号	名称	内容简介
1	《2018年中国区块链产业发展白皮书》	工信部信息中心发布，系统地分析了我国区块链产业发展现状。
2	《中国区块链技术和应用发展白皮书(2016)》	中国电子技术标准化研究院联合万向控股、微众银行、乐视、万达网络、平安科技等骨干企业发布。总结了区块链发展现状和趋势，分析了核心关键技术及典型应用场景，提出了我国区块链技术发展路线图和标准化路线图等相关建议。
3	《贵阳区块链发展和应用白皮书》	贵阳政府发布。提出了贵阳发展区块链的总体设计，在总体思路、场景应用和支撑体系方面进行了阐述，剖析了各个领域区块链的经济社会价值和运营规则。
4	《香港金融管理局区块链白皮书》	香港金融管理局和香港应用科技研究院共同发布。详述了区块链技术的概念，全面展示了两家机构合作研究下的几个技术用例。

(二)国内企业发布的白皮书

表 2.2　　　　　　　　　　　国内企业发布的白皮书

序号	名称	内容简介
1	《面向中国资本市场应用的分布式总账白皮书》	中国分布式总账基础协议联盟(ChinaLedger)撰写。阐述了中国资本市场领域中分布式账本的概念、设计原理、现阶段目标和未来展望。

续表

序号	名称	内容简介
2	《京东区块链技术白皮书(2018)》	京东集团发布。 详细介绍了其在供应链、金融、保险防欺诈、大数据安全、政务及公共领域落地的不同的区块链应用。
3	《腾讯区块链方案白皮书》	腾讯公司发布。 具体说明了腾讯区块链整体架构的三个层次及其对应的功能与服务对象
4	《布比区块链产品白皮书》	布比区块链金融科技公司发布。 介绍了布比区块链的产品架构、技术特色与优势、行业应用案例等。
5	《中国区块链产业发展白皮书》	出自乌镇智库。 分析了区块链产业的全球和国内发展态势、区块链与其他量化金融(FinTech)领域的横向对比以及区块链的热点应用场景。
6	《2018 中国区块链行业分析报告》	鲸准研究院整理发表。 解答了区块链技术行业中的六大常见疑问。

(三)国外发布的重要白皮书

表2.3　　　　　　　　　国外发布的重要白皮书

序号	名称	内容简介
1	《比特币白皮书:一种点对点的电子现金系统》	作者是比特币的开发兼创始人中本聪。提出了一种完全通过点对点技术实现的电子现金系统。
2	《以太坊白皮书》	以太坊区块链平台发布。包含了大量的计算机编程知识,主要用以阐明如何利用与比特币类似的机制,来维护一个共享的计算平台。

序号	名 称	内 容 简 介
3	《超级账本 Hyperledger 白皮书》	项目合伙公司联合发布。介绍了项目中正在进化着的区块链结构(Hyperledger)。
4	《物联网中的区块链技术白皮书》	印度咨询服务公司 TaTa 发布。概括了区块链技术在物联网领域革新的重要影响力,指出区块链将在密保安全、生态系统物联等方面提供帮助。

三、绿色金融领域应用实例

截至 2018 年 6 月 1 日,国内区块链技术仍处于发展上升阶段,其应用场景仍主要局限于传统金融领域,与绿色金融领域结合的实例较少。下面将主要介绍国外有关区块链技术在绿色金融领域的众多应用实例。

(一)绿色能源交易

1. ElectricChain 太阳能发电奖励系统(SolarCoin)

SolarCoin 是一种类比特币的数字代币。两者之间的区别是:旷工通过计算机解答算法难题获得相应的比特币奖励,而生产商则通过生产可再生能源获得 SolarCoin 的奖励。比如,生产 1Mwh 的电能将获得 1 SolarCoin 的回报。SolarCoin 存储于用户的线上钱包中,其金额可以通过用户手动更新或者由与 SolarCoin 底层区块链技术平台相连的 Smappee 智能电表(Smappee 能够通过特殊的"电子签名"来识别家中每种电器,并实时记录其用电情况)自动更新。线上钱包主要有三大功能:用户通过自家太阳能电池板生产太阳能获得的 SolarCoin 的存储,用户从他处购买能源过程的支付和节余能源过程中流动 SoalrCoin 的销售。

值得一提的是,此处太阳能电池板不必要安装在用户自家住房的屋顶上,它可以被安装在任何具备有利发电条件的环境中。例如,一个住在波士顿的用户,可以选择将太阳能电池板安装到内华达州的沙漠中。他只需将线上钱包与其波士顿家中的智能电表相连,就可以用在沙漠中因太阳能电池板发电获得的 SolarCoin 支付在波士顿家中的电费。

2. 布鲁克林微电网项目(Brooklyn Microgrid Project)

传统电网需要经过长距离输送电力才能将电力分配到户,这一过程往往伴随不小的电力损耗。这一问题在德国西门子公司发起的布鲁克林微电网项目中得到了一定程度上的解决。微电网由街道两侧各五家住户组成。这些住户的屋顶均安装有太阳能电池板，其提供的电能大部分用于微电网中住户日常家用电器的使用，剩余未使用的电能则可以销售给微电网内需要额外电能的住户。销售过程中的每笔交易的发生、管理和记录是基于智能读表和区块链技术平台实现的。该项目践行了"区块链可以开拓再生能源的本地社区交易市场"这一概念。

3. 日本乡村地区太阳能交易先行实验

这一旨在研究探索高效减少碳排放的实验，正在日本乡村地区进行，且由区块链作为其底层技术支持平台。该实验已经由日本环境省批准，预计于2018 年 6 月启动，启动后将受能源交易公司 Powering Sharing 全程监管，并由东京电力(Tokyo Electric Power)、Softbank 等行业巨头提供技术运营和维护。

在区块链平台上，实验过程中发生的每一笔能源交易都会被记录。基于用户对用户(Customer to Customer，C2C)的交易模式，该实验希望激励日本乡村地区的住户向城中心售卖其多余的能源，以实现能源共享，减少日本二氧化碳的排放量。

4. 其他绿色能源交易实例

WePower 是一个绿色能源交易平台，截至 2018 年 2 月 12 日，该项目筹款已达四千万美元，是截至 2018 年世界上能源行业中资金规模最大的"首次币发行"项目(Initial Coin Offering，ICO)。

Rocky Mountain Institute 发起的 Energy Web Foundation 项目，截至 2018 年已经收到 27 个能源公司(Shell，Exelon，Duke Energy etc.)超过 1700 万美元的筹款。这笔资金将用于打造一个应用于电力领域、集成的、开源的公共区块链技术平台。

Grid+是德克萨斯一家新兴的能源公司，其提供基于 ConsenSys 公司开发的电力零售供应平台系统，使用户能够以接近批发价的价格来购买电力。Grid+通过开放传统垄断的电力市场，激励用户购置太阳能发电板和储能电池，促使发电由传统的单项上游发电向分布式发电源转型。

澳大利亚的区块链创业公司 Powerledger，连同澳大利亚能源市场运营商AEMO、WesternPower 以及政府支持的低碳生活合作研究中心等多家机构，在西海岸城市弗里曼特尔开展了用区块链技术记录能源数据的计划，以此来试水区块链技术和数据分析在分布式能源(如太阳能)交易中的应用。

在上述区块链应用于绿色能源交易的实例中，大多数绿色能源公司提供的能源产品都是太阳能，是因为其小家发电的特性天然符合区块链的技术本质——分布式账本的要求。市场上比较小众的可基于区块链平台进行发电的绿色产能方式还有风力发电和热泵发电。但这些形式的绿色能源还未被广泛采用。另外值得注意的是，除了 Electric Chain 通过发行数字代币 SolarCoin 来进行太阳能交易外，其余绿色能源公司或交易平台均使用流通货币线上支付的形式来实现资金流转。后者虽然没有发行代币，但是其交易平台的基础层仍是由区块链技术作为支撑的。

(二)碳资产交易——IBM 区块链碳资产交易平台

技术巨头 IBM 公司和中国能源区块链实验室合作搭建了基于区块链的碳资产开发和管理平台。该款产品不仅可以激励中国密集型企业交易碳排放配额，更可以作为未来绿色债券发行登记、绿色供应链管理、绿色电力登记，以及其他各类环境外部性产品的统一登记和管理平台。

(三)气候保险——ACRE Africa 天气指数保险

ACRE Africa 天气指数保险是非洲最大的天气指数保险计划，农民通过该计划支付市场溢价。其中，ACRE Africa 天气指数保险已经为玉米、豆类、小麦、高粱、小米、大豆、向日葵、咖啡和土豆等农产品开发了指数。ACRE Africa 天气指数保险已经在一些发展中国家进行过测试，并分别取得了不同程度的成绩。

该保险计划的深层技术理论在于，物联网、区块链和人工智能的结合能够提高农业领域的风险管理能力。鉴于移动基础设施在发展中国家的广泛应用，保险公司利用 AI 处理来自移动无线电塔(IoT)的无线电信号以生成高分辨率的地球表面的天气模型，用于提供必要的天气预测数据，并以较低的成本部署指数保险合同。指数保险合同能够以智能合约的形式实现合约履行完全自动化，并能够使所有保险参与者都能看到分布式账本中的交易记录，从而实现端到端的高透明度。

(四)自然资产保护——彩币投资保护自然资产

具有认定资质的环境保护组织，可利用比特币技术发行相同机理的彩币，为自然资产(如热带雨林、红树林和珊瑚礁等)定价，并实现自然资产投资的民生化。根据内部规定的运作条例，彩币发行组织以正式或非正式承诺的形式，允诺在实现定量的自然资产保护目标后，将投资者购买的彩币兑换回流通货币。

Infinite EARTH 是通过彩币对自然资产进行保护的先锋。在其发起的 REDD+（Reducing greenhouse gas Emissions from Deforestation and forest Degradation developing countries）项目中，根据奖励机制，针对性地颁发给对热带雨林有绿色减碳行动的个人（如减少森林砍伐量，种植树木等），以实现对森林生态系统的保护。

（五）绿色项目投融资

1. 区块链绿色能源公司 ImpactPPA

ImpactPPA 选择以太坊公共区块链平台作为其底层技术支持，基于电力采购协议（PPA）进行去中心化和代币化能源生产，加速全球清洁能源行业发展，并为可再生能源领域带来颠覆式创新。在 2018 年北美比特币大会（North American Bitcoin Conference）上，ImpactPPA 公司项目被选为最有前途的三个 ICO 项目之一。

一方面，项目中的以太坊区块链是根据能源协议 SmartPPA 运作的。该协议允许任何人，在任意地点对规模大小不限的项目提出议案。另一方面，电力在项目启动时是通过与区块链平台有接口的智能电表输送的。这一做法可以允许政府、实体企业或个体运营商分送电力，确立合约中针对发电和输电过程的信任机制和安全性。

在新的管线建设项目中，ImpactPPA 公司于 2018 年 4 月 22 日启动出售基于电力资产的 MPAQ 数字代币，以便支持他们快速部署微电网项目。代币持有者有权过目各项目提案，并享有投票权。同时，他们也在出售基于电力采购协议（PPA）的电力信贷产品（计价单位为 KWh）。根据以往经验，该信贷产品形成的资金池能够创造项目中 30% 的净利润。在一个会计季度内，一旦资金池的总额超过 100,000 美元，ImpactPPA 将会对发售的 MPAQ 数字代币进行回购。

2. 区块链创业公司 Sun Exchange

Sun Exchange 公司尝试利用区块链技术打开全球太阳能电池板租赁市场。应用平台上的会员只需 1 美元和基础的网络连接设备，就可以购买太阳能电池板中的一定单位极板。通过将已购买的太阳能电池板出租给发展中国家亟需用电的学校、医院、社区和商业房等，可以获得平台以数字形式发放的代币奖励。这一融资租赁过程的创新点在于：通过将太阳能电池板的所有权分解成一个个相对独立的单元，Sun Exchange 把太阳能的成本降低了两个数量级。该公司的目标是实现对太阳能的普及，并为那些希望使用可再生能源的消费者提供途径。

3. Green Assets Wallet 绿色信贷平台

Green Assets Wallet 打造了一个专注于绿色产业投资的区块链平台，目标是扩大现有绿色信贷的市场规模，并为投资者与被投资者之间搭建信息桥梁。

上述实例中的三家公司在进行绿色产业投融资时所采用的手段和目的都略有不同。ImpactPPA 通过发行 MPAQ 数字代币的方式为其绿色项目进行筹款；Sun Exchange 提供的融资方式更类似于传统的融资租赁；而 Green Assets Wallet 则是在传统的线上借贷服务平台的基础上，更新了区块链技术作为其交易实现和记录的底层技术。第一家公司的融资目的是拓展本公司的业务范围和产业影响力；而后两家公司则旨于为投资者和融资者搭建信息与交易平台，通过管理平台运作实现获益。

(六) 区块链的应用现状及在绿色金融领域的应用前景

在区块链的浪潮中，贵阳早在 2016 年便发布了《贵阳区块链发展和应用白皮书》，在 2017 年 6 月份又发布了《关于支持区块链发展和应用的若干政策措施(试行)》。总体来看，贵阳在打造区块链产业的进程中始终发挥着领军作用。

杭州区块链产业的活跃度在国内也首屈一指，并持续获得政府的关注和支持。自 2017 年 9 月，浙江省、杭州市相关部门多次调研区块链企业。在杭州市政府文件中，区块链曾被多次提及，其中西湖区人民政府也已出台了《关于打造西溪谷区块链产业园的意见(试行)》。2018 年 2 月 4 日，杭州徐立毅市长在杭州市两会上所做的政府工作报告中指出，2018 年杭州将通过深化供给侧结构改革，加快动能转换和结构调整。2018 年 3 月 26 日，由杭州金融办主办的"2018 全球区块链(杭州)高峰论坛"在杭州国际博览中心举办，会上深入探讨了区块链的跨链、隐私保护、智能合约等相关前沿技术。2018 年 4 月 9 日，杭州区块链产业园启动仪式在海创园举行，包括币印、FCC 等在内的首批 10 家区块链企业集中入住签约。同日，"雄岸全球区块链百亿创新基金"也被正式发布。据对外公开的"雄岸百亿基金介绍"显示，"雄岸全球区块链创新基金"是由余杭区政府、未来科技城管委会与杭州暾澜投资管理有限公司共同出资(募集)设立的，该基金总规模达 100 亿元，每期 10 亿，是史上规模最大的区块链创新基金。① 其中，政府引导基金出资达 30%，用于投资、引进优质区块链项目。2018 年 5 月 15 日，杭州本土矿机生产商嘉楠耘智正式在港交所提交 IPO 申请，这或成为区块链第一股。除了嘉楠耘智，另一家矿机制造商亿邦科技也在上市之列。

继杭州雄岸全球区块链百亿创新基金成立之后，2018 年 4 月 22 日，深圳市首个区块链创投基金宣布正式启动，基金首期规模为 5 亿人民币。雄安新区则是在基础设施、场景应用等方面都有对区块链的动作。2017 年 11 月，蚂蚁金服和雄安新区签订了合作协议，蚂蚁金服将承建雄安区块链基础设施平台。2018 年 2 月，由雄安政府主导的首个区块链租房平台已经上线。2018 年 4 月 30 日，以线上交易比特币为主营业务的北京火币天下网络技术有限公司宣布，旗下的火币中国总部将迁往海南，建设 4 万平米的区块链孵化器，并发起 10 亿美元区块链产业基金。2018 年 5 月 19 日，北京也成立了一支规模达 10 亿元的区块链生态投资基金，旨在创建北京地区首家专注无币区块链应用投资的引导基金。

但值得注意的是，区块链技术虽然是时下最受关注的新兴产业，但并非在全国所有城市都有着成功的发展。例如，武汉地区的区块链项目仅有 10 到 20 个，且截至 2018 年 6 月 1 日并没有一家应用落地，也没有一家融资成功，多数只是在 ICO 大热时发起的"空气项目"。类似的区块链项目尽管成为一时的热门话题，但没有产生利润，这也是二三线城市的区块链短期内难以发展起来的原因。

离武汉不远的重庆，区块链的氛围要好一些。在 2017 年底，重庆成立了区块链产业创新基地，政府最大程度地去支持区块链技术发展、扶持项目，引进一线城市的区块链技术公司，打造区块链集聚区。

综上，对区块链技术的应用探究在国内重要的一二线城市均已起步，但鲜有公司或项目将其与绿色金融的主题挂钩。区块链具有独特的技术特征，是推动绿色金融监管和绿色金融业务向数字化转型的有力工具。通过共享账本，可实现跨主体、跨机构不可篡改、保护隐私的数据共享；通过可追溯实现资产穿透，一方面可以增强资产的流动性和融资能力，另一方面可以实现穿透式监管；通过智能合约，实现跨机构自动化协调，实现定向产业政策扶植和引导，进而推动绿色金融发展到分布式、智能化、可审计和易监管的高级形态。

---

① 中国杭州区块链产业园开园，设百亿创新基金．[检索时间：2018.6.1]．http：//
news. sina. com. cn/o/2018-04-09/doc-ifyteqtq6853566. shtml.

　　绿色金融面临的重要"瓶颈"在于市场缺乏多元化的产品体系，现有金融产品与客户需求匹配度低，二级市场流动性不足，反过来也会影响一级市场的交易积极性。通过区块链特有的大数据和云计算优势，政府或企业可以开发针对个人的绿色消费的结构化产品。国外在个人绿色金融零售业务方面也取得了较多进展，例如加拿大推出的节能型住房的贷款、加拿大低排放汽车贷款、荷兰发行的气候信用卡等。对比之下，国内的区块链技术尚未与互联网大数据相结合，整个区块链技术在绿色金融领域的应用仍然有很大的提升空间。

第三章

绿色金融的国际准则

随着全球环保事业的不断推进，绿色金融行业快速发展。银行业、债券市场等国际金融平台出现了诸多与绿色金融相关的国际准则，受到了国际社会的广泛认可和实施。本章重点介绍了绿色金融产生以来具有重要意义的几项国际条约和准则，分别是《巴黎协定》《责任投资原则》《赤道原则》《绿色债券原则》和《气候债券标准》。

第一节 《巴黎协定》

一、《巴黎协定》简介

《巴黎协定》是关于国际的气候变化协定，该协定于 2015 年 12 月 12 日在巴黎气候变化大会上通过，于 2016 年 4 月 22 日在纽约签署，在 2016 年 11 月 4 日正式生效。《巴黎协定》旨在实现可持续发展和消除贫困，全球应对气候变化威胁。作为全面平衡、持久有效、具有法律约束力的气候变化国际协议，《巴黎协定》为 2020 年后全球合作应对气候变化指明了方向和目标。

《巴黎协定》的参与国家众多，截至 2018 年 6 月 1 日，未参加《巴黎协定》的国家只有美国和叙利亚。

二、《巴黎协定》背景

《巴黎协定》的通过和签署不是一蹴而就的。全球环境保护领域的公约签订是循序渐进的过程。

世界上第一个为应对全球气候变暖、减少温室气体排放的国际公约是于 1992 年签署的《联合国气候变化框架公约》，首次确定了"共同"原则。① 这一

---

① 指"共同但有区别的责任"原则，公约对发达国家和发展中国家规定的义务以及履行义务的程序有所区别。

原则之后成为一个气候变化全球治理的根本原则。

1997年12月，在《联合国气候变化框架公约》第三次缔约方大会上，各个国家和地区的代表通过了《京都议定书》。在公约目标的宏观指导下，为发达国家规定了量化的阶段性温室气体减排或限排目标，以实现人类社会与自然和谐相处，共同发展。

继《联合国气候变化框架公约》和《京都议定书》后，全球大部分国家和地区于2015年的巴黎气候变化大会上通过了《巴黎协定》。《巴黎协定》首次提出所有缔约方"自下而上"提出国家自主贡献的减缓合作模式，同时建立全球盘点机制，以实现2℃或1.5℃的长期温控目标。

三、《巴黎协定》主要内容

由于《巴黎协定》涉及内容较多，本书在此仅阐述协定中与绿色金融相关的部分。图3.1概况了本段的主要内容，其中图3.1中的上半部分为《巴黎协定》的目标和达成机制，下半部分为与绿色金融相关的条约和机制。下文将对图3.1中的每部分分别进行解释。

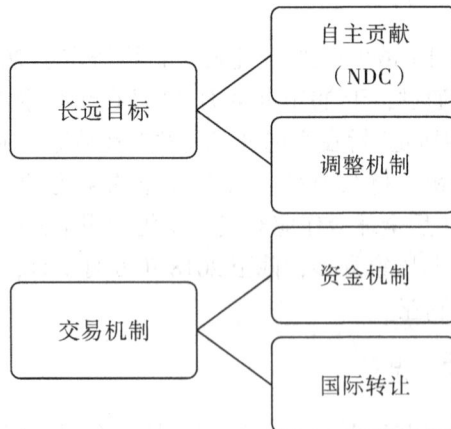

图3.1 《巴黎协定》内容部分框架

（一）长远目标

《巴黎协定》有着比较清晰的长远目标，即确保全球平均气温较工业化前水平升高控制在2℃之内，并尽量把升温控制在1.5℃之内；到2050年后，人为碳排放量降至森林和海洋能够吸收的水平，即净排放为 0。相比之前的京都议定书，《巴黎协定》提出了更加严格的目标。

(二) 自主贡献(NDC)

为实现其长远目标，《巴黎协定》要求各国提出各自的减排目标，即自主贡献(NDC)。由于协议的初期减排目标，不足以实现长远目标，因此协议要求与各国适时调整自主贡献，逐步增加缔约方的自主贡献，并反映其尽可能大的力度。但截至 2018 年 6 月 1 日，《巴黎协定》对于自主贡献没有具体要求，各个国家提出的自主贡献标准不一，一些国家以某一年二氧化碳排放量为基年的百分比作为标准，而一些国家则以二氧化碳排放的 GDP 占比作为标准。

(三) 调整机制

协定提出的调整机制要求各国在 2020 年及之后每五年调整其国家自主贡献，以加强其力度水平。通报的国家自主贡献应记录在秘书处保持的一个公共登记册上。

协定还要求，2023 年及之后每五年进行一次全球会议，做全球盘点，总结全球减排进程和各国自主贡献的力度。

(四) 资金机制

《巴黎协定》对资金援助提出了要求。协定在第九条中表示：发达国家缔约方应为协助发展中国家缔约方减缓和适应两方面提供资金，以便继续履行在《公约》下的现有义务。[①] 虽然协定在之后的条款中对资金有进一步的阐述，但对于资金的定义描述仍十分模糊，也没有对资金援助做出具体金额规定。

(五) 国际转让

此外，协定允许国际转让，使减少碳排放的国际合作成为可能。协定第六条提出："缔约方认识到，有些缔约方选择自愿合作执行它们的国家自主贡献，以能够提高它们减缓和适应行动的力度，并促进可持续发展和环境完整。"

---

① Paris Agreement. [Retrieved on 2018.6.1]. https：//unfccc. int/process/the-paris-agreement/what-is-the-paris-agreement.

(六)交易机制

在交易机制和国际转让机制的基础上，协定提出了一个交易机制，供缔约方自愿使用。机制允许一个国家将自身的具体减排成果计算在其他国家的目标中，奖励和便利国家授权下的公私实体参与减缓温室气体排放。机制中的收益用于负担国家行政开支，以及援助发展中国家。

四、《巴黎协定》主要贡献及主要问题

总而观之，巴黎协定提出了自主贡献结合全球盘点机制、气候资金和交易机制。

但《巴黎协定》仍存在一定问题。第一，自主贡献标准不统一难以横向对比各国贡献，在全球盘点时可能会在总结全球减排进程等问题上遇到一些困难；第二，协定没有对资金支持进行明确定义和数额规定，这可能导致各国的算术问题；第三，对于交易机制，协议措辞含糊，这使得交易机制未来的不确定性加大。

第二节　责任投资原则

一、发展过程

(一)20 世纪 60 年代之前

众所周知，责任投资的最初源头是伦理投资，而伦理投资源于传统教会投资。从古至今，各种宗教机构以自己的宗教思想为标准，进行限制性的投资。如中世纪基督教时代，出现以旧约为基础的对贷款和投资的限制性投资限制；在 17 世纪，卫理公会的创始人约翰韦斯利(John Wesley，1703-1791)主张人们不应通过剥削他人的有罪交易获得利益；到 20 世纪 20 年代，英国的卫理公会教堂避免投资于涉及到烟草、武器、赌博的"有罪"公司等。[1]

---

[1]　Luc R.，Jenke T. H.，and Chendi Z. (2008). Socially responsible investments：Institutional aspects，performance，and investor behavior. *Journal of Banking & Finance*，32 (9)，1723-1742.

(二)20 世纪 60—80 年代

到了 60 年代，世界上发起了各种社会运动，如反战争运动、反种族歧视运动等。这些社会问题使投资者受到启发。20 世纪 70 年代到 80 年代，在人权社会运动家和环境运动家的关注下，大家开始在投资过程当中关注社会和环境因素。对此可以举两件具有象征性的事件。

其一，投资者逐渐意识到了投资对社会的影响力，但当时没有能够满足这些投资者需求的投资商品。1971 年，史上第一个由两名卫理公会教徒发起的接近于现代社会责任投资的共同基金 Pax World Fund，在美国问世，满足了众多投资者的需求。此基金在投资决策过程中考虑社会因素，通过负面筛选，排除涉及到越南战争的相关公司的投资商品。

其二是著名的埃克森油轮事件。1989 年 3 月，埃克森的油轮在阿拉斯加附近溢出 1100 万加仑原油，引起了严重的环境污染。对此，具有埃克森股份的美国第二大基金纽约公务员养老金基金签约了环境责任经济联盟(Coalition for Environmentally Responsible Economics. CERES)的瓦尔德斯原则(Valdez Principle)，向埃克森公司提出了股东决议。这两件事代表伦理投资转变成社会责任投资的过渡过程。

(三)20 世纪 90 年代之后

20 世纪 90 年代，全球范围内陆续爆发的各个公司的丑闻事件，让投资者在风险管理方面上逐渐关注责任投资方式。同时，人们开始关注环境问题。1992 年里约峰会上出现了有关可持续发展的概念。到此为止，责任投资主要在美国和欧洲以社会运动的形式发展。①

(四)责任投资原则的出现

在 2005 年初，时任联合国秘书长科菲·安南邀请全球最大的机构投资者集团来制定责任投资原则。他们删掉社会责任投资里的"社会"这两个字，并将其定义为"将环境(environment)、社会(social)、公司治理(governance)，即 ESG 因素纳入投资决策里的一种投资方式"。2006 年 4 月，该原则在纽约证券

---

① Russell S. and Christopher J. C. (2004). The Maturing Of Socially Responsible Investment：A Review Of The Developing Link With Corporate Social Responsibility. *Journal of Business Ethics*，52(1)，45-57.

交易所正式发起。

二、责任投资原则的基本概念

责任投资原则，英文名称为 Principles for Responsible Investment，简称为 PRI，由前联合国秘书长科菲·安南先生和荷兰公务员养老基金、加利福尼亚公务员养老基金等主要养老金基金的机关负责人正式发表。2006 年 4 月，纽约证券交易所为了让金融行业更好地管理风险，产生可持续和长期利益，发起了责任投资原则。

此原则提倡在投资过程中考虑环境(environment)、社会(social)、公司治理(governance)，即 ESG 因素。这三个因素也可以细分为各个方面(如表 3.1)：①

表 3.1　　　　　　　　　　　**ESG 因素的不同方面**

环境	社会	公司治理
气候变化 温室气体(GHG)排放 资源枯竭，包括水 浪费和污染 森林砍伐	工作条件，包括奴役和童工 当地社区，包括土着社区 冲突 健康和安全 员工关系和多样性	高管薪酬 贿赂和腐败 政治游说和捐赠 董事会多样性和结构 税收策略

该原则的主要机构是联合国责任投资原则机构(United Nations Principles for Responsible Investment，UNPRI)，并且受到联合国环境规划署金融行动机构(United Nations Environmental Programme Financial Initiative，UNEPFI)和联合国全球合约机构(United Nations Global Compact，UNGC)的支持。该原则的目的在于向全世界金融行业提倡有长期利益的投资方式和给大家提供一个共同的标准。因此该原则与政府无关，是相对独立且具有自愿性的原则。

三、投资方法

该原则提倡责任投资方法。如上所述，"责任投资"这一名称是除去"社会

---

① 联合国责任投资原则机构．[检索时间：2018.6.1]．https：//www.unpri.org/pri/what-is-responsible-investment.

责任投资"里的相对抽象的"社会"这两个字而来的。那么"社会责任投资"和
"责任投资"之间有什么不同？在以下两个方面存在明显的不同之处。

（一）责任投资分析的周全性

虽然这两个方法都会关注社会、环境、治理等方面，但传统的投资眼光有
时会出现关注较为片面的情况。而责任投资在投资上不会片面关注，而是会关
注 ESG 整体方面。

（二）以财务回报为主要目的

社会责任投资和绿色投资等这些投资方式在一定范围内更注重人们的伦理
和责任感，并没有把投资者的利益为最先目标；① 责任投资则重视财务回报。

四、六项原则

责任投资原则提倡责任投资方法的同时，还要求签署方实施其六项原则。
这六项原则分别为：
(1) 将 ESG 议题纳入投资分析和决策过程；
(2) 成为积极的所有者，将 ESG 议题整合至所有权政策与实践；
(3) 要求投资机构适当披露 ESG 资讯；
(4) 让在投资行业接受并实施 PRI 原则；
(5) 建立合作机制，提升 PRI 原则实施的效能；
(6) 汇报 PRI 原则实施的活动与进程。

六项原则内容涉及三个层面，分别是：投资方、投资对象和所有人。原则
1 和原则 2 主要要求投资方在投资决策当中反映 ESG 因素；原则 3 是针对投资
对象的，要求投资对象主动披露 ESG 相关信息；原则 4 到原则 6 是对所有人
的要求，大体上要求执行和促进 PRI。

五、参与情况简介

（一）参与者须承诺的原则

签署方会被要求公开承诺采纳和实施这些原则，而且要求承诺评估这些原

---

① 联合国责任投资原则机构．［检索时间：2018.6.1］．https：//www.unpri.org/pri/
what-is-responsible-investment.

则的有效性并改进内容。签署方可以是资产所有者(Asset owners)、投资管理者(Investment managers)和投资服务提供商(Service providers)。①

表3.2   签约方分类

资产所有者 (Asset owners)	投资管理者 (Investment managers)	投资服务提供商 (Service providers)
代表持有长期退休储蓄,保险和其他资产的组织。例如养老基金、主权财富基金、基金会、捐赠基金、保险和再保险公司以及管理存款的金融机构。	自己的账户或其他投资基金等管理或控制投资基金的组织。	向资产所有者或投资经理提供产品或服务的组织。虽然这些公司不是资产管理者或资产所有者,但他们对客户如何处理ESG问题确实有相当大的影响力。对于这个组织来说,成为签署者就意味着要致力于提供,开发和推广支持客户实施原则的服务。

从上表可以看到,资产所有者一般指养老基金和保险公司等持有长期退休储蓄、保险和其他资产的组织;投资管理者指管理或控制投资基金的金融组织;投资服务提供商指向资产所有者或投资经理提供产品或服务的组织。满足上述条件的任何机构都可以成为责任投资原则的签约方。

六项原则本身是自愿和理想的。对于大多数签署方而言,这些承诺是一项正在进行的工作,并且签署方为这些负责的投资尽可能地提供指导。

(二)参与者所承担的任务

责任投资原则只有两项强制性要求。其一,是为运营而收的年费。年费被要求每年4月份支付。年费根据签署机构的类别,管理类型和资产有所不同。其二,是公开报告。签约方开始被强制报告的时间将在签署后的12—24个月,详细的时间取决于组织签署原则的年份。在这自愿时间内,签约方可以试着把报告作为学习经历。这些由各个机构完成的PRI年度报告将会用为研究资料。所有签约方可以进入PRI提供的共同网络里,分享其经验和享受在线工具,

---

① 联合国责任投资原则机构.[检索时间:2018.6.1].https://www.unpri.org/signatories/become-a-signatory.

以此获得长期利益。

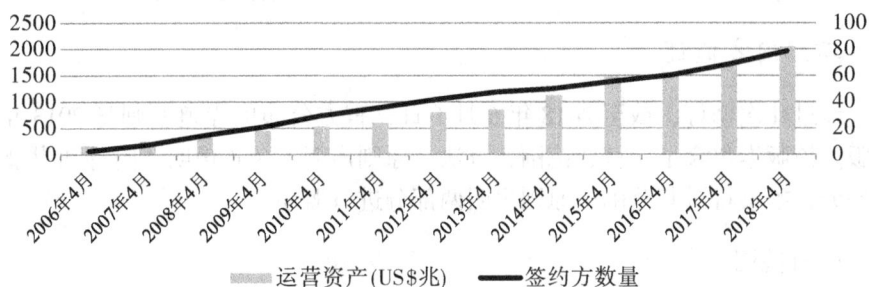

图 3.2　签约概况变化

(三) 全球参与规模概况①

责任投资原则在开始主要有大型养老金基金来主导实施,后来被整个投资行业广泛使用。据 UNPRI,原则被宣布的那一年有 63 个签约方,运营资产达到 6.5 兆美元。到了 2018 年 4 月,其签约方达到 1961 个,运营资产达到 81.7 兆美元 。②

在责任投资原则下,主要以 NGO 国家为主、以社会运动形式发起的投资方式,广泛地被世界各地的金融市场使用。

第三节　赤 道 原 则

一、发展历史

赤道原则是一套在融资过程中用以确定、评估和管理项目所涉及的环境和社会风险的金融行业基准,是一套自愿性原则。2003 年 6 月,荷兰银行和国际金融公司等 10 家著名金融机构在华盛顿共同发起该原则。2006 年,赤道原则经历了一次大的修订,这次修订广泛听取了各非政府组织、非赤道银行和出

---

①　联合国责任投资原则机构 . [检索时间:2018.6.1]. https://www.unpri.org/about-the-pri.

②　联合国责任投资原则机构 . [检索时间:2018.6.1]. https://www.unpri.org/about-the-pri.

口信用保险机构的意见。修订后的赤道原则于 2006 年 7 月开始施行。① 截至 2017 年末，已有 37 个国家的 92 家金融机构宣布采用赤道原则。②

二、内容概述

经过几次修订，截至 2018 年 6 月 1 日，官方公布的赤道原则是 2013 年 6 月版。该版本包含了序言、范围、方法、原则声明、免责声明、附件和附录七个部分，本书将对其范围、原则声明两部分进行概述。

(一)范围

赤道原则中明确指出，在新的项目融资时，仅适用于以下四种金融产品：

(1)项目资金总成本达到或超过一千万美元的项目融资咨询服务；

(2)项目资金总成本达到或超过一千万美元的项目融资；

(3)符合下述四项标准的用于项目的公司贷款(包括出口融资中的买方信贷形式)；

①大部分贷款与客户拥有实际经营控制权(直接或间接)的单一项目有关；

②贷款总额为至少 1 亿美元；

③赤道原则金融机构单独贷款承诺(银团贷款或顺销前)为至少五千万美元；

④贷款期限为至少 2 年。

(4)过桥贷款：贷款期限少于两年，且计划借由符合上述标准的项目融资或公司贷款进行再融资。③

(二)原则声明

原则声明是赤道原则的主体部分，对项目从提出申请到融资成功中每一项流程都做了具体规定。其内在逻辑如图 3.3 所示：

当项目提出融资申请后，赤道原则金融机构(EPFI)会基于国际金融公司的环境、社会分类操作流程，根据项目潜在风险程度将项目分为三类。A 类是对环境、社会有重大不利影响的项目；B 类项目的不利影响程度较轻，可通过减缓措施加以解决；C 类是指几乎无不利影响的项目。对于 A 类和 B 类项目，

---

① 叶勇飞(2008)．"绿色信贷"的"赤道"之旅．环境保护，7，46-48.

② 赤道原则．[检索时间：2018.6.1]．http：//equator-principles.com/.

③ 赤道原则．[检索时间：2018.6.1]．http：//equator-principles.com/.

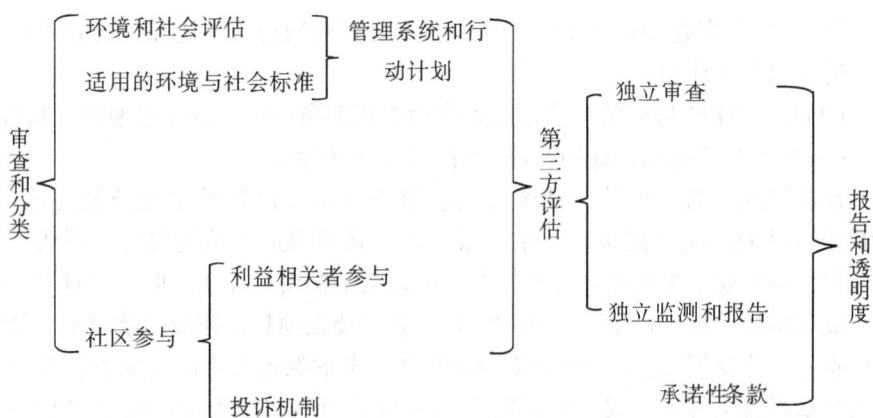

图 3.3　赤道原则逻辑结构图

EPFI 会要求客户开展环境和社会评估，准确并客观地说明环境和社会风险。评估过程应首先符合东道国相关的法律、法规和许可。对于指定国家和非指定国家，① EPFI 还提出了不同的适用标准。"假如项目位于非指定国家，则评估过程应符合当时适用的国际金融公司（IFC）社会和环境可持续性绩效标准（绩效标准），以及世界银行集团环境、健康和安全指南（EHS 指南）（附件 III）。假如项目位于指定国家，评估过程在社会和环境问题方面，应符合东道国相关的法律、法规和许可。东道国法律符合环境和/或社会评估（原则 2），管理体系和计划（原则 4），利益相关者的参与（原则 5）及投诉机制（原则 6）的要求。"②为了确保项目符合相应的适用标准，客户必须具备一套环境和社会管理体系和一份环境和社会管理计划。如果适用标准不能令 EPFI 满意，双方会共同达成一份赤道原则行动计划。

此外，EPFI 考虑到社区参与的情况。客户必须与受影响社区的利益相关方实行通报协商。同时，客户须设立一套投诉机制，接纳社区民众的意见。

在完成项目的评估过程后，EPFI 会将评估过程中的文件交由第三方专家审查，并且对于客户将要提交给 EPFI 的监测信息，EPFI 会要求客户聘任一名独立专家进行核实。

承诺性条款是赤道原则中较为强制的一部分，具体规定是：

---

① 指定国家是指有强力的环境和社会管理系统、立法系统和体制能力，用以保护本国人民和环境。截至 2018 年 4 月 4 日，指定国家共计 33 个。

② 赤道原则．［检索时间：2018.6.1］. http://equator-principles.com/.

（1）在项目兴建和运作期间，在所有重要方面均符合环境和社会管理计划及赤道原则行动计划；

（2）按与 EPFI 协议的格式定期提交由内部职员或第三方专家编制的报告；

（3）按照协议的退役计划在适当情况下退役设备。

在项目的审查、评估、社区参与、第三方审查以及承诺性条款完成后，EPFI 将会为项目提供融资。但是，双方必须就项目进展情况向公众报告。对于客户，客户要至少确保环境和社会影响评估的摘要可在线获取，并且对于每年二氧化碳排放量超过十万公吨的项目，客户要在项目运作阶段就温室气体的排放水平向公众报告。对于 EPFI，EPFI 会在考虑保密因素的前提下，至少每年向公众报告至融资正式生效日时交易的数量及其实施赤道原则的过程和经验，并按照附件 B 中详述的最低报告要求进行报告。

第四节　绿色债券的相关准则——绿色债券原则和气候债券准则

一、绿色债券国际准则的产生

在绿色金融国际市场上，绿色债券这一形式越来越盛行。2010 年以后，国际资本市场协会和气候债券倡议组织分别提出的两项绿色债券准则，在推广绿色债券上起到了重要作用。这两项规则虽然都不具有法律效力，但由于其规范性、科学性，受到了业内参与者的广泛认同，并在债券市场上发挥了重要效力。

二、国际资本市场协会和《绿色债券原则》（The Green Bond Principles，GBP）

国际资本市场协会（International Capital Market Association，ICMA）是一所国际性的非政府金融机构，前身为国际债券交易商协会（Association of International Bond Dealers，AIBD）。其于 2005 年合并了其他组织机构并正式成立，总部设于苏黎世，参与者包括证券发行商、中央银行、资产管理人和律所等。其主要负责国际金融市场行业规则的制定，同时也是国际债券市场的贸易协会，在国际债券市场具有重要地位。

随着人们对环境保护的日益重视和金融绿色化的趋势，国际资本市场协会于 2014 年 1 月 13 日发布了一份关于绿色债券的行业流程指引，名为《绿色债券原则》。该原则推出后受到了国际债券市场的广泛欢迎和接受，促进了绿色债券的融资和发行。在随后的几年内，国际资本市场协会根据绿色债券的发行形势，不断修改，分别在 2015 年、2016 年和 2017 年发布了 3 次更新版本。

三、气候债券倡议组织和《气候债券准则》(Climate Bonds Standard，CBS)

气候债券倡议组织(Climate Bonds Initiative，CBI)是一所针对投资者的国际非营利组织，其于 2010 年注册成立，工作重心聚焦于全球绿色债券市场，在发展中国家和发达国家都具有较强影响力。①

在 2011 年 11 月，气候债券倡议组织发布了《气候债券准则》1.0 版本，并于 2015 年 5 月进行了一次补充修订。随着绿色债券市场的扩大，气候债券组织参考了《绿色债券原则》，在 2015 年 12 月公布了《气候债券准则》2.0 版本。该版本进一步细化和规范了绿色债券从发行到监督的一系列流程，在绿色债券市场起到了重要意义。2016 年，CBI 根据各行业的债券发行状况，重新补充了行业流程指引，将该准则更新至 2.1 版本。

四、绿色债券国际准则的基本内容

《绿色债券原则》和《气候债券准则》均是绿色债券市场上的行业自愿规范，在原则规定上均与债券发行的流程相对应，并体现了绿色债券的特点。

(一)绿色债券原则的基本内容

《绿色债券原则》除了一般的引言和附录部分外，其核心要素按照债券的具体发行流程分为四部分：募集资金用途、项目评估和筛选流程、募集资金的管理、报告和披露。除此之外，《绿色债券原则》还提倡在项目评估和筛选阶段引入外部评审的机制。发行人在筹备绿色债券发行流程时可借鉴多种渠道的外部意见，包括不同的层次和类型。同时《绿色债券原则》还阐述了不同外部评审的形式，包括顾问评审、验证、认证和评级等。②

(二)《气候债券准则》的基本内容

《气候债券准则》总体上与《绿色债券原则》的内容相互重合，其在充分参

---

① 关于气候债券组织的内容来源于其官网：https：//www. climatebonds. net.

② The Green Bond Principles(2017). [Retrieved on 2018. 6. 1]. https：//www. icmagroup. org/green-social-and-sustainability-bonds/green-bond-principles-gbp/.

考了《绿色债券原则》的基础上，将债券的整个发行阶段进行了细化，是一份可操作性很强的债券发行指引。其主体内容分为三部分：发行前要求、发行后要求、气候债券认证三部分，并附有特定行业的债券发行指引。

发行前要求：发行前要求分为项目和资产的筛选、内部控制流程与发行前报告三部分。该部分详细规范了绿色债券在发行前需要满足的各项要求，以及债券发行者在绿色债券发行前要提供的各项文件。

发行后要求：发行后要求包含了一般要求、合格项目和资产以及针对特定债券类型的要求三部分。这三部分对募集资金的用途、募集资金的跟踪、项目的持有标准以及保密性进行了严格规定。在发行后需要进行认证的债券和与债券挂钩的资产需要满足相应要求。

气候债券认证：气候债券认证包含了气候债券认证流程概述、发行前气候债券认证、发行后气候债券认证和特定的行业流程指引三部分。在这一模块，《气候债券准则》详细叙述了绿色债券认证的流程，并根据债券发行前和发行后的两个阶段，规定了核查机构和核查机制，并对核查规则进行了具体规定。①

（三）《绿色债券原则》和《气候债券准则》的内容对比

《绿色债券原则》和《气候债券准则》在修订过程中相互借鉴和补充。相较而言，《气候债券准则》是《绿色债券原则》的进一步扩充。两者在内容上有许多相互重合之处。②

表3.3　　　　　　　　　　　　GBP 和 CBS 在内容上对应

《绿色债券原则》	《气候债券准则》2.1 版本
募集资金用途	1 项目和资产的筛选 4 指定的项目和资产 9 气候债券分类方案 10 行业标准 11 项目持有

---

① Climate Bonds Standard（V2. 1）. [Retrieved on 2018. 6. 1]. https：//www. climate-bonds. net/standards/about.

② 根据《绿色债券原则（2017）》和《气候债券标准（V2. 1）》总结。

《绿色债券原则》	《气候债券准则》2.1 版本
项目评估和筛选流程	2 内部控制流程 4 指定的项目和资产 9 气候债券分类方案 10 行业标准
募集资金管理	5 募集资金用途 6 募集资金专款专用 10 行业标准 11 项目持有
报告	3 发行前报告 7 保密性 8 报告
外部评审	发行前认证 发行后认证

《绿色债券原则》和《气候债券准则》之间除了内容上的一致性外，还存在着一定的差异。相较而言，《绿色债券原则》的内容较为简略，是一份更为清晰的流程性指引。而《气候债券准则》在内容上较为详细、具体，与气候债券组织的内部部门相契合，形成了一份较为完整的债券发行手册，便于国际债券市场的参与者进行募集投资。

五、绿色债券相关准则的意义

关于绿色债券的两项国际准则在进入债券市场后，给绿色债券的发展带了非常重要的影响。首先，这两项原则规范了较为清晰的债券发行流程和信息披露框架，使绿色债券的发行流程更为清晰；其次，准则的建立提高了信息的透明度，一定程度上缓解了债券发行人与持有者之间的信息不对称问题；除此之外，这两项准则建立了较为标准的披露规范，引入了一批较为权威的外部审查机构，有助于对募集资金进行追踪和记录，使绿色债券的整个发行阶段更加规范和清晰。

第四章

绿色金融国际组织

我们按照国际组织分类，分别按照政府间全球性绿色金融国际组织、政府间区域性绿色金融国际组织、非政府绿色金融国际组织三个小节进行概述。其中，政府间区域性绿色金融国际组织中，我们对中国参与并发挥重要作用的二十国集团和亚洲基础设施投资银行进行重点介绍。

第一节 政府间全球性绿色金融国际组织

政府间国际组织（International Governmental Organization，IGO），指一般只有主权国家才能参加、通过宣言等具有法律约束力的国际公约而成立的国际组织。政府间国际组织在条约和宗旨规定的范围内，享有参与国际事务的独立地位，具有直接承担国际法权利、履行国际法义务的能力，不受国家权力的管辖。

全球性国际组织（Global International Organization，GIO），立足于解决全球范围内的问题，促进全球平衡与发展。一般以联合国（United Nations）、世界（World）、全球（Global）、国际（International）的英文字母缩写开头。

政府间全球性国际组织（Intergovernmental International Organization，IIO），为成员国展开各层次的对话与合作提供场所；管理全球化带来的国际社会公共问题；在成员国之间分配经济发展的成果和收益；组织国际社会各领域的活动；调停和解决国际政治和经济争端；担当国际关系民主化的渠道和推进器等。

一、联合国环境署

(一) 组织概况

联合国环境规划署（United Nations Environment Programme，UNEP，下文简称：环境署），是联合国专责环境规划的常设部门。1973 年 1 月环境署正式成立，并且在瑞士日内瓦设立临时总部。1973 年 10 月总部迁至肯尼亚首都内罗毕，是全球仅有的两个将总部设在发展中国家的联合国机构之一。环境署的宗旨是促进环境领域中的国际合作，使命是激发、推动和促进各国及其人民在不损害子孙后代生活质量的前提下提高自身生活质量，领导并推动各国建立保护环境的伙伴关系，任务是"作为全球环境的权威代言人行事，帮助各政府设定全球环境议程以及促进在联合国系统内协调一致地实施可持续发展的环境层面"。①

（二）关注议题

环境署关注的议题相当广泛，在环境署的网站首页上，罗列了以下环境议题：空气、生物技术安全、化学制品和废弃物、城市和生活方式、森林、性别、绿色经济、气候变化、灾害和冲突、生态系统、教育和培训、海洋、资源效率、可持续发展目标、能源、审查中的环境、环境治理、提取物、科技、交通运输、水。

其中，重点关注的议题和工作范围总共七个，分别是气候变化、生态系统管理、环境治理、有害物质、资源效率、灾难与冲突和环境审查。在工作中，可持续性被置于首要地位。此外，在环境署的网站上会不断更新和议题相关的新闻故事和调查。

（三）主要工作

经过归纳梳理，环境署的主要工作可以主要分为四个方面：对环境状况和环境项目的评估；对环境资金的管理批复；协助联合国系统内和国家内环境政策的制定以及提供包括环境教育、培训、环境情报等在内的支持性措施。

1. 环境评估

环境署根据联合国大会、联合国环境理事会和联合国系统评估标准的要求，开展各种评估和管理研究。环境署既包括对世界环境状况的检查和报告，也包括对各类环境项目的评估，其目的在于保证各国政府重视面临的全球性环境问题，促进环境领域中的国际合作，并为其提供适当的政策。具体工作部门包括全球环境监测系统中心、全球资料查询系统中心、国际潜在有毒化学品中心等。

为了保证评估办公室在不受干扰的情况下报告评估结果，环境署以独立方

---

① 联合国环境规划署官网．[检索时间：2018.6.1]．https：//www.unenvironment.org.

式进行评估。主要评估形式包括较高层次的战略和专题评估(包括对联合国环境署"中期战略"分项计划和国别计划的评估)、运营评估(包括项目和投资组合评估、管理利益研究)、效果和影响评估。相关的评估报告都能在环境署的网站上进行查询。

针对项目评估而言，环境署的评估系统将整体项目拆解为分项计划，通过推荐系统到达项目经理和高级管理者，同时进行公开披露，从而对项目进行干预改进，最后再进行反馈，评估项目表现。

2. 基金管理

环境署的基金管理主要指管理环境基金，检查和批准年度利用环境基金计划，其口号是"Invest in a planet that prospers. Invest in UN Environment."

(1)资金来源：

经常预算——包括支持秘书处核心职能的联合国发展账户；全球环境基金(GEF)——全球环境基金是世界银行于1990年创建的实验项目，是联合国环境基金的最大财务合作伙伴，是环境署用于处理全球或区域工作中出现的环境问题的核心资金；专项捐款——作为项目进行中对核心资金的补充。

根据2016—2017年统计，经常预算占比5%，环境基金占比15%，专项捐款占80%。

(2)资金去向：

支持环境署日常工作；减少联合国各机构的环境足迹；建立和资助国家间及各国内进行的环境项目；协调建立伙伴关系和合作组织。

环境署自2008年开始实施气候中立战略，制定减排目标和战略以减少联合国各机构的环境足迹。2010年环境足迹减少23%，能源中立办事处每年可节约4000公斤左右的二氧化碳排放。2014年联合国的88个组织中有65个向环境署报告了其排放量。2015年8月，环境署签署了该组织的环境政策并开发了环境管理体系，阐述了环境署通过建立全面、系统、有计划、有文件记录的工作流程来减少环境足迹的承诺。

在建立和资助国家间及各国内进行的环境项目方面，环境署帮助192个国家的全球、区域和国家完善用于政策制定的环境数据流；帮助140个国家、机构和企业提升管理策略，在全球供应链中进行可持续生产和消费；资助太阳能贷款项目，在印度、突尼斯、摩洛哥、印度尼西亚等国为装设太阳能装置提供低率贷款；帮助保护中东的大面积沼泽地(2001年公布90%的沼泽地被摧毁现状，2004年8月起支持伊拉克沼泽地的环境管理工作)；在2000—2011年间分别发动"十亿树木行动"、"百万森林计划"、"地球植树计划"，在世界不同地区开展植林绿化，抗沙漠化，保护湿地及农地等工作。

在协调建立伙伴关系和合作组织方面，环境署通过建立区域海洋方案，联合多于 143 个国家共同保护共享的海洋环境；组织 66 个合作国家参与 En. Lighten 计划，每年节省超过 75 亿美元，减少 3500 万吨二氧化碳排放；建立清洁燃料和车辆伙伴关系，几乎消除燃料中铅的使用，节省 2.4 万亿美元的医疗费用，预防 120 万人死亡；联合 25 名致力于应对气候变化的机构投资者，承诺将价值 6000 亿美元的资产脱碳化。

3. 政策制定

环境署在联合国系统内提供协调环境规划总的指导政策，制订、执行和协调各项环境方案的活动计划，促成一系列国际环境保护指导原则、公约与议定书的通过，如《气候变化框架公约》《保护臭氧层维也纳公约》《内罗毕宣言》等。

此外，环境署与国家政府和地区机构合作发展和实施环境政策，尤其是援助发展中国家实施环境规划和计划，促进有利环境保护的措施。

4. 支持性措施

环境署的支持性措施包括环境教育、培训、环境情报的技术协助等。

首先，环境署通过发布环境可持续性教程，旨在增强和促进联合国工作人员的环境可持续行为，使他们彻底掌握环境可持续性的意义，以及每个人在减少联合国环境足迹方面的作用。约 50% 的环境署工作人员已经接受了该教程。

其次，环境署发起绿色周与世界环境日环保承诺宪章，在绿色周、世界环境日为工作人员和公民提供有效保护环境的方法，倡导可持续发展是每个公民的责任。

再次，环境署和有关机构还经常举办同环境有关的各种专业会议，如绿色会议，并出版了一系列学术出版物，如《UNEP 年报》《UNEP 报告和会议论文集系列》《UNEP 参考系列》《UNEP 研究系列》《UNEP 执行系列》《环球资源信息数据库》和《工业与环境数据库》等。

二、国际金融公司

（一）组织概况

国际金融公司（International Finance Corporation，IFC），成立于 1956 年 7 月 24 日，是世界银行集团成员，也是专注于发展中国家私营部门发展的全球最大发展机构，业务范围遍及 100 多个国家。

国际金融公司在解决私人投资、创造市场和机会方面拥有 60 多年的经验，通过运用一个地区的经验教训来解决另一个地区的问题。该公司帮助当地企业利用自己的知识，将其与其他发展中国家的机遇相匹配。自 1956—2018 年，国际金融公司利用 26 亿美元的资本为发展中国家的企业提供超过 2650 亿美元的融资。①

(二)主要工作

国际金融公司提供投资、咨询和资产管理，其产品和服务包括贷款、股权投资、贸易和供应链金融、混合金融、风险投资等方面。

国际金融公司利用全球行业知识应对未来几年最大的发展挑战，其中包括失业、气候变化和粮食与水安全。该公司产品设计旨在满足不同行业客户的需求，尤其关注基础设施、制造业、农业综合产业、服务业和金融市场等领域。

三、联合国工业发展组织

(一)组织概况

联合国工业发展组织(United Nations Industrial Development Organization, UNIDO)，成立于 1966 年 11 月 17 日，1985 年 6 月正式改为联合国专门机构，致力于促进工业发展，努力完成减贫、更包容的全球化和环境可持续性方面的目标。② 联合国工业发展组织的任务是促进和加快发展中国家及转型经济体的可持续工业发展。

(二)关注议题

联合国工业发展组织有四个战略重点：共创繁荣、提升经济竞争力、保护环境以及加强知识和制度。

联合国工业发展组织关注的焦点有可持续发展、包容的可持续工业发展和国家合作项目。

---

① 国际金融公司官网. [检索时间：2018. 6. 1]. https：//www. ifc. org/wps/wcm/connect/corp_ext_content/ifc_external_corporate_site/home.

② 联合国工业发展组织官网. [检索时间：2018. 6. 1]. https：//www. unido. org/who-we-are/unido-brief.

(三)主要工作

联合国工业发展组织的愿景是创造一个经济可持续发展并且公平进步的世界。该组织提供四类相辅相成的服务:技术合作、分析和政策咨询、标准制定及合规以及知识转让与交流服务。该组织被公认为是一个为包容性和可持续性工业发展提供服务的高效组织,以应对相互联系的重重挑战,包括通过生产活动减少贫困、通过贸易能力建设使发展中国家融入全球贸易、促进工业发展的环境可持续性以及改善清洁能源的获取渠道。①

四、绿色气候基金

(一)组织概况

绿色气候基金(Green Climate Fund,GCF)是 2010 年在墨西哥坎昆举行的《联合国气候变化框架公约》(以下简称《公约》)第十六次缔约方大会(COP16)上设立的机构,由 194 个国家的政府共同建立,旨在限制或减少发展中国家的温室气体排放,帮助发展中国家适应气候变化。作为《公约》的资金机制,绿色气候基金将为实现巴黎协定各国承诺的维持全球气候升温在 2℃ 以下的目标起到资金贡献。

(二)主要工作

绿色气候基金通过推动气候融资流向低排放和气候适应性发展项目,来推动全球应对气候变化模式的转变。其创新之处是利用公共投资来刺激民间金融,针对低排放、气候适应性发展项目的气候友好型投资。该基金特别关注极易受气候变化影响的国家的需求,尤其是最不发达国家、小岛屿发展中国家和非洲国家,对它们的拨款高达适应性投资的 50%。

(三)主要特点

平衡的投资组合。绿色气候基金致力于在缓解性和适应性投资之间保持平衡。

释放私营金融。绿色气候基金的独特之处在于可以直接参与公共和私营部

---

① 联合国工业发展组织简介(联合国官网).[检索时间:2018.6.1]. http://www. un. org/zh/aboutun/structure/unido/.

门的气候变化投资。作为其创新框架的一部分，它有能力承担与气候相关的重大风险，使其能够利用和挤占额外融资。它提供广泛的金融产品，包括赠款、优惠贷款、次级债务、股权和担保。这使其能够满足项目需求并适应具体的投资环境，包括利用其资金来克服私营融资的市场障碍。

国家所有权。绿色气候基金认识到，有必要确保发展中国家合作伙伴掌握气候变化资金的所有权并将其纳入国家行动计划。发展中国家建立一个国家指定机构，作为其政府和绿色气候基金之间的接口，并且必须批准该国内所有绿色气候基金项目活动。这种由国家推动的方法确保绿色气候基金的活动与国家优先事项保持一致。①

五、全球环境基金

(一)组织概况

全球环境基金(Global Environment Facility，GEF)成立于1991年10月，最初是世界银行的一项支持全球环境保护和促进环境可持续发展的10亿美元试点项目。在1994年里约峰会期间，全球环境基金进行了重组，与世界银行分离，成为一个独立的常设机构。将全球环境基金改为独立机构的决定提高了发展中国家参与决策和项目实施的力度。然而，截至2018年6月1日，世界银行一直是全球环境基金信托基金的托管机构，并为其提供管理服务。

作为重组的一部分，全球环境基金受托成为《联合国生物多样性公约》和《联合国气候变化框架公约》的资金支持机构。全球环境基金与《关于消耗臭氧层物质的维也纳公约》的《蒙特利尔议定书》下的多边基金互为补充，为俄罗斯联邦及东欧和中亚的一些国家的项目提供资助，帮助其逐步淘汰会损耗臭氧层的化学物质的使用。随后，全球环境基金又被选定为另外三个国际公约的资金支持机构。它们分别是《关于持久性有机污染物的斯德哥尔摩公约》(2001)、《联合国防治荒漠化公约》(2003)和《关于汞的水俣公约》(2013)。

全球环境基金(GEF)是一个由183个国家和地区组成的国际合作机构，其宗旨是与国际机构、社会团体及私营部门合作，协力解决环境问题。全球环境基金通过额外增款和优惠资助的方式，来弥补将一个具有国家效益的项目转变

---

① 绿色气候基金官网．[检索时间：2018.6.1]．https：//www.greenclimate.fund/who-we-are/about-the-fund．

为具有全球环境效益的项目过程中产生的"增量"或附加成本。①

(二)关注议题

全球环境基金关注的重点领域有生物多样性、气候变化、国际水域、化学品、可持续森林管理、土地退化和臭氧层损耗等，如图4.1所示。

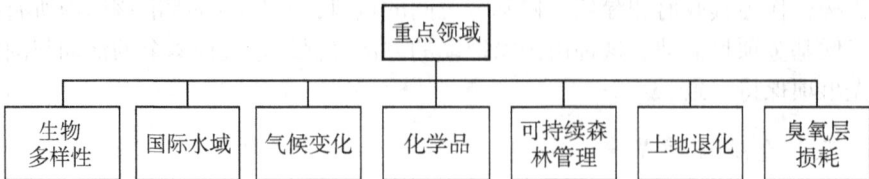

图 4.1 全球环境基金关注的重点领域

(三)主要工作

截至 2018 年 6 月 1 日，全球环境基金已为 165 个发展中国家的 3690 个项目提供了 125 亿美元的赠款并撬动了 580 亿美元的联合融资。23 年来，发达国家和发展中国家利用这些资金支持相关项目和规划实施过程中与生物多样性、气候变化、国际水域、土地退化、化学品和废弃物有关的环境保护活动。

通过小额赠款计划(SGP)，全球环境基金已经向民众社会和社区团体提供了 2 万多笔赠款，共计 10 亿美元。全球环境基金投资的主要成果包括：在全世界建立了大体相当于巴西国土面积的保护区；减少了 23 亿吨碳排放；减少了中欧、东欧和中亚地区造成臭氧层损耗的物质的使用；改善了 33 个大江大河流域和世界上三分之一的大规模海洋生态系统的管理；通过改进农业耕作方式，减缓了非洲的荒漠化。所有这些都对改善数百万人的生活条件和食品安全做出了贡献。

六、小结

在所有的政府间全球性绿色金融组织中，国际金融公司成立最早，于

---

① 全球环境基金中国官网．[检索时间：2018.6.1]．http：//www. gefchina. org. cn/qqhjjj/gk/201603/t20160316_24275. html.

1956 年，重点在基础设施、制造业、农业等领域开展绿色金融合作，专注于发展中国家的私营部门，其作用和 1991 年成立的全球环境基金和 2010 年成立的绿色气候基金类似，都是通过金融手段，为环保提供金融支持。成立于 1966 年的联合国工业发展组织和成立于 1973 年的联合国环境规划署，在绿色金融的实践中，则是起到金融与实体经济的桥梁作用。前者在绿色金融中发挥全球化的系统性协调，后者侧重于推动国际合作关注工业领域的可持续发展，建设绿色工业。

第二节　政府间区域性绿色金融国际组织

区域性国际组织是指基本上按地区组成的国际组织。从内部构成上看，区域性国际组织的成员是特定地区内的若干国家。这些国家在语言、文化、历史等方面往往具有较大的相似性，或者具有共同关心的问题和共同利益。从作用上看，区域性组织对内能够维持本地区的和平、促进共同发展，对外能够传达地区内共同的利益诉求，维护一定区域内相同的利益。本节将以非洲、欧洲、拉丁美洲以及中国参与的区域性国际组织为例，分析其在绿色金融中发挥的作用。

一、非洲开发银行

(一) 组织概况

1963 年 7 月，非洲国家部长级会议和非洲高级官员及专家会议在苏丹召开，会议首次通过了建立非洲开发银行的协议。次年，非洲开发银行 (African Development Bank，ADB) 正式成立。1966 年 7 月 1 日，非洲开发银行正式开业。截至 2018 年 4 月，非洲开发银行的法定资本被 80 个成员国认缴，其中包括 54 个非洲国家和以中国、美国、日本、英国等为代表的 26 个域外国家。

由于历史原因，非洲是世界经济发展水平最低的一个洲，是发展中国家最集中的地区，同时也面临着过度工业化和资源掠夺所引发的环境破坏问题。基于这一背景，非洲国家一方面需要谋求经济的快速发展，减少贫困人口，另一方面又要治理污染，实现经济的可持续增长。为了满足达到这些目标的资金需求，帮助各个国家实现可持续发展和绿色发展，非洲开发银行在区域内制定了多项金融政策，用以帮助绿色发展项目。

(二)关注议题

2013 年，非洲开发银行正式确立了新十年发展计划。这一计划旨在努力提升非洲的发展质量，帮助各成员国的经济发展更加具有包容性和可持续性，囊括了改善人居生活质量、提升饮水和食品安全、保证各国能源安全、促进可持续能源的开发利用等多项内容和议题。为了落实这一计划，非洲开发银行对外设立了绿色债券，在全球范围内募集项目资金，然后将其投入符合标准的项目建设。①

为了确保投资项目真正有助于非洲地区生态环境的恢复，并减少未来气候问题的发生，非洲开发银行设立了审核项目的标准。根据其披露的文件，非洲开发银行的审核和监管步骤共分为五步：②

第一步，确认资金用途。总体来看，非洲开发银行设立了严格且清晰的申请流程，对申请项目进行审核。在申请初期，非洲开发银行要求申请项目必须提供可以描述、量化及评定(倘若可行)的明确环境效益，必须能够促进低碳发展或减缓气候变化。

第二步，项目评估和筛选。非洲开发银行将待资助的项目分为两类，一类致力于减少温室气体的排放或者回收已经排放的温室气体，被称为减缓气候变化项目；另一类则是在面对气候变化这一既成事实下，通过各项努力，增强自身适应能力，减少或降低气候变化对生命、财产以及居民健康带来的各种损失和影响。

第三步，资金管理。在提供资金的同时，非洲开发银行要求相关项目必须每半年披露一次资金使用情况。

第四步，监管和报告。在每年发布的报告中，非洲开发银行将对每一项计划进行披露，内容包括资金拨付情况、能源利用情况、温室气体排放情况等。

第五步，外部监管。非洲开发银行在资助的全流程中，主动接受国际气候研究中心(CICERO)的监督，采纳"环境-社会-治理(ESG)"标准和企业社会责任(CSR)指标。

根据以上步骤和要求，非洲开发银行也给出了九项范例，其中包括：再生

---

① 非洲开发银行．[检索时间：2018. 6. 1]．https：//www.afdb.org/fileadmin/uploads/afdb/Documents/Publications/Green_Bonds_Newsletter_-_Issue_N_1_-_May_2014. pdf.

② 非洲开发银行．[检索时间：2018. 6. 1]．https：//www.afdb.org/fileadmin/uploads/afdb/Documents/Publications/Green_Bonds_Newsletter_-_Issue_N_1_-_May_2014. pdf.

能源开发、能源效率、城市公交系统、生态系统的保护、固体污染物管理、污染物排放和控制、城市发展、用水供给和低碳交通。

（三）主要工作①

截至 2017 年 6 月 30 日，非洲开发银行正在或已经资助了二十余个项目。这些项目主要分布在非洲北部地区，涉及太阳能、交通、供水、风力发电等多个行业。其分布见图 4.2、图 4.3。

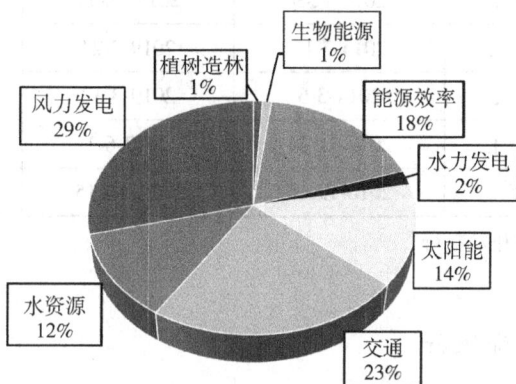

图 4.2　非洲开发银行项目分布（按行业）

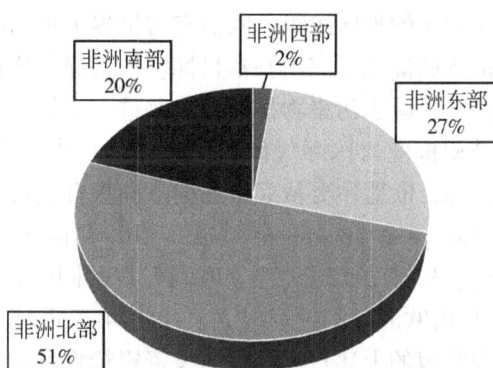

图 4.3　非洲开发银行项目分布（按地区）

---

①　非洲开发银行．［检索时间：2018.6.1］．https：//www. afdb. org/fileadmin/uploads/afdb/Documents/Publications/Green_Bonds_Newsletter_-_Issue_N4_-_November_2017. pdf.

除此之外，2011—2015 年，非洲开发银行用于应对气候变化的资金为 120 亿美元，并且计划在 2016—2020 年继续提供 180 亿美元的资金。在筹集方面，非洲开发银行已先后发行五笔绿色债券，并开始尝试探索诸如袋鼠绿色债券①的专项化债券。

表 4.1　　　　　　　　非洲开发银行绿色债券发行情况

币种	金额	发行日	到期日	资金拨付比
美元	5 亿	2015-12-9	2018-12-17	99%
克朗	10 亿	2014-2-17	2019-2-24	91%
克朗	10 亿	2014-3-6	2019-3-12	100%
克朗	12.5 亿	2016-11-24	2022-6-1	6%
澳元	0.55 亿	2016-12-15	2031-12-15	100%

数据来源：非洲开发银行。

二、欧洲投资银行

（一）组织概况

作为以发达国家为主的地区组织，欧盟有着世界上最高的环境标准。实践中，欧盟在环境保护领域确立了三项基本目标：一是绿色增长，促进可持续发展，保护自然生态环境，减少污染物排放；二是进一步提升人居生活质量，提升公民幸福度；三是积极应对国际气候变化的挑战，参与全球治理和地区治理。为了实现以上目标，欧盟主要依靠下属的欧洲投资银行进行投资和资助。

欧洲投资银行（European Investment Bank，EIB）是欧洲经济共同体成员国合资经营的金融机构。根据 1957 年《建立欧洲经济共同体条约》，欧洲投资银行于 1958 年 1 月 1 日由欧洲各国投资成立，1959 年正式对外开业，其总行设在卢森堡。为了实现欧盟的上述目标，欧洲投资银行将可持续发展设定为自身的发展目标，资助欧盟内外的减缓气候变化项目和气候变化适应项目，积极资

---

① 该项债券发行于 2016 年 12 月，用于资助气候变化的减缓与适应项目，重点是保护生物的多样性。

助与之相关的科技创新项目。①

(二)关注议题

实践中，欧洲投资银行始终将企业社会责任和可持续发展作为自身发展的核心，重点资助以改善居民生活质量、实现可持续增长和内涵式发展为目标的项目。

(三)主要工作

根据欧洲投资银行官网的介绍，欧洲投资银行承诺，在《巴黎协定》的框架内，预计从 2015 年至 2020 年，将再承诺 1 万亿美元的资金份额，用于支持发展中国家应对气候变化。②

此外，在其《2016 可持续发展报告》中，欧洲投资银行披露了自身经营中的能源消耗，包括电力消耗、燃气消耗、员工飞行里程、纸张消耗量等。未来，欧洲投资银行计划进一步细化有关数据，在下一年度中披露热力消耗量以及冷气消耗量等指标如表 4.2 所示。③

表 4.2　　　　　　　欧洲投资银行自身经营能源消耗统计表

类别	消耗量	备　　注
飞行里程	449 610(亿千米)	—
汽车里程	121 770(亿千米)	—
其他里程	20 090(亿千米)	包含公共汽车(780 亿千米)、火车(19 310 亿千米)
纸张	172 吨	—
水	55 208 立方米	—
天然气	155 千瓦时	—
废料	698 吨	—

数据来源：欧洲投资银行《2016 可持续发展报告》。

---

① 欧洲投资银行网站．［检索时间：2018.6.1］．www. eib. org/about/index. htm.

② 欧洲投资银行．［检索时间：2018.6.1］．www. eib. org/infocentre/publications/all/corporate-responsibility-flyer. htm? f=search&media=search.

③ 欧洲投资银行．［检索时间：2018.6.1］．www. eib. org/infocentre/publications/all/sustainability-report-2016. htm? f=search&media=search.

其在低碳金融领域的做法主要有以下两点：

第一，严格的项目筛选和监管机制。相较于事后监管，欧洲投资银行十分重视事前的监管和审核。在其《2016 可持续发展报告》①中，欧洲投资银行将"严格进行事前审查"确立为一项基本原则，它要求申请资金者必须在获得资金前，披露该项计划可能造成的环境问题、制定相应的对策并做出未来消除负面影响的承诺。具体执行中，欧洲投资银行要求其所资助的项目不能把盈利作为唯一目的，必须遵守严格的环境、社会和治理标准。为了落实这一标准，欧洲投资银行内有 300 余名工程师、经济学家、环境和社会专家以及 110 多名中小企业融资专员，负责对每个申请项目进行事前的尽职调查。在欧洲投资银行官网上，其详细列举了气候变化的减轻与适应、污染物的防治和减少、生态多样性的保护等十项标准，如图 4.4 所示。而在事后监管中，欧洲投资银行将对各个项目的结果进行评估，并与该项目初始设定的目标相对比。②

图 4.4　欧洲投资银行环境与社会标准

第二，发行绿色债券。2007 年，欧洲投资银行设立了全球第一个"气候意

---

① 欧洲投资银行网站．[检索时间：2018.6.1]．www. eib. org/infocentre/publications/all/sustainability-report-2016. htm？f＝search&media＝search.

② 欧洲投资银行．[检索时间：2018.6.1]．www. eib. org/infocentre/publications/all/corporate-responsibility-flyer. htm？f＝search&media＝search.

识债券"，第一次将绿色债券的概念付诸实践。截至2017年，欧洲投资银行是全球最大的绿色债券发行机构，累计发行额已经达到43亿欧元。自2007年起，欧洲投资银行已利用筹集资金资助了欧盟内、外40多个国家的130多个相关项目。①

三、拉丁美洲开发银行

(一)组织概况

拉丁美洲开发银行成立于1970年，截至2018年6月1日，拥有17个拉丁美洲和加勒比海地区国家以及西班牙、葡萄牙共19个主权国家，另外有13家拉丁美洲地区的私人银行也加入其中。②

设立初期，这一机构旨在促进安第斯地区的一体化，实现这一地区的经济发展。随着近些年的发展，拉丁美洲开发银行已经成为拉美地区最主要的多边金融机构之一。在绿色金融方面，拉丁美洲开发银行同样将可持续发展作为自身和地区的发展方向，通过金融运作，资助拉丁美洲成员国在污染治理、再生能源开发、减缓气候变化方面所运行的项目。

(二)关注议题

在其官网上，拉丁美洲开发银行发布了详细的《环境和社会保护指南》，③明确指出各成员国在申请资金前，必须满足本指南所规定的各项措施、实施环境和社会评估、执行有关计划、监管并披露执行情况。对于那些违反该项指南、违反国内环境保护政策或者违反国际条约和惯例的项目，拉丁美洲开发银行将拒绝提供金融支持。其流程如图4.5所示。除此之外，该份指南的内容主要有以下几个方面：

首先，这份指南的主旨是在避免人与环境遭受不利影响的前提下，努力提

---

① 中国绿金委与欧洲投资银行联合发布白皮书. [检索时间：2018.6.1]. https：//www. sohu. com/a/203864949_11839.

② 拉丁美洲开发银行. [检索时间：2018.6.1]. https：//www. caf. com/en/about-caf/who-we-are.

③ 拉丁美洲开发银行. [检索时间：2018.6.1]. https：//www. caf. com/media/2759391/d0-7_s_e_safeguards_manual_to_caf-gef_projects_may_2015_28. pdf.

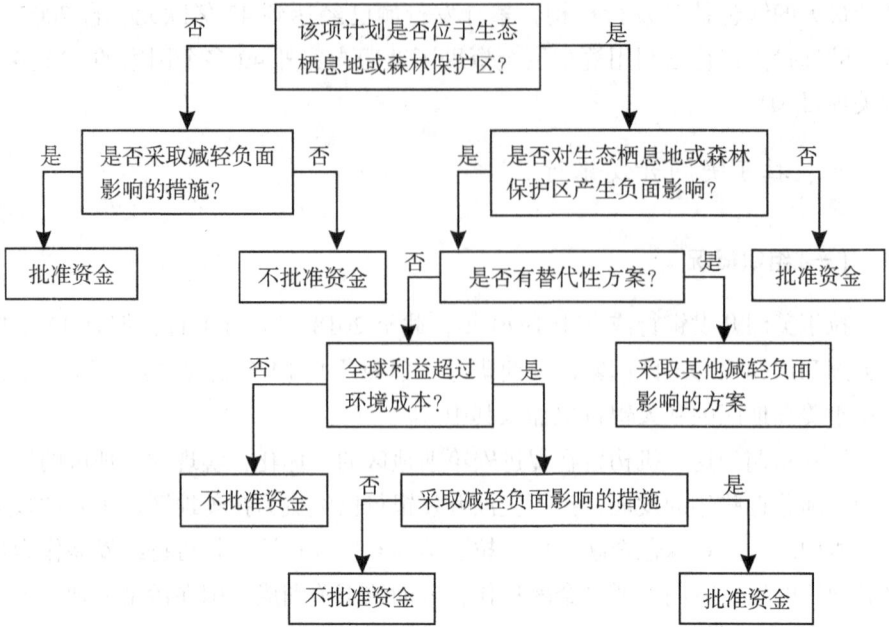

图 4.5   拉丁美洲开发银行可持续发展资金批准流程

升经济效益，实现生态和自然的可持续发展。其主要有三层意思：其一，确保拉丁美洲开发银行资助的项目，尽可能避免、减少、抵消可能产生对人与自然的负面影响；实现环境的可持续发展。其二，促成项目受影响者和项目投资人在项目设计、项目执行和项目监管等环节中的交流和沟通；其三，实现资助项目的信息披露，定向地披露给直接受影响者。

其次，这份指南针对可持续发展中可能涉及的各类问题进行了讨论，制定了各个领域内的审核和监管标准。拉丁美洲开发银行在提供资金支持时，将主要从自然栖息地和森林资源的保护、非自愿移民问题、原始部落保护问题、病虫害治理、物质文化遗产保护等方面对有关项目进行评估。

最后，这份指南也给出了较为详细的审核标准。在环境和社会评估中，拉丁美洲开发银行要求评估和管理有关项目对环境与社会造成的风险，着重发现其与本指南产生冲突的地方，明确规定项目设计者应当将一般的应对措施作为项目设计的一部分，应当提出必要的替代方案作为备选。这份指南也将有关流程做成了多个简洁明了的流程图，供申请者进行自主检查。

(三)主要工作

截至 2018 年 6 月 1 日,拉丁美洲开发银行并未总结披露其在绿色金融领域所取得的成就。不过通过其展示的新闻可以看到,拉丁美洲开发银行积极参与环境和气候变化的治理活动,为域内成员国提供了大量而有效的帮助。2017年,拉丁美洲开发银行举办了城市绿地论坛,承诺将帮助成员国改善城市规划,提高绿地比率①并且帮助巴拿马重新造林 4000 公顷,帮助其改善生态环境、恢复自然生态。②

四、中国参与的区域性绿色金融国际组织

(一)二十国集团(G20)

1. 组织概况

二十国集团(G20)是世界主要经济体,其论坛旨在制定全球政策来应对最紧迫的挑战。G20 由 19 个国家和欧盟组成。这 19 个国家是阿根廷、澳大利亚、巴西、加拿大、中国、德国、法国、印度、印度尼西亚、意大利、日本、墨西哥、俄罗斯、沙特阿拉伯、南非、韩国、土耳其、英国和美国。G20 是在 1999 年七国集团(G7)的基础之上发展起来的,于 2008 年召开了第一次领导人峰会。二十国集团成员国人口总量占据全球 66%,承担了世界上 85%的经济产出、75%的国际贸易总额和 80%的全球投资。

2. 关注议题——中国的贡献

2016 年中国担任 G20 主席国。2015 年底,在中国的推动下,G20 将绿色金融列入了 2016 年财经渠道议题,并在三亚举行的 G20 财政和央行副手会议上正式批准了中国提出的成立 G20 绿色金融研究小组的建议。研究小组的参加者共 80 余人,包括 G20 所有成员委派的代表、若干特邀国家代表和六个国际组织的代表。根据研究小组 2016 年工作计划及 G20 财长与央行行长会议的要求,研究小组的任务是"识别阻碍绿色金融发展的体制和市场障碍,并根据

---

① 拉丁美洲开发银行. [检索时间:2018.6.1]. https://www.caf.com/en/currently/news/2017/07/empowered-municipal-administration-to-better-manage-urban-green-spaces/?parent = 33004.

② 拉丁美洲开发银行. [检索时间:2018.6.1]. https://www.caf.com/en/currently/news/2017/06/caf-supports-panamas-goal-of-reforesting-a-million-hectares/? parent=33004.

相关的国际经验，就如何提升金融体系动员私人资本参与绿色投资的能力提出具体的选项"。

G20绿色金融综合报告是研究小组当年的重要成果，在研究报告中，研究小组重点就绿色金融的开展可能遇到的问题和一些可行性措施提出了建议。G20绿色金融研究小组对银行绿色化、债券市场绿色化和机构投资者绿色化等议题进行了专题研究，分析了绿色金融所面临的五大障碍：

外部性。绿色金融面临的最大挑战是如何有效地内化环境外部性。这种外部性可以是绿色项目带来环境改善的正外部性，也可以是污染项目带来环境损害的负外部性。内化环境外部性的困难会导致"绿色"投资不足和"棕色"投资过度。

期限错配。在不少国家，由于资本市场不发达，许多长期基础设施项目主要依靠银行贷款。而银行由于需要避免过度期限错配，因此难以提供足够的长期贷款。在绿色项目中，许多是长期项目，包括污水和固废处理、清洁能源、清洁交通(如地铁和轻轨)等，因此也面临着期限错配所导致的融资约束。

绿色定义的缺失。如果缺乏对绿色金融活动和产品的清晰定义，投资者、企业和银行就难以识别绿色投资的机会或标的。此外，缺少绿色定义还可能阻碍环境风险管理、企业沟通和政策设计。

信息不对称。许多投资者对投资绿色项目和资产有兴趣，但由于企业没有公布环境信息，从而增加了投资者对绿色资产的"搜索成本"，因此降低了绿色投资的吸引力。在一些国家，由于不同政府部门的数据管理较为分散(比如，环境保护部门收集的数据由于种种原因不与金融监管机构和投资者共享)，也加剧了信息不对称。

缺乏对环境风险的分析能力。金融机构对于环境因素可能导致的金融风险已经开始关注，但其理解仍然处于初级阶段。许多银行和机构投资者由于分析能力不足，无法识别和量化环境因素可能产生的信用和市场风险，因而低估"棕色"资产的风险，同时高估绿色投资的风险。

G20绿色金融研究小组在总结各国经验和市场实践的基础上，提出了如下主要可选措施，为动员私人资本开展绿色投资创造有利环境：

提供战略性政策信号与框架。在绿色投资战略框架方面，各国政府可向投资者提供更加清晰的环境和经济政策信号，包括如何具体实施联合国可持续发展目标和《巴黎协议》的设想。

推广绿色金融自愿原则。各国政府、国际组织与私人部门可共同制定、完善和实施可持续银行业、负责任投资和其他绿色金融领域的自愿原则，并评估执行这些原则的进展。

扩大能力建设学习网络。G20与各国政府可推动扩大和强化包括IFC倡导的可持续银行网络(SBN)、联合国责任投资准则(PRI)在内的国际能力建设平台和相关国内机构的作用。这些扩展后的能力建设平台可以覆盖更多的国家和金融机构。

支持本币绿色债券市场发展。对有兴趣发展本币绿色债券市场的国家,国际组织、开发银行和专业市场机构可在数据收集、知识共享与能力建设等方面给予支持。这些支持可包括与私人部门共同制定绿色债券指引和信息披露要求,以及培育绿色债券认证的能力。开发银行也可考虑通过担任基石投资者和进行示范发行来支持本币绿色债券市场的发展。

开展国际合作,推动跨境绿色债券投资。政府和市场主体可通过双边合作来推动绿色债券跨境投资。在合作中,市场参与方可研究设计共同认可的绿色债券投资协议。

推动环境与金融风险问题的交流。G20和绿色金融研究小组可通过支持交流和对话,推动私人部门和研究机构探讨环境风险问题,包括金融领域如何开展环境风险分析及管理的各种方法等。

完善对绿色金融活动及其影响的测度。基于G20和其他国家的经验,G20和各国政府可推动研究绿色金融指标体系及相关定义,并分析绿色金融对经济和其他领域的影响。

3. 主要工作

2016年G20杭州峰会上,绿色金融第一次被写进峰会公报,引起世界对绿色金融的广泛探讨,G20成员国在杭州峰会之后也相继开展相应措施。2017年,研究小组研究以下两个领域:一是环境风险分析在金融业的应用;二是运用公共环境数据开展金融风险分析和支持决策。此外,研究小组还梳理了2016年《G20绿色金融综合报告》所提出七项可选措施在G20成员内部和国际上的进展情况。

研究小组邀请知识伙伴分析了有助于金融分析的公共环境数据的案例。这些数据可大致分成三类:一是物理趋势(例如气候变化、污染/排放,水压力等)的历史数据;二是预测和前瞻性场景分析(如基于物理趋势和预期政策做出的情景判断);三是污染成本和减排效益。报告中也指出,截至2017年,在有效应用公共环境数据,以分析风险和评估绿色投资机会方面,还存在一些障碍:数据表述方式不适于金融行业用户;环境风险分析和绿色投资评估方法还不成熟;未来场景和环境与气候政策的不确定性;搜索成本较高;提供公共环境数据的商业模式尚未成型；缺乏搜集和处理公共环境数据的能力。

根据知识伙伴和私营部门的建议，研究小组就 G20 成员如何在自愿基础上进一步改善公共环境数据的可得性和有用性达成了如下基本一致的看法：G20 成员与其他伙伴可共同推动环境风险分析方法和环境成本与收益分析方法等领域的知识共享；政府可支持私人部门改善公共环境数据的质量和可用性；研究小组可支持联合国环境署（UN Environment）和经合组织（OECD）开发公共环境数据指南；各国政府可在国内推动支持金融分析的公共环境数据共享。

另外，2017 年报告中对于 2016 年综合报告中所提到的七项措施在成员国内部也进行了中期总结。中国方面，国务院于 2016 年 8 月批准了七部委发布了《关于构建绿色金融体系的指导意见》，鼓励和推动绿色信贷、绿色债券、绿色基金、绿色保险和强制环境信息披露等。2016 年 10 月，证监会公开表示，鼓励投资者加入责任投资原则（PRI）。中央财经大学于 2016 年 9 月成立绿色金融国际研究院，扩大能力建设学习网络学习网络。在出台《绿色债券支持项目目录》和《绿色债券指引》之后，2016 年绿色债券发行量（包括在境内和境外）是 340 亿美元，而 2015 年只有 10 亿美元。中国证监会于 2017 年 3 月发布了《关于支持绿色债券发展的指导意见》。此外，推动金融机构开展环境压力测试成为《关于构建绿色金融体系的指导意见》的一项重要内容。这项工作正由中国金融学会绿色金融专业委员会牵头开展。

此外，一些新的领域也有望取得突破，包括：绿色投资机会整合框架、推动国家层面绿色金融协调发展的机制、在新兴市场经济体发展本币绿色债券市场、公共财政和开发银行在绿色投资中的角色以及金融科技在绿色金融中的应用。

（二）亚洲基础设施投资银行

2013 年以来，中国提出"一带一路"倡议，在一带一路框架内也展开了很多绿色金融的实践，一是增强"一带一路"各国、各地区绿色金融领域活动效果和影响的量化和可比性，形成一整套完整的、可全球比较的评价体系和技术指标；二是推动绿色项目的信息系统建设，推进"一带一路"各国和各地区的绿色经济建设信息的公开以及最佳案例的比较和评估，推进"一带一路"各国和各地区就绿色金融定义和标准形成共识；三是支持中国金融机构和企业到"一带一路"各国和地区发行绿色债券，鼓励设立合资绿色发展基金，支持国际金融组织和跨国公司在境内发行绿色债券，开展绿色投资。其中，亚洲基础设施投资银行是框架内开展绿色金融的主要组织和载体。

1. 组织概况

亚洲基础设施投资银行(以下简称：亚投行)是一个政府间性质的亚洲区域多边开发机构，其成立于2015年12月25日。其宗旨是为了促进亚洲区域建设互联互通化和经济一体化的进程，并且加强中国及其他亚洲国家和地区的合作。亚投行的运行理念是高效精干，清正廉洁，绿色环保，这与绿色增长，可持续发展的理念是一致的。截至2018年6月1日，亚投行已有86个正式成员国。亚投行行长金立群在2015年6月从五个方面阐述了亚投行绿色投资理念：

一是坚持高标准的制度设计。截至2018年6月1日，亚投行已经起草了高标准的环境文件，并提交给各成员国审议。亚投行的所有基础设施投资项目将严格遵守上述标准。

二是以创新的思维开展项目投资，积极推动环保节能型技术在传统项目中的推广和应用。

三是积极践行绿色金融。将通过联合融资公司公私合营，PPP等融资模式，与绿色证券，绿色保险等创新手段引导更多的公共和民间资本投资。

四是凝聚国际共识。亚投行将充分发挥多边开发银行的优势，加强和国际社会的合作，引导各方遵循绿色增长的理念，推动基础设施绿色经济的发展。

五是亚投行自身是环保绿色的。亚投行总部大楼采取了先进的环保设计，绿色办公，绿色环保从每一个员工做起。

2. 关注议题

战略层面上，可持续发展已成为其指导方针。亚投行将注重环境保护和推进区域可持续发展作为亚投行的宗旨和战略指导方针之一，优先支持环保基础设施建设，与各成员国开展可持续发展战略规划的研究。

政策层面上，制定环境与社会框架。亚投行审核每个项目的环境和社会健全性和可持续性，支持各方将项目的环境和社会方面纳入决策过程，所制定环境和社会框架适用于所有项目。

融资层面上，亚投行积极尝试多种绿色融资，包括联合融资、调动私人资本参与基建项目、发行绿色债券等。

项目层面上，严格监控与报告。亚投行严格监控和报告客户要求实施与本行拟定的环境和社会标准，定期进行实地考察和全面的实地考察，以确保符合标准。

3. 主要工作

截至2018年5月，亚投行已经批准实施26个项目。其中，2016年全年共计为7个亚洲发展中国家的9个项目提供了17.27亿美元的贷款，撬动公共和私营部门资金 125 亿美元。2017 年亚投行启动 15 个项目，提供超过 25 亿美元的贷款。其中包括首个对华项目，提供一笔 2.5 亿美元贷款，用于天然气输送管网建设等工程，助力"北京蓝"。2018 年 2 月和 2018 年 4 月分别批准孟加拉国的水电项目和印度的农村道路连接项目，提供 4000 万和 1.4 亿美元的贷款。2018 年亚投行还拟定投资 20 个项目，提供 44.317 亿美元贷款。

五、小结

最后，本节对上述五个区域性国际组织进行了总结（如表 4.3 所示）：

表 4.3　　　　　　　各大洲区域性国际组织绿色金融实践汇总

大洲	机构	时间	绿色金融主要实践
非洲	非洲开发银行	1964 年	以非洲国家为主，发行绿色债券，多投资于基础设施、清洁能源行业
欧洲	欧洲投资银行	1958 年	域内和域外并重，全球最大的绿色债券发行机构
美洲	拉丁美洲开发银行	1970 年	《环境和社会保护指南》
亚洲	亚投行	2016 年	对成员国的基础设施建设进行环境社会评估，开展绿色投资
	G20	1999 年	《G20 绿色金融综合报告》

第三节　非政府绿色金融国际组织

非政府组织（Non-Governmental Organization，NGO）是非官方的、非盈利的、与政府部门和商业组织保持相对独立的专业组织。它们通常围绕特定的领域或问题结成团体，有自己的利益和主张，代表社会某些集团或阶层的愿望。环保非政府组织是以环境保护为目的的非政府组织，是解决全球环境问题的重要行为主体，是"不同国家的个人、团体或联盟，为了促进环境保护领域的国际合作而建立的一种非官方的国际联合体"。[1]其基本属性包括非政府性、非

---

[1]　安祺 & 王华(2013).环保非政府组织与全球环境治理.环境与可持续发展，1，18-22.

营利性和公益性。

成立初期，环保非政府组织多采用游说倡导、社会运动的运作形式，制止破坏环境的行为，防止环境进一步恶化。此后，环保非政府组织逐渐开始对涉及环境问题的经济社会活动进行深入研究，对相应主体产生更广泛的制约、规范和引导作用。一些非政府绿色金融国际组织也陆续产生，其中一些以援助项目直接参与可持续发展进程，通过在资金、技术、制度和管理上的援助，提高项目实施国及地区的综合发展能力；一些则建立基于市场机理作用下的长效机制，与企业建立绿色联盟，降低环境风险，推动绿色价值链的发展。

本节主要选取大自然保护协会、世界自然基金会、保护国际基金会、能源基金会以及中国的阿拉善 SEE 生态协会进行分析。

一、大自然保护协会

大自然保护协会（The Nature Conservancy，TNC）是全球最大的非政府自然保护组织之一，在 2012 年跻身美国十大慈善机构行列。大自然保护协会坚持采取合作而非对抗性的策略，用科学的原理和方法来指导保护行动，致力于在全球范围内保护具有重要生态价值的陆地和水域，以维护自然环境、提升人类福祉。

大自然保护协会成立于 1951 年，其总部在美国弗吉尼亚州阿灵顿市，协会注重实地保护，在全球围绕气候变化、淡水保护、海洋保护以及保护地四大保护领域，甄选出优先保护区域，因地制宜地在当地实行系统保护。截至 2016 年底，大自然保护协会已覆盖 72 个国家，拥有 100 万会员，600 名科学家，保护着全球超过 48 万平方公里的生物多样性热点地区，1600 多个自然保护区，8000 公里长的河流以及 100 多个海洋保护区①。截至 2017 年底，大自然保护协会的总资产超过 37 亿美元，年融资近 5 亿美元，其中 2017 年总收入达到 11.44 亿美元，支出达到 5.64 亿美元。②

值得一提的是，中国在大自然保护协会中也发挥着日益重要的作用。随着中国的国际声望不断提高，2011 年，大自然保护协会大中华理事会发起了中国全球保护基金（China Global Conservation Fund，CGCF），基金主要来自理事

---

① 大自然保护协会官网．［检索时间：2018.6.1］．https：//www.nature.org/about-us/index.htm？intc=nature.tnav.about.

② 大自然保护协会 2017 年度报告．［检索时间：2018.6.1］．https：//www.nature.org/about-us/our-accountability/annual-report/index.htm.

和社会人士捐赠，被用于全世界的水土资源保护，旨在进一步推进在其他国家和地区的保护事业。中国全球保护基金以往资助项目包括在肯尼亚建立亨氏牛羚救护所、在印度尼西亚建设可持续发展的海洋保护区、在秘鲁和巴西进行以环境保护为基础的本土社区建设、设立加勒比海海洋挑战基金、在巴布亚新几内亚和所罗门群岛进行海龟栖息地保护等，体现了实地保护的思想；此外，还通过"自然投资"、"蓝色债券投资资金"等具有影响力的投资计划，以及帮助各岛国进行债务转换等措施，保障长期、可持续的资金来源。

中国全球保护基金具有高效的运作方式。每个财年，中国全球保护基金工作小组向 TNC 全球征集项目方案，将约 20 份项目建议书依据成果可衡量性、政策实践影响力、自然考察可行度、提案内容质量、创新性、保护紧迫性等 10 个方面进行考量和排序，最终经过委员会评审，甄选出约 5 个被资助项目。截至 2017 年底，该基金已向大自然保护协会提供了总额为 1720 万美元的资助。此外，中国全球保护基金还承诺在 2020 年之前再提供 1500 万美元的资助。①

二、世界自然基金会

世界自然基金会（World Wide Fund For Nature，WWF），是全球最大的非政府环境保护组织之一。WWF 的使命在于遏止地球自然环境的恶化、保护世界生物多样性、确保可再生自然资源的可持续利用、推动降低污染和减少浪费性消费，由此创造人类与自然和谐相处的美好未来。

WWF 成立于 1961 年，总部位于瑞士格朗。英国著名的生物学家朱安利·赫胥黎以及荷兰伯恩哈特王子（后来担任世界自然基金会国际总部主席）均为世界自然基金会的创立作出重要贡献。1980 年，基金会与世界自然保护联盟、联合国环境规划署共同发表了《世界自然保护战略》，这一战略指出了人类可持续地利用自然资源的重要性，标志着人类走向自然保护的新阶段。最初，WWF 的名称为"World Wildlife Fund（世界野生动植物基金会）"。1986 年，WWF 认识到这个名字不能完全反映组织的活动，于是改名为"World Wide Fund For Nature（世界自然基金会）"，缩写仍为"WWF"。截至 2018 年 6 月 1 日，WWF 运行的项目大多数是基于各地区的环保问题。其项目范围包括修建

---

① 大自然保护协会中国官网．[检索时间：2018.6.1]．http：//www.tnc.org.cn/home/huanbaojijing？cid=23.

赞比亚学校花园、印刷在超市物品包装上的倡议、修复猩猩栖息地、建立大熊猫保护地等。

WWF 在全世界拥有超过 100 个国家有办公室、超过 500 万名志愿者。自成立至 2017 年，共在超过 150 个国家投资超过 13000 个项目，涉及资金约 100 亿美元，其中个人捐款占其经费总数的 60%。2017 年，基金会在所有项目上的支出达到 27.08 亿美元。①

WWF 在中国的工作始于 1980 年的大熊猫及其栖息地的保护，是第一个受中国政府邀请来华开展保护工作的国际非政府组织。截至 2017 年底，基金会在中国共资助开展了 100 多个重大项目，投入总额超过 3 亿元人民币。WWF 在中国的项目领域也由最初的大熊猫保护扩大到物种保护、淡水和海洋生态系统保护与可持续利用、森林保护与可持续经营、可持续发展教育、气候变化与能源、野生物贸易、科学发展与国际政策等领域。②

三、保护国际基金会

保护国际基金会(Conservation International)成立于 1987 年，是一个总部在美国华盛顿特区的国际性的非盈利环保组织。保护国际基金会旨在通过科学技术、经济、政策影响和社区参与等多种方法保护全球热点地区的生物多样性，以此证明人类社会和自然和谐相处的可能性。

保护国际基金会已在南美洲、非洲、亚洲及太平洋地区等四大洲的 30 多个国家设立项目，帮助 77 个国家的 1200 个保护区保护了超过 6.01 亿公顷的土地和海洋。③ 2017 年，保护国际基金会资金收入达到 1.58 亿美元，支出达到 1.53 亿美元。④

保护国际基金会设立了 17 项投资和合作的基金。其中的案例如表 4.4 所示。

---

① WWF2017 年度报告. ［检索时间：2018.6.1］. http：//assets. worldwildlife. org/financial_reports/31/reports/original/WWF_2017_AR_FINAL. pdf.

② WWF 中国官网. ［检索时间：2018.6.1］. http：//www. wwfchina. org/aboutus. php.

③ 保护国际官网. ［检索时间：2018.6.1］. https：//www. conservation. org/about/Pages/default. aspx.

④ 保护国际官网. ［检索时间：2018.6.1］. https：//www. conservation. org/about/pages/annual-report. aspx.

表 4.4   保护国际基金设立的投资合作基金

全球保护环境基金	旨在向地方社区、非盈利机构以及政府部门提供资金和策略方面的支持以保护当地生物多样性,自 2001 年起至 2017 年,在全球已保护超过 8000 万公顷的自然环境区域,创造了至少价值 100 万美元的就业机会。
碳基金	为低排放的商业项目提供赠款、设立激励机制以终止砍伐,自 2009 年至 2017 年底支持近 2000 万美元项目,减少的碳排放量相当于 100 万辆汽车 1 年的碳排放量。
关键生态系统合作基金	旨在为社区、非盈利机构以及企业合作伙伴提供资金支持,以保护地球上有着丰富生物多样性但面临威胁的热点地区。
Althelia 气候基金	主要资金来源是企业,用于减少森林退化,给森林周边社区带来经济效益。

保护国际对于基金的使用比较具有系统性。在国家层面,募捐来的资金用于建立保护信托基金,提供赠款,减轻某些国家在环境保护方面的的债务;在地方社区层面,号召社区对保护地进行巡护、停止非法捕猎等,并作为回报在教育、公共医疗卫生服务、收入以及农业生产方面对社区提供补贴;在企业层面,保护国际基金会激励合作企业改进原有商业模式并投资于自然,通过与企业合作帮助保护或改进自然资源管理的面积达到 690 万公顷。①

四、能源基金会

能源基金会(Energy Foundation)于 1991 年由约翰与凯瑟琳·麦克阿瑟基金会(The John D. and Catherine T. MacArthur Foundation)、皮氏慈善基金会(The Pew Charitable Trusts)和洛克菲勒基金会(The Rockefeller Foundation)共同创建,是几个对可持续能源感兴趣的主要基金会的合伙同盟组织。其使命是提高能效和可再生能源的利用率,实现能源可持续的转型,致力于建立一个以清洁、可靠和安全的能源为动力的繁荣和健康的未来。

能源基金会的主要职责是作为第三方资助者,为促进清洁能源政策的各领

———————

① 保护国际官网.[检索时间:2018.6.1].https://www.conservation.org/Pages/default.aspx.

域工作者提供支持，增强政策制定者和广大公众对清洁能源经济的健康和经济效益的认识。被资助者包括企业、健康、劳工、环境、宗教、自由市场主义和消费者团体，以及政策专家、军事组织、智库和大学。2014 年基金会共投资629 个项目，资助额达到 7630 万美元。①

在美国，能源基金会的项目包括政策、公共参与和战略沟通，项目工作人员致力于战略发展、政策创新和活动设计，重点关注建筑节能、电力、可再生能源、先进技术车辆和综合问题。能源基金会在美国本土的工作主要集中在州的层面，通过组织团队进行跨学科研究。其研究成果已经对各州政府在采取清洁能源政策和可持续发展方面产生了深远影响。

除了美国本土外，很长时间以来，能源基金会认为中国是世界上最大、发展最快的能源市场，并于 1999 年 3 月启动了中国可持续能源项目，致力于为清洁能源项目提供知识支持和种子资金，并支持中国向清洁能源过渡。能源基金会在中国的主要工作领域包括清洁电力、环境管理、工业节能、低碳转型、低碳城市、交通、策略传播七个方面。截至 2016 年年底，能源基金会在中国资助的项目达到 2600 个，项目单位超过 670 家，主要项目包括中国万家企业节能低碳行动、中国绿色建筑行动方案、电力需求侧管理城市综合试点项目、中国机动车燃油经济性标准制定与实施、中国百项能效标准等。②

五、阿拉善 SEE 生态协会

阿拉善 SEE 生态协会（以下简称：阿拉善协会）成立于 2004 年 6 月 5 日，是由中国近百名知名企业家出资成立的环境保护组织。其宗旨是聚焦荒漠化防治、绿色供应链与污染防治、生态保护与自然教育三个领域，遵循生态效益、经济效益和社会效益三者统一的价值观，推动人与自然的可持续发展，以阿拉善地区为起点，通过社区综合发展的方式解决荒漠化问题，同时推动中国企业家承担更多的环境责任和社会责任。

2008 年阿拉善协会发起成立阿拉善 SEE 基金会，通过生态基金的资助，支持不同类型的环保组织实施环境项目。2014 年底，阿拉善 SEE 基金会升级为公募基金会。协会的企业家会员每年捐赠 10 万元给协会。协会将 70% 的收入捐赠给基金会。基金会除了接受协会的捐赠之外，还接受其他企业、大额捐赠人、公众的捐赠。截至 2016 年底，阿拉善 SEE 成立了 11 个地方项目中心，

---

① 能源基金会官网．［检索时间：2018.6.1］．https：//www. ef. org/ar2014/.
② 能源基金会中国官网．［检索时间：2018.6.1］．http：//www. efchina. org/.

直接或间接支持了 400 多家中国民间环保公益机构或个人的工作，成为中国民间发起的最具影响力的环保组织之一。

阿拉善协会最著名的实践案例是"一亿棵梭梭"项目。协会联合阿拉善盟政府相关部门、当地牧民、合作社，以及民间环保组织、企业家、公众，搭建多方参与平台，共同致力于用十年的时间（2014—2023 年）在阿拉善关键生态区种植一亿棵以梭梭为代表的沙生植物，恢复 200 万亩荒漠植被，从而改善当地生态环境，遏制荒漠化蔓延趋势，借助梭梭的衍生经济价值提升牧民的生活水平。截至 2016 年，已完成种植以梭梭为代表的沙生植物 50.7 万亩。①

截至 2018 年 6 月 1 日，阿拉善协会仍主要在中国开展投资活动，但协会正逐步迈向国际化。2008 年底，协会开始采用参考《罗伯特议事规则》制定的《SEE 议事规则》议事，这是中国第一个有规模的非政府组织学习轨迹成熟的国际议事规则。2009 年 10 月，阿拉善协会获得联合国环境规划署授予的咨商资格，有资格代表中国的非政府组织参加联合国环境规划署的环境署理事会、全球部长级论坛等高端会议。2010 年 12 月，协会联合国内多家基金会，在坎昆国际气候谈判期间主办"中国日"活动，努力让中国民间组织的声音出现在更有影响力的会议上。在 2015 年的联合国气候变化大会第二十一届缔约方大会上，协会发起《企业可持续发展北京宣言》，展现中国企业推动全社会可持续发展的信心。2017 年 9 月，在《联合国防治荒漠化公约》第 13 次缔约方大会期间，协会首登联合国荒漠化公约舞台，召开"以社区为主体的多方参与荒漠化防治新思路"的主题边会，分享荒漠化防治的中国经验。

六、小结

本节介绍的五个非政府绿色金融国际组织总结如表 4.5。

截至 2018 年 6 月 1 日，主要的非政府绿色金融国际组织主要产生于欧美等国。在主要投资领域方面，一些组织偏向综合性，一些组织则有所侧重。在绿色金融互动特点上，表 4.5 中所列示的组织也都有着值得参考的经验。在实际经营过程中，各机构需要通过调动国家政府、地方社区、企业集团的力量，在全社会形成良好的氛围，聚成合力。

非政府绿色金融国际组织在绿色金融活动中存在着自己的优势，也存在着自己的劣势。非政府绿色金融国际组织在绿色金融活动中占据重要的地位和独

---

①　阿拉善 SEE 官网．［检索时间：2018.6.1］．http：//www. see. org. cn/Foundation/Article/Detail/3.

特的优势,其非政府性、非营利性和公益性的特点,使之可以独立地与不同群体联系,其公信力较强,便于广泛调动社会力量,提高社会关注度和公众参与度,并对政府行为进行有力监督。而另一方面,部分非政府绿色金融国际组织机制体制尚不完善,且缺乏统一监管,造成非政府绿色金融国际组织整体发展水平的不完全和不平衡。

表4.5　　　　　　　　　作为非政府组织的绿色金融机构

机构	成立时间	年度支出 (百万美元)	覆盖国家	主要领域	绿色金融活动特点
大自然保护协会	1951年	564(2017年)	72	水土保护	主要用于实地保护项目
世界自然基金会	1961年	270(2017年)	>100	综合	重视顶层设计和规则制定
保护国际基金会	1987年	153(2017年)	77	综合	基金分类明确, 国家、社区、企业形成合力
能源基金会	1991年	76.3(2014年)	美国,中国	能源	投资学术研究,带动经济转型
阿拉善SEE 生态协会	2004年	9.28(2016年, 汇率折算)	中国	沙漠化	企业贡献多,带动公众参与

第四节　本　章　总　结

通过前面章节,我们阐述了不同类型的组织的优缺点,我们总结如表4.6所示。三类组织的组成主体不同,其优劣势也各有不同。

政府间全球性国际组织,由于覆盖范围广,成立时间比较悠久,因此,融资规模大,渠道多,经验丰富,能在全球内造成比较大的影响,但是由于各地区差异比较大,强制性不高,在各地区面临的地域阻力大,难以高效落实。

政府间区域性国际组织,由于各成员国具有类似的历史、文化背景,拥有共同的国家利益,其更容易达成一致的行动纲领,能够针对该地区的共性问题采取更加有效的措施。但是,由于全球经济的不平衡性,各个区域性组织的资金规模有较大的差距,而且其往往对域内、域外国家设置差异化的标准,形成了较强的地域封闭性。

　　非政府组织则能够广泛调动社会力量，提高社会关注度和公众参与度，但是缺乏统一的监管，机制体制尚不完善。

表 4.6　　　　　　　　各种不同类型的绿色金融组织的优缺点

	政府间全球性组织	政府间区域性组织	非政府组织
优点	融资规模大，渠道多，覆盖范围广，经验丰富	各成员国间容易达成行动一致，采取的措施具有较强针对性	广泛调动社会力量，提高社会关注度和公众参与度
缺点	强制性不高，地域阻力大，难以高效落实	具有较强封闭性，区域组织间的资金规模差异较大	缺乏统一监管，机制体制尚不完善

第五章

绿色金融体系的国家参与

本章主要对几个国家在绿色金融方面的参与进行概述，从制度对绿色金融产品（绿色信贷、绿色债券、绿色保险）的发展促进、政府采取的财政手段和将环境因素引入绿色金融制度三方面对其分析，最后进行对比讨论，同时针对我国绿色金融发展的现状提出建议。

第一节　绿色金融的制度促进

在过去的几十年里，环境问题越来越引起人们的关注，政府也越来越多地参与到绿色金融的体制建设中。这一部分主要针对绿色金融产品，简述了国际上政府在推动绿色金融的一些典型做法。

一、绿色信贷

绿色信贷政策通常是指银行用较优惠的利率和其他条件来支持有环保效益的项目，政府在这一方面的参与主要体现在与政策性银行①共同开发绿色贷款和对绿色信贷贴息，例如，英国的"贷款担保计划"，它强调对中小企业进行补贴和担保，鼓励其将投资注入绿色创新环保生产领域，极大地促进了中小企业发展绿色产业的资金需求。日本环境省与日本的政策性银行合作开发的"环境评级贴息贷款业务"，规定在接受环境评级的企业中，承诺在约定年限内其行为符合一定绿色标准的企业，在申请相应的绿色项目贷款时，将获得进一步的利率优惠。

二、绿色债券

绿色债券是指将募集资金用于支持符合条件的绿色产业项目的债券。为了

---

①　政策性银行是指由政府创立，以贯彻政府的经济政策为目标，在特定领域开展金融业务的不以盈利为目的的专业性金融机构。

引导社会资本流向绿色领域，政府一方面通过政策性银行来发行绿色金融债券，例如，日本的政策性金融机构日本开发银行于 2014 年发行了绿色债券来筹集资金资助经其认证的绿色建筑。中国的国家开发银行也在 2017 年初发行了绿色债券，所募集的资金将大力支持环保、节能、清洁能源等绿色产业项目，大力增加该银行绿色信贷特别是中长期绿色信贷的有效供给。政府另一方面还会利用自己较高的信用标准，对绿色债券进行担保，其中最典型的就是德国政府担保德国复兴信贷银行发行的绿色债券。

三、绿色保险

绿色保险又称环境责任险，是以被保险人因环境污染而应承担环境赔偿或治理责任为标的的责任保险。国家参与绿色保险主要体现在强制力的方面，即国家通过立法来规定企业是否强制投保。从参与模式将世界上的绿色保险分为三类，一是强制责任保险，如美国和瑞士；二是自愿与强制相结合，如法国；三是强制险结合财务担保，如德国。

第二节　政府财政手段

一、政策性金融机构

政策性金融机构是指那些由政府或政府机构发起、出资创立、参股或保证的，不以利润最大化为经营目的，在特定的业务领域内从事政策性融资活动，以贯彻和配合政府的社会经济政策或意图的金融机构。在绿色金融领域，政策性金融机构是政府与微观主体互动的媒介，在二者之间担任着"润滑剂"的作用。作为政策性金融机构的最大投资者和发起者，政府在绿色金融领域的参与也体现在政策性金融机构的行为之中。下文将具体介绍世界上主流国家的政策性金融机构。

（一）英国绿色投资银行（Green Investment Bank）

为了鼓励更多的社会资本投资于存在市场失效的绿色环保项目领域，英国政府于 2012 年 10 月投资成立了这间全球首家"绿色投资银行"（以下简称"绿投行"）。绿投行由英国政府全资控股。作为绿色投资市场的"催化剂"和"补充者"，其宗旨就是引进和鼓励更多的私有资本投入到绿色经济领域，

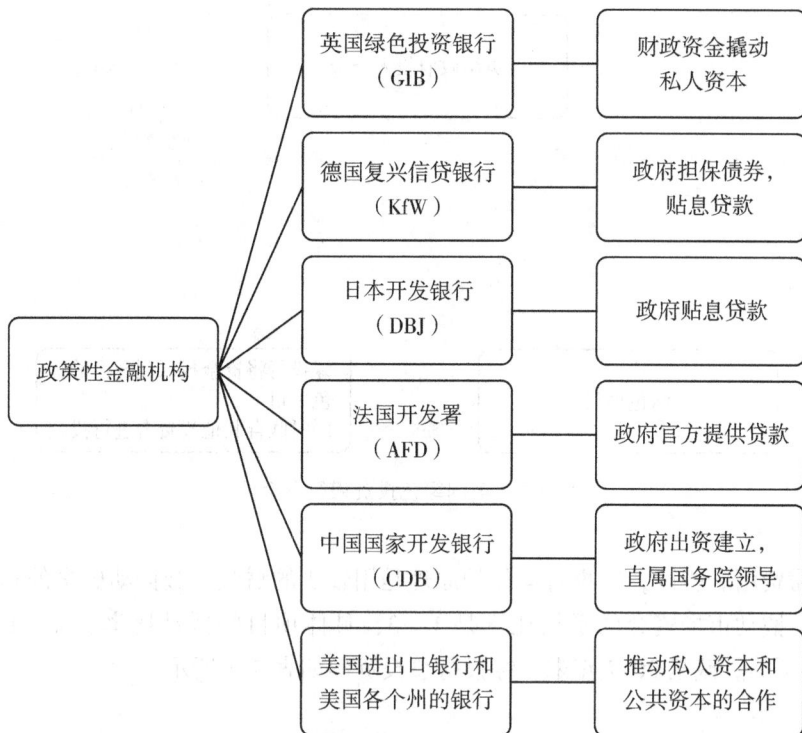

图 5.1 国际上主要的政策性金融机构及其政府参与手段

发挥"绿色影响力"和实现"盈利"是其基本任务。① "绿色影响力"是指投资活动应限制在"绿色项目",即那些符合英国政府的环境保护政策和可持续发展目标的项目。② "盈利"目标凸显了该银行作为一家独立、可持续运营的金融机构。

英国绿投行的资金流如图 5.2 所示,该银行不与私营部门争夺市场,而是作为一种"额外的"投资。它挤入而不是挤出私人资本,从而促进英国的绿色经济转型。在整个资金流动中,原投资资金将进行循环投资,部分盈利用来支

---

① 英国绿色投资银行官网.[检索时间:2018.6.1].http://greeninvestmentgroup.com/corporate-governance/governance-documents/annual-reports/.

② 一共五项:1.减少温室气体排放;2.提高自然资源使用效率;3.保护或美化自然环境;4.保护或者加强生物多样性;5.促进环境可持续发展。

英国政府投入资金

绿投行将资金投入到合格的绿
色项目
同时联合其他投资者进行投资

绿色项目

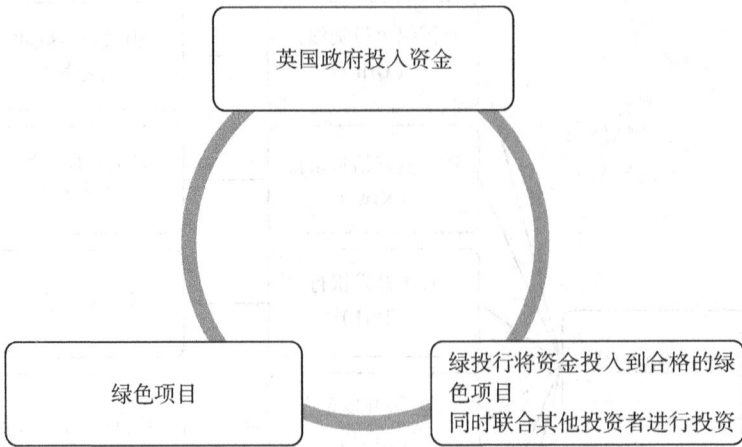

图 5.2　英国绿色投资银行资金流

付所需费用。所以，绿投行运作的原理是用较少的财政资金撬动更多的私人资本，其撬动市场资金的平均比率是 1∶3，具体项目的撬动比率从 1∶1.5 到1∶10 不等。截至 2017 年末，绿投行总投资额如表 5.1 所示。

表 5.1　　　　　　　　　　　　绿投行年投资额

年份	投资（单位：百万英镑）
2016—2017	839
2015—2016	770
2014—2015	723
2013—2014	617

　　2017 年 8 月，英国政府将该行出售给了私人投资机构麦格理集团（Macquarie Group）。虽然该银行不再属于英国政府所有，但是双方达成协商，英国绿投行将继续支持低碳项目，也就是说英国绿投行将继续保留政策性金融机构的部分功能。该私有化的完成实质上是英国绿色金融的发展开始由"政府引导＋公

私合作"向"市场主导"转型。① 政府在该银行未私有化之前一直处于一个引导者的地位,通过五年与私人部门的合作,绿色金融市场已经被启动,后续的完善就交给市场去完成。②

(二)德国复兴信贷银行(Kreditanstalt für Wiederaufbau,KfW)

德国复兴信贷银行是由德国联邦政府和州政府全资拥有的国家开发银行,主要为个人的房屋建设、现代化和能源节约提供规划服务。该政策性金融机构最早在德国开办绿色金融业务,其业务活动在德国乃至欧洲和全球范围内发挥着重要的作用。

德国政府携手 KfW 参与到了绿色金融体系中,例如德国联邦政府对 KfW 的绿色金融债券提供担保,降低了投资者的预期风险。从 2014 年 7 月开始,KfW 就开始发行绿色债券为可再生能源项目融资。截至 2014 年末,KfW 发行两支,筹资 27 亿欧元。2015 年,其发行了 5 支,筹资 37 亿欧元。KfW 还用低利息率贷款的方式来鼓励中小企业进行绿色投资。

政府除了对 KfW 的金融产品有相应的鼓励措施外,对 KfW 银行本体也有一定的鼓励政策。例如,尽管 KfW 是国有机构,但是它不用向国家缴纳股利,也不用缴纳所得税。当然,KfW 作为政策性金融机构,政府也对其进行了一系列的规制:它的各项活动都是通过公开透明的招标形式进行,由政府组成的监事会对业务进行监督;在 KfW 绿色金融实施的过程中,环保部门对其有审核的作用;每个节能环保项目要获得贴息贷款,必须得到环保部门的审核。

此外,KfW 在成立的时候制定了《德国复兴信贷银行促进法》,确立了KfW 与商业银行不是竞争而是合作的关系,使得整个银行体系协调统一地推动绿色金融的发展。

(三)日本开发银行(Development Bank of Japan,DBJ)

日本政策投资银行是日本国有的政策金融机构,主要投资于政府确定的政策性重点项目,其经营不以盈利为目的,不参与市场竞争。

作为国有的政策性金融机构,日本开发银行的行为也间接地反映了政府的

---

① 孙彦红(2018).德国与英国政策性银行的绿色金融实践比较及其启示.欧洲研究,1,26-40.

② 读者注意,只有此段是关于英国绿投行私有化之后的介绍,其他部分均为私有化之前。

参与。日本开发银行在 2014 年发行了绿色债券（Green Bond），① 所筹集到的资金将用于资助合格资产（eligible assets）。例如，由 DBJ 绿色建筑认证计划（DGJ Green Building Certification Program）认证的绿色建筑，② 在 2014—2016 年发行了可持续发展债券（Sustainability Bond），所筹集到的资金将用于 DBJ 环境评级贷款计划、③ DGJ 绿色建筑认证计划认证的绿色建筑融资④和可再生能源和清洁项目。

日本开发银行除了自己发行债券外，还积极与商业银行进行合作。由于日本开发银行具有较为完善的环境评级体系，商业银行在收到企业相关贷款的申请时，可以将贷款企业的信息导入日本开发银行的环境评价体系，由日本开发银行帮助商业银行对贷款企业进行评估并判断是否放贷。

除了开发银行自己的金融活动之外，政府也有直接参与到其运作之中。例如日本环境省和日本开发银行合作推出的环境评级贴息贷款业务。⑤ 该业务规定在接受环境评级的企业中，承诺削减二氧化碳排放量的企业，在申请二氧化碳治理资金贷款时，可以获得进一步的利率优惠。

（四）法国开发署（Agence Française de Development）

法国开发署是一家公立的金融机构。它经法国政府授权，通过官方提供贷款的方式向发展中国家提供援助。法国开发署在全球五大洲及法国的海外省对以下项目提供资金：由当地公共权力机构、国有企业或私营及合营部门运作的经济、社会项目，例如在中国的绿色中间信贷业务。法国政府授权法国开发署

---

① 日本开发银行官网 . ［检索时间：2018. 6. 1］. http：//www. dbj. jp/en/pdf/ir/financial/second_opinion_2017_for_dbj_sustainability_bond.

② 日本开发银行官网 . ［检索时间：2018. 6. 1］. http：//www. dbj. jp/en/ir/credit/sri/greenbond/index2. html.

③ DBJ 于 2004 年发起了环境评级贷款计划，以支持公司的环保工作。DBJ 环境评级贷款计划是一个利用 DBJ 开发的筛选（评级）系统的贷款计划，它对企业的环境管理水平进行评估，然后根据这些评估设置贷款。

④ DGJ 绿色建筑认证计划认证的绿色建筑融资主要针对 GRESB（以前称为 Global Real Estate Sustainability Benchmark）评估框架下有绿色评级的项目。GRESB 评估收集关于公司、基金和资产可持续业绩的资料，包括关于能源、温室气体排放、水和废料等业绩指标的资料，来评估全球房地产和基础设施投资组合和资产的可持续性能。

⑤ 常杪，杨亮 & 王世汶（2008）. 日本政策投资银行的最新绿色金融实践——促进环境友好经营融资业务 . 环境保护，10，67-70.

与中国财政部签订协议，通过中国的金融机构为中国节能项目提供优惠利率的资金和技术援助。中国的商业银行引入法国开发署专项资金，以中间信贷项目贷款和转贷款方式，为各类企业的节能减排和可再生能源项目提供个性化项目融资支持。在我国从事这一业务的主要是浦发银行、华夏银行和招商银行。业务流程如图 5.3 所示。

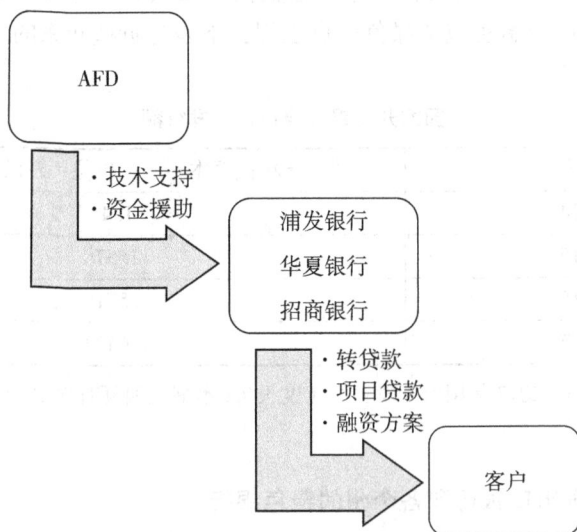

图 5.3　法国开发署在中国的中间信贷业务

发展中国家依托法国开发署低利率的贷款资金，提高了项目的经营收益，同时法国开发署也为发展中国家提供国际前沿技术和咨询服务，帮助企业实现绿色升级换代。[1]

（五）中国国家开发银行（China Development Bank，简称"国开行"）

中国国家开发银行成立于 1994 年，是直属中国国务院领导的政策性金融机构，其最大股东是中国财政部。国开行主要通过开展中长期信贷与投资等金融业务，为国民经济重大中长期发展战略服务。

2017 年初，国家开发银行开始发行绿色金融债券，其发行绿色金融债券

---

[1]　浦发银行官网．[检索时间：2018.6.1]．http：//cor.spdb.com.cn/minisite/minisite1/cxcp_5.shtml.

所募集的资金将支持环保、节能、清洁能源等绿色产业项目，增加开发银行绿色信贷特别是中长期绿色信贷的供给，推动我国绿色金融体系建设，并巩固开发性金融支持绿色发展的引领和主力地位。该债券在 2017 年一共发行了 5 次，共筹资 259 亿元人民币。截至 2017 年末，闲置资金约为 83.51 亿元人民币。2018 年国家开发银行继续将 2017 年的闲置资金投入绿色产业项目，截至 2018 年第一季度末，2017 年所发行的绿色金融债券投放金额总计 248.56 亿元。国开行还在 2013 年开始实施了绿色信贷工程，下表是近些年来的发行额。

表 5.2　　　　　　　　　国家开发银行绿色信贷发行额

年度	发行额(截至本年末，单位：万亿元人民币)
2014	1.4
2015	1.57
2016	1.5716
2017	1.6423

数据来自 2014—2017 年国家开发银行年度报告(本书在编纂时 2018 年数据还未公布)。

(六)美国进出口银行和各个州的绿色银行

美国进出口银行(EXPORT-IMPORT BANK OF THE UNITED STATES)是一家独立的美国政府机构，其主要职责是通过提供一般商业渠道所不能获得的信贷支持促进美国商品及服务的出口，增加就业。尽管其业务领域在进出口，但是也有涉足绿色金融领域。例如其指导方针规定，对于超过一千万美元的融资项目，进出口银行根据该项目对环境的影响程度对其进行筛选，在申请融资项目审核时，申请人要提供完整的"环境审查报告"。[①]

美国的一些州也有自己的绿色银行，如纽约绿色银行、康涅狄格州绿色银行、新泽西州能源适应力银行。其中，纽约绿色银行是美国的第一家绿色投资银行，首轮由政府注资 2.1 亿美元以促进纽约低碳技术的发展。美国绿色银行的共同特点基本上都是利用财政资本来拉动私人资本投入到绿色项目中，同时提供绿色金融产品来支持绿色项目的实施。

---

① 宋晓玲(2013). 西方银行业绿色金融政策：共同规则与差别实践. 经济问题探索，1，170-174.

(七) 小结

分析以上各国的政策性金融机构，可以发现它们有如下特点：

有政府的资金作为支持。政府是政策性金融机构的最大股东，而且往往是它们的发起者。

不以追求利润最大化为主要目的。政策性金融机构建立的初衷都是为了引导私人资本流向绿色投资领域，利用财政资金拉动社会资本的投入。同时，它与商业银行是合作而不是竞争的关系，起的往往是"引导性"的作用。

具有特殊的融资机制。资金来源除了国家的官方拨款外，政策性金融机构本身还可以以发行债券的方式筹资，而且这些资金也都是作为低息贷款流向绿色项目。

都服务于绿色金融领域。

二、政府直接参与

区分于间接参与，政府直接参与到绿色金融领域意味着政府直接将资金投入到绿色金融活动中。本节将其分为政府绿色采购和政府注资两个部分。

(一) 政府绿色采购

政府采购是指政府机构使用财政资金购买货物、工程和服务。随着环境意识的不断深化，政府购买行为中也融入了越来越多的绿色因素。例如，欧盟鼓励成员国政府签订绿色合同，采购绿色产品，例如节能计算机、电动或者混合动力车等等。美国也在《联邦采购规则：可持续采购》中推动绿色采购，美国学者研究发现，① 通过这项政策，加州政府不仅增加了环保产业的需求，而且也激发了私人部门对于绿色产品的购买。

在经济学中，政府购买的增加可以刺激整个国家产出的增长。政府绿色采购实质上就是政府在进行政府购买行为时首先考虑绿色产品，从而带来绿色产品需求的增加，进而促进绿色产品的发展。

(二) 政府直接注资

政府直接注资绿色领域是指政府直接作为投资人的身份投资绿色项目。例

---

① Timothy S. and Michael W. T. (2014). Government Green Procurement Spillovers: Evidence from Municipal Building Policies in California. *Journal of Environmental Economics and Management*, 68(3), 411-434.

如英国政府成立绿投行并通过该银行将财政资金直接投入到绿色项目中。法国也是如此，法国政府提供的官方贷款经过法国开发署的技术包装之后投资了发展中国家投资绿色项目。

三、政府间接参与

在经济学严格的定义中，金融与财政有着明确的界线。即金融的本质是管理风险、配置资金，以获得更好回报；财政的本质是国家或政府的收支活动。两者虽然在定义上严格区分，但国家可以通过财政手段间接地对绿色金融起到调节和促进作用。下文将对政府采取财政手段间接作用于国家绿色金融发展的方式进行概述。

(一)政府担保

绿色产业作为新兴产业，面临着相当严峻的融资困境。资金提供者如企业、投资人缺乏绿色项目的相关知识，对于绿色项目信心不足。同时，截至2018年6月1日，绿色项目大多数缺少合格的抵押物、现金流不确定，投资风险系数高，致使绿色项目融资门槛过高，无法满足最基本的资金需求。政府作为国家力量，为绿色项目提供贷款担保，提高绿色企业的信誉水平，降低绿色项目的融资成本，提高了绿色企业获得融资的可能性，缓解了绿色企业的融资困境。因担保手段效果显著，各国在此方面均有所参与，其中较突出的国家有美国、英国。

1. 美国新能源贷款担保计划

美国于2005年颁布《能源政策法案》。法案第411条明确指出为采用新型煤气化循环技术、结合可再生能源、最小化二氧化碳排放量的企业项目提供贷款担保，第414条明确指出为使用联合气化循环技术发电的企业项目提供贷款担保，第1510条明确提出为用于加工和转化城市生活垃圾和生物纤维素为燃料乙醇和其他商业副产品的项目提供贷款担保。[①] 法案提出一系列条令为各种环保项目提供贷款担保，重点支持太阳能、风能、绿色电力、污染控制与处理等企业，控制美国的大气污染与节能减排。《能源政策法案》颁布后，美国整合一系列贷款担保条令成立了新能源贷款担保计划(Innovative Clean Energy Loan Projects)。美国国会针对性的成立了专门负责此计划的能源部下属机构贷款项目办公室(The Loan Programs Office，LPO)。2007年美国颁布《能源独立

---

① 此项内容来源于 Energy Policy Act of 2005，PUBLIC LAW 109-58—AUG.

与安全法案》，对《能源政策法案》进行修订。其第 134 条明确指出为燃料节约型车辆生产提供贷款担保，第 135 条明确指出为新型节能电池的生产和研发提供贷款担保，扩大了贷款担保项目的范围。① 2009 年美国颁布《经济复苏与再投资法案》，进一步强调了对于创新型清洁技术和可再生能源项目的重视和贷款担保政策的必要性。

LPO 的项目包括两个项目：Title XVII 和 ATVM 计划。② Title XVII 贷款计划旨在为创新清洁能源项目提供贷款担保。鉴于美国商业贷款机构不愿承担或者无法承担支持部署新能源技术的风险，Title XVII 的设立弥补市场上的投资方角色，为新技术的首次部署提供资金以弥补商业银行的差距。ATVM 贷款计划向汽车或零部件制造商提供直接贷款，用于在美国制造和生产先进节能技术车辆或合格零部件的厂商机构，为在美国的先进技术车辆进行资格认证。

LPO 贷款额度高，预算充沛，每年可以根据市场和国家能源发展战略需求发起贷款担保项目。根据 2010 年至 2018 年美国能源部向国会申请所得总预算中向 LPO 项目拨款的年额度，总结如下。③

表 5.3　　　　　　　　　能源部向贷款办公室年拨款额度　　　　　（单位：美元）

年份	Title XVI 预算	ATVM 财政预算	LPO 总财政预算
2010	0	20000000	20000000
2011	169660000	9978000	179638000
2012	0	6000000	6000000
2013	0	5686000	586000
2014	20000000	6000000	26000000
2015	17000000	4000000	21000000
2016	17000000	6000000	23000000

① 此项内容来源于 Energy Independence and Security Act of 2007，PUBLIC LAW 110-140—DEC.

② LPO official website.［Retrieved on 2018.6.1］. https：//www.energy.gov/lpo/loan-programs-office.

③ 美国能源部.［检索时间：2018.6.1］. https：//www.energy.gov/cfo/listings/budget-justification-supporting-documents.

年份	Title XVI 预算	ATVM 财政预算	LPO 总财政预算
2017	138000	3883000	4021000
2018	未统计	未统计	未统计

分析图 5.4、图 5.5、图 5.6 可以看出，Title XVII 计划的财政拨款额度非常不稳定，ATVM 计划财政拨款额度处于平稳下降态势。根据 LPO 的财政拨款总量可以适当合理预测 LPO 所需的贷款额度总量，可以看出新能源项目作为新兴项目，市场不成熟，处于待发展阶段，导致贷款担保计划的财政需求不稳定，印证了绿色项目现阶段确实仍需要政府扶持的现状。

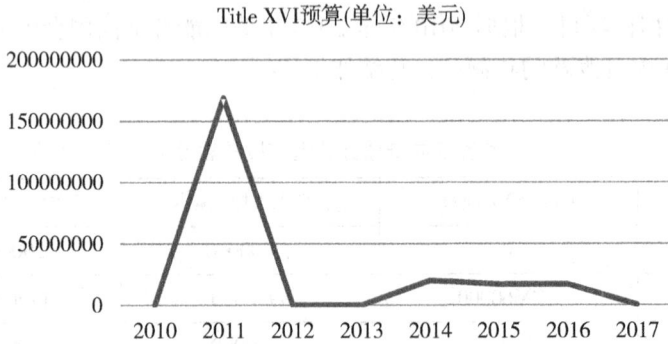

图 5.4　Title XVI 预算折线图

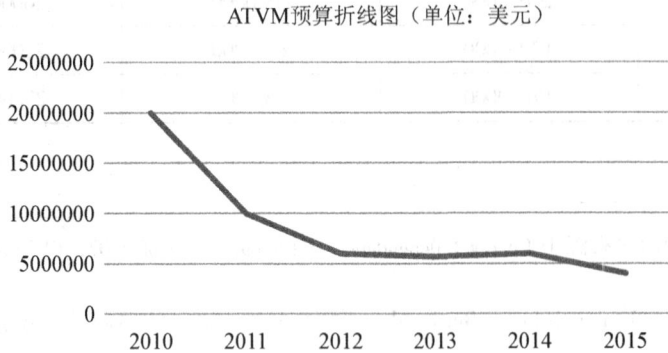

图 5.5　ATVM 预算折线图

LPO预算折线图（单位：美元）

图 5.6　LPO 总预算折线图

　　LPO 首先进行公开招标，给出详细的项目计划书和贷款额度，LPO 对企业进行最基本的资格审查，需要满足条件：与现行技术相比，采用新型或者改进技术减少了温室气体的排放，达到了节能减排的目的；位于美国；企业必须提供合理的还款前景。一轮审查后，企业申请提交给贷款担保委员会，由能源部官员对项目风险审核并出具专业审核意见，再由贷款担保审批董事会对项目进行审批，最后提交白宫管理和预算办公室（Office of Management and Budget, OMB）通过，贷款担保正式形成，担保形成之后，LPO 对贷款担保项目设立了较完善的后续跟踪监督机制，要求企业定期报送项目的技术、工程报告。① 申请流程如图 5.7 所示。

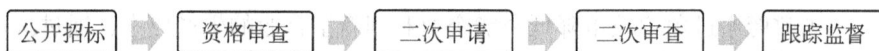

公开招标　➡　资格审查　➡　二次申请　➡　二次审查　➡　跟踪监督

图 5.7　贷款担保申请流程

2. 英国企业融资担保计划和国家信贷保证计划

　　2009 年 1 月，英国在信贷危机的高峰期启动了企业融资担保计划（Enterprise Finance Guarantee，EFG）。信贷危机中，英国中小企业获得的新商业贷款大幅减少，越来越多的中小企业因英国银行的代理和信贷状况而被拒绝

---

① 美国 LPO 官网．［检索时间：2018.6.1］．https：//www.energy.gov/cfo/listings/budget-justification-supporting-documents.

融资。该计划旨在为由于信贷信用低、还款能力低而被拒绝提供正常商业贷款的中小型企业提供贷款担保，其于 2014 年 9 月 8 日计划结束。①

2012 年 3 月，英国启动国家信贷保证计划（National Loan Guarantee Scheme，NLGS），该计划允许银行筹集高达 200 亿英镑的政府担保资金，以较低的成本直接向更多依赖银行融资的中小型企业提供贷款，该计划侧重创新型、国家重点扶持的行业，现已结束。②

英国启动两个计划，主要目的在于鼓励包括实施绿色项目的创新型中小型企业。

（二）税收

税收是常见的财政手段，通过对增税、减税调节促进市场对绿色项目的积极性，鼓励节能减排、保护环境的绿色行为。

1. 征收环境税

1999 年，英国政府将气候变化税（Climate Change Levy，CCL）纳入环境税的主要税种并于 2001 年 4 月 1 日开始征收。其征税对象为因加热、照明或动能而消耗电力、天然气、固体燃料或者液化石油气等燃料的工商业和公共部门。

英国政府在气候税的征收上有一系列针对性的减税政策，在最新的气候变化征费的减免和特殊待遇声明 CCL1/3 中，不受 CCL 税率限制的主要情况如下表所示。③

英国政府通过免税政策降低节能企业和创新型企业的生产成本，通过减税政策鼓励企业签署 CCA 协议（CCA 是由英国工业与环境局提出，以减少企业能源消耗和二氧化碳排放量。作为回报，企业可以获得气候变化税折扣）。

---

① 英国政府官网．［检索时间：2018.6.1］．https：//www.gov.uk/government/statistics/number-of-enterprise-finance-guarantee-efg-scheme-loans-drawn.

② NLGS 官网．［检索时间：2018.6.1］．http：//nationalloanguaranteescheme.co.uk/.

③ CCL 官网公告．［检索时间：2018.6.1］．https：//www.gov.uk/government/publications/excise-notice-ccl13-climate-change-levy-reliefs-and-special-treatments-for-taxable-commodities/excise-notice-ccl13-climate-change-levy-reliefs-and-special-treatments-for-taxable-commodities.

表 5.4 　　　　　　　　　　　　　不受 CCL 税率限制的主要情况

免税情况	备　　注
不在英国燃烧或消费(出口)的产品	
液化石油气或用于转售的固体燃料	
用于某些运输方式的产品	如使列车线路通电的燃料消耗、用于运输货物的铁路车辆的燃料消耗等
电力生产者	热电联产站,小型发电站和备用发电站除外
小型发电站(CHP 除外)和未用作燃料的备用发电站	
热电联产站生产的电力和所用燃料	
不作为燃料使用的耗材	比如用于电解过程的电力
可再生能源生产的电力供应	包括风能、水力发电、潮汐发电、波浪能量、光伏、光电转换器、垃圾填埋气、污水处理产生的天然气、农业和林业废物等能源
气候变化协议企业	与环境署(Environment Agency ,EA)签署了气候变化协议(Climate Change Agreement,CCA)的能源密集型企业可以要求降低 CCL 率,这是 CCL 主要费率的降低

2. 开展免税计划

政府通过对传统税收如增值税等的减税、免税手段,鼓励企业节能减排。英国政府 2001 年提出增强资本补贴计划(Enhanced Capital Allowance ,ECA),与政府设立的能源技术列表(Energy Technology List,ETL)配合,鼓励企业绿色购买行为。

ETL 是英国政府设立的记录。截至 2018 年 6 月 1 日,其记录了大约 17000 件被评估为能源友好型的设备。ECA 计划声明政府对 ETL 列表上设备的购买进行 100% 的税收减免,有的情况下还可以补贴购买设备过程中产生的运输开销。① 英国政府通过 ETA 计划鼓励企业购买节能型设备,一方面促进了企业

---

① ECA 官网. [检索时间:2018.6.1]. https://www.gov.uk/government/publications/etl-and-eca-scheme-presentation-for-purchasers.

尤其是制造业等工业领域向节能环保方向的转型，另一方面帮助设备制造商打开市场，扶持它们逐步成为独当一面、经营成熟的企业。

法国政府从 1996 年起开始实行可持续发展税收抵免计划(Tax Credit for Sustainable Development，TCSD)。该计划规定购买节能和减少温室气体排放方面有效的材料和设备时可以得到税收抵免(侧重于建筑物方面，满足条件的设备多为加热材料、绝缘材料、可再生能源设备等建筑物相关材料)。法国政府通过该计划希望促进绿色建筑的建设，减少建筑物的能耗。2014 年 9 月该计划被能源转型税收抵免(the Energy Transition Tax Credit，ETTC)取代。[①]

3. 对金融产品免税

政府通过对绿色金融产品如绿色债券的税收减免，促进银行、证券公司等金融机构推出更多绿色金融产品，促进绿色金融的市场拓展。例如，美国马萨诸塞州 2013 年发行了第一个免税绿色债券，其债券发行所得资金直接用于该州的环保基础设施建设，KfW(德国复兴信贷银行)所发行的大批量绿色债券也收到了政府不同程度的税收减免。

(三)补贴

1. 财政贴息

财政贴息是指为了鼓励企业开发名优产品、采用先进技术，国家财政对使用某些特定用途的银行贷款的企业，为其支付全部的或部分的贷款利息。对于仍处于发展阶段的绿色行业，财政贴息是相当有效的激励政策。

2000 年，德国《可再生能源法》出台，成功启动了德国国内光伏市场。根据德国环境变化情况，德国不断对《可再生能源法》进行修订，补充了对于光伏、风力等一系列可再生能源的发展目标和规划，其最新草案于 2017 年通过。通过后，KfW(德国复兴信贷银行)作为政策性银行于 2018 年相应推出了可再生能源贷款项目，在贷款项目号 270、271、281、272 和 282 下，为光伏产品、生物质能、沼气、风能、水能、地热和可再生能源等提供低息贷款。[②]

2. 价格补贴

政府通过提供给清洁能源企业、团体和个人投资者一个长期购买其产出的保证价格，让投资者得到较好的回报。同时政府运用市场调节力量，有效促进新能源发展。例如德国 2000 年颁布的《可再生能源法案》对新装设的太阳能系

---

① 国际能源署官网．［检索时间：2018.6.1］．https：//www.iea.org/.

② KfW 银行官网．［检索时间：2018.6.1］．https：//www.kfw.de/kfw.de.html.

统规定每度电 0.35 到 0.5 欧的电价回购标准。同时，太阳能发电系统享有 20 年的固定价格收购保证，大大提高了太阳能发电量。①

3. 企业奖励

政府对企业的绿色行为进行奖励性补贴(奖励金额有限)，多为地方政府为了促进当地环境能源发展而提出的政策性举措，在一定程度上弥补了绿色行业(如可再生能源项目)成本高于市场价格带来的竞争力不足的问题。如澳大利亚的维多利亚州政府，特设气体效率补助金，为温室气体排放量低的企业提供 50000 美元的赠款，以提高能源生产率和可负担性，支持就业并减少温室气体排放。再如澳大利亚堪培拉地区，所有升级采用更节水和节能技术(包括照明、家电、加热或冷却、制冷、隔热和水龙头)的企业，可获得 5000 美元的折扣奖励。

(四)小结

政府通过财政手段间接参与绿色市场，通过担保、税收、补贴等方法促进绿色企业的发展，减小融资压力，帮助拓宽市场的同时，提高绿色设备、绿色产品在市场上的流通性和认可度，促进制造业等企业完成节能转型，鼓励社会绿色行为，逐步完成国家节能减排、环境维护的最终目标。

第三节　将环境因素引入金融制度

在金融制度中引入环境因素主要对三方面产生影响，即投资者、被投资项目与评级方式。下文将从这三方面入手阐述环境因素在金融制度中产生的影响。

一、对投资者的影响

各国通过立法对投资者所承担的环境责任进行规范，并且透过一系列措施约束企业进行环境信息公开。与此同时，还存在着投资者网络对签约者进行约束，要求其在决策过程中考虑 ESG 因素。

(一)环境法律责任

美国、日本、英国、德国与欧盟等均出台了相关法案规范环境法律责任，

---

① Dena 官网. [检索时间：2018.6.1]. http：//www.dena.de/.

如表5.5所示。

表5.5 与环境责任相关法律条例

主要国家和地区	主要法律条例
美国	《全面环境响应、赔偿和责任法》
英国	《环境保护法》
日本	《环境污染控制基本法》
德国	《环境责任法》
欧盟	《欧盟环境责任指令》
中国	《环境保护法》

1980年，美国出台了《全面环境响应、赔偿和责任法》（即《超级基金法》）。针对危险废物引发污染场地的清理责任，该法案建立了一整套"严格、连带和追溯既往"的法律责任制度。在这项制度中，可能的责任主体被称为"潜在责任方"，不论是否知情或者是否对场地污染负有实际责任，必须承担相应的法律责任。①

在英国，污染场地修复资金实行等级责任制。该国《环境保护法》中明确规定，土壤污染清理整治费用主要由"适宜人"承担。责任主体分为两个层级，第一层级是向土地排放污染物的个人或公司，或是在知情的情况下容许污染行为发生的人；第二层级主要是当前土地所有者或业主。原则上由第一层级人承担土壤污染治理责任，如果通过查访后，无从找出原始污染者，则由第二层级人承担污染治理责任。

日本的《环境污染控制基本法》中规定了污染防治费用负担原则与财政措施，主要体现在"原因者负担"、"受益者分担"两个原则。按照原因者与受益者共同负担原则，为防止发生公害与实施自然保护而采取措施所产生的费用，一方面公平分担给相关企业，另一方面，也由措施实施后的受益者分担一部

---

① 绿色金融工作小组（2015）. 构建中国绿色金融体系. 中国金融出版社.

分，而政府和地方公共团体则相互协作，给予必要的财政支持。①

1990年，德国颁布了《环境责任法》。该法案对于水、土地和空气的污染损害进行统一的、而不是分开的保险；对于要投保的机器设备进行逐一说明；对在保险事故发生前投保人为防止事故发生所花费的费用的返还进行调整；对于正常运营中的损害进行有限制的承保；对于合同前责任和合同后责任进行规范；确立系列损害条款。②

2004年，欧盟制定了《欧盟环境责任指令》。按照传统的民法和环境法，欧盟许多国家一般只对由环境污染事故造成的个体权益损害进行侵权损害赔偿，但是该指令突破了这一制度局限性，明确规定了当环境污染将要或者已经造成严重的环境损害，侵害了整个社会的权益而非个人的权益时，环境责任者需要承担相应的义务和费用。义务为政府环境管理部门避免将要发生，或清理已经发生的严重环境损害的义务，费用为政府部门采取避免或清理措施后所发生费用。这些潜在的损失均需要环境责任者承担。

在中国，《中华人民共和国公司法》第五条规定："公司从事经营活动，必须遵守法律、行政法规，遵守社会公德、商业道德，诚实守信，接受政府和社会公众的监督，承担社会责任。"这是截至2018年6月1日，我国《公司法》有关企业合法经营的法律中已有的体现企业社会责任的唯一条款。2014年我国新修改的《环境保护法》首次明确规定保护环境是国家的基本国策，并规定环境保护坚持保护优先、预防为主、综合治理、公众参与、污染者担责的原则。

对比上述条例，虽然美、英、日三国对有关责任主体的规定不同，但本质上都体现了污染者与受益者共同承担治理责任这一理念，而欧盟及其成员国德国则对环境法律责任做出明确规定。但我国在环境责任方面立法薄弱，需要完善。

(二) 要求企业披露环境责任信息

美国、日本、英国、德国与欧盟等均采取了相关举措要求企业披露环境责任信息，如表5.6所示。我国环境信息披露制度也有所发展，如表5.7所示。

---

① 余立风，丁琼 & 程天金等(2012). 发达国家如何做污染场地环境监管. 环境保护，2，28-30.

② 白江(2015). 论德国环境责任保险制度：传统、创新与发展. 东方法学，2，131-149.

表 5.6 关于要求企业披露环境责任信息的相关举措

主要国家和地区	主要举措
美国	《国家环境政策法》
英国	实施信息披露表彰制度
日本	《环境报告书指导方针》
德国	《环境信息法》
欧盟	《有关自由获取环境信息的指令》

表 5.7 我国过于要求企业披露环境责任发展

发布单位	发布时间	相关法规
中国证监会	2007 年	上市公司信息披露管理办法
原国家环保总局	2008 年	环境信息公开办法(试行)
原国家环保总局	2008 年	关于加强上市公司环境保护监督管理工作的指导意见
上海证券交易所	2008 年	上海证券交易所上市公司环境信息披露
环保部	2010 年	上市公司环境信息披露指南(征求意见稿)
深圳证券交易所	2006 年、2010 年	上市公司社会责任指引、上市公司规范运作指引

1969 年，美国的《国家环境政策法》中规定的环境影响评价程序从决定是否编制报告书到确定评价范围，再到编制报告书中都很细致地规定公众环境知情权的内容。这种法定的公开和评论程序，使得各方皆可参与对人类环境有重大影响的重大联邦行动的决策。

英国注册会计师协会(ACCA)于 1992 年起就已实施了环境成本信息披露表彰制度。

《环境报告书指导方针》是日本上市公司发布环境成本会计指标和环境信息的指南。

1990 年欧共体发布了《有关自由获取环境信息的指令》。它的目的在于为了保证为公共部门所掌握的环境信息能够被自由地公开和传播。该文件先确认了公众环境知情权，认为环境信息公开的权利主体为任何的自然人、法人，义务主体为除立法和司法机关外，其他的国家性、地区性、地方性的公共管理机构，包括私人的环境保护实体。同时指令还规定了申请的程序、期限、救济及环境信息的内容与例外。为了确切地说明该法令适用的范围，在指令中还对环境信息的定义和可以拒绝提供信息的例外情况进行了说明，并要求所有的欧共体成员都必须在1992年12月31日之前把欧共体的指令转化成各个国家的法律、法规或者行政规定。①

欧盟成员国德国对接欧盟指令，于1994年颁布了《环境信息法》，明确规定了公众的环境知情权与政府对环境信息披露的职责。

我国在2014年最新修订的环境保护法中，《环境保护法》第53条至56条分别从公民、法人、其他组织具有环境知情权，国家政府相关职能部门具有监管职责，企业有主动公开相应的环境信息义务三个角度规定了企业环境信息的披露制度。

与西方国家相比，我国关于环境信息披露的制度起步较晚，还不完善。同时由于国外是强制或半强制企业实行环境信息披露，而我国是自愿进行信息披露，所以收效甚微。

(三)投资决策中考虑ESG因素

联合国负责任投资原则组织(PRI)，是一个联合国发起，由全球主要投资者参与推广负责任投资原则的组织，旨在将环境保护、社会责任和公司治理(三个要素简称ESG)纳入投资决策之中。截至2018年6月1日，全球共50余个国家、超过1700家机构成为该组织的签约方，中国这些机构管理资产规模超过60万亿美元。其中，美国最大的公共养老金——加州公共雇员退休基金、资产管理公司贝莱德、欧洲最大的保险公司安联集团都是活跃签约人。

截至2018年6月9日，中国大陆地区有16家签约方，中国香港地区有24家签约方。② 而于2018年3月签约的华夏基金是我国境内第一家参与联合国责任投资原则组织的公募基金公司。

---

① 陈传夫 & 黄璇(2006).欧盟推进信息资源公共获取的模式及其借鉴意义.图书馆论坛，6，233-237.

② 联合国负责人投资原则组织官网.[检索时间：2018.6.1].https：//www.unpri.org.

(四)构建绿色投资者网络

截至 2018 年 6 月 1 日,世界上有三家规模较大的绿色投资者网络,分别为:

气候风险和可持续发展的投资者网络(The Investor Network of Climate Risk,INCR),包括超过 150 家机构投资者(美国为主)参与。参与者共同管理超过 24 万亿美元的资产。[①] 该网络推进领先的投资实践、企业参与战略和政策解决方案,以建立一个公平、可持续的全球经济和地球。

气候变化投资者网络(The Institutional Investor Group of Climate Change,IIGCC),有来自 12 个国家的 155 名成员,管理着超过 21 万亿欧元的资产,[②]包括欧洲许多最大的养老基金和资产管理公司。该网络通过扩大投资者的声音并与企业、政策制定者和投资者合作,为低碳未来筹集资金。

碳披露项目(The Carbon Disclosure Project,CDP),过去 15 年间,创建了全球环境信息系统。其包括 50 个国家的办事处和合作伙伴,其投资者的总资产超过 100 万亿美元。[③] 该网络推动多家机构进行环境信息披露,促进社会可持续发展。

这些绿色投资者网络在一定程度上规范了投资者的投资行为,并通过一些社会责任协议推动了绿色投资发展,由此促进社会可持续发展。

二、对投资项目的影响

所有绿色金融政策的制定都必须基于对产业、企业、产品的生产和消费活动环境外部性的量化,否则就无法确定这些政策的最优力度,导致资源浪费。截至 2018 年 6 月 1 日,国际上已经出现了一些实用的量化方法。例如英国公司 Trucost 提出了"自然资本负债"的概念,通过 EEOI 模型,评估每个产业链中各生产、交易环节产生的环境影响,并将其量化为货币价值,从而估计一个行业或公司产生的环境外部性,[④] 如表 5.8 所示。

---

① INCR 官网.[检索时间:2018.6.1].https://www.ceres.org.

② IIGCC 官网.[检索时间:2018.6.1].http://www.iigcc.org.

③ CDP official website.[Retrieved on 2018.6.1].https://www.cdp.net.

④ 数据来源于 2013 年 NATURAL CAPITAL AT RISK:THE TOP 100 EXTERNALITIES OF BUSINESS.

表5.8　按 EKPI 指标分类以货币计算对环境影响最大的前 5 大区域-行业

排名	影响	行业	地区	自然资本成本（10 亿美元）	收入（10 亿美元）	影响率
1	温室气体排放	燃煤发电	东亚	361.0	443.1	0.8
2	土地利用	牛羊养殖	南美	312.1	16.6	18.7
3	温室气体排放	钢铁厂	东亚	216.1	604.7	0.4
4	水资源利用	小麦种植	南亚	214.4	31.8	6.7
5	温室气体排放	燃煤发电	北美	201.0	246.7	0.8

三、对评级制度的影响

　　银行和信用评级公司评定企业和主权信用风险时考虑环境因素是一个新的趋势。银行会设立专门的环境和社会风险评估系统。一般的贷款只涉及贷款部门和内部评级部门，但如果借款企业被认为有潜在的环境风险，则环境及社会风险评估部门会介入并给出指导意见。

　　联合国环境计划署等机构发布《主权信用风险的新视角：把环境风险纳入到主权信用分析之中》。这份报告以巴西、法国、印度、日本和土耳其五个国家作为样本，得出自然资源的恶化可导致一国贸易收支出现变化，从而影响国家的主权信用风险。该报告提出环境因素应被纳入对各国主权信用评估中。[1]

　　在评级制度中加入环境因素可以在一定程度上约束投资行为，保证资金向着绿色投资方向流动，同时也促进金融机构互相制约、互相监督，由此推动绿色金融的发展。

---

① 绿色金融工作小组(2015). 构建中国绿色金融体系. 中国金融出版社.

第六章

绿色金融体系的业界参与
（银行、交易所等）

第一节 商业银行

一、国内外商业银行绿色金融的发展状况

(一)国际商业银行发展概况

工业革命后,社会生产力得到解放。在美国爱河污染事件之后,环境问题进入人们的视野,绿色金融的概念也因此首次被提出来。该次污染事件亦备受美国政府重视,《综合环境响应补偿及责任》等系列相关政策不断出台。自此,关于企业在追求经济利益的同时是否应该同时考量环境效益的问题,引发了金融界的一系列思考。国际上频繁出台政策文件,金融界也在绿色金融领域不断创新。商业银行推出赤道原则,并积极推进绿色债券的发展。其中在政策走向和实践上起着牵头作用的是美国和欧盟。一些绿色金融政策和实践方面的大事件如表 6.1 所示。

表 6.1 国际绿色银行大事件

年份	事 件	影 响
1972	联合国召开人类环境会议,通过《人类环境宣言》	人类环境问题首次在全球范围内公开讨论
1997	《银行业、保险业关于可持续发展的声明》发布	国际金融机构开始系统实施环境管理体系
2000	世界银行建立首支碳基金,排放权成为国际商品	此举推动了全球范围碳市场的发展

年份	事件	影响
2003	10 家银行正式达成协议，推出赤道原则	成为银行评估融资项目环境风险的操作指南
2015	国际资本市场协会发布了绿色债券原则	规范了国际绿色债券市场的各项标准
2016	全球已有 84 家金融机构宣布采纳赤道原则	赤道原则成为国际业务合作的一项软标准

1. 美国

在政策制定方面，美国的绿色金融政策走在世界前列。截至 1970 年，美国国会通过 20 多部规范企业行为的环保法律，并制定相应的政策鼓励商业银行发展绿色金融业务。此外，美国政府还通过财政手段，降低环境友好型企业的税收，成立相应基金鼓励企业发展绿色经济。

在信息披露方面，美国政府要求美国商业银行每年进行一次信息披露以及不少于一次的不定期的社会责任报告披露。美国商业银行信息披露较为客观，每年都披露下一年的绿色低碳目标，并在下一次可持续发展报告中总结是否完成相应目标。

在金融实践上，花旗银行作为赤道原则的创始者之一，在 2007 年提出要对绿色信贷等项目投资 1000 亿美元，并在 2013 年提前完成该目标。花旗银行接着在 2015 年提出可持续规划，并在 2017 年开始践行规划中可持续的目标。在经济复兴计划中，奥巴马为了推动清洁能源的发展，投入将近 1000 亿美元，并加大对清洁能源的科研投入力度。以美国银行、花旗银行和美国进出口银行为代表的商业银行积极开展绿色金融业务，为美国的金融体系发展注入绿色可持续的重要元素。

2. 欧盟

受到巴塞尔协议的约束，在绿色项目开展前期，商业银行无法向一些绿色基建项目和能源公司提供贷款，因此欧盟的一些绿色项目无法持续进行。为了弥补短板，欧盟主动鼓励创新，通过创新可持续的方式为需要贷款的绿色企业融资。

英国在 2000 年制定《气候变化规则》，对高污染、高能耗的企业增加税收，对绿色低碳企业的融资进行政策鼓励，同时降低税收，鼓励企业通过杠杆获得更多资金，提高市场的积极程度。

德国绿色金融体系的优势在于高效透明的信息沟通机制。环保部门通过评估企业的碳排放量和节能环保程度，将信息告知政府。政府则对环保程度高的企业给予补贴，对环保程度低的企业增加税收，并通过贴息的方式对商业银行的绿色信贷项目进行扶持。德国政府对绿色项目的政策性倾斜，推动了德国绿色金融的实践与发展。

(二)国内商业银行发展概况

相比于国际，国内绿色金融起步比较晚。表6.2是我国从2007—2018年6月1日主要的绿色金融大事件。随着环境问题日益严峻，我国逐渐开始重视绿色金融，不断加强绿色金融实践。在2015—2017年期间，商业银行相关绿色金融业务频繁出台。赤道原则作为商业银行开展绿色信贷业务的指导性准则，在国内开始逐步得到应用。

表6.2　　　　　　　　　　国内绿色金融大事件

年份	事　　件	影　　响
2007	下发《关于落实环境保护政策法规防范信贷风险的意见》的通知	首次把企业的环境考核作为银行贷款授信的考虑因素，标志着中国绿色信贷制度的正式建立
2008	兴业银行宣布采用赤道原则	国内出现首家赤道银行
2015	印发《生态文明体制改革总体方案》	标志着国内绿色金融体系顶层设计的首次建立
2016	通过《中华人民共和国国民经济和社会发展第十三个五年规划纲要》	提出建立绿色金融体系，发展绿色信贷及绿色金融创新领域，绿色金融上升到国家战略层面
2016	发布《关于构建绿色金融体系的指导意见》	全球第一个最为系统的绿色金融指导意见
2017	江苏银行宣布采纳赤道原则	国内出现第二家赤道银行

在具体行动方面，我国各大商业的绿色实践如下表所示。从表6.3中可以看出，国内各大银行出台相应文件，积极完善各自的绿色金融业务。在产品创新方面，招商银行和浦发银行表现良好。在国际合作方面，中国银行和中国农业银行表现优异。虽然国内的绿色金融业务较为单一，但各大银行在

开展绿色金融业务上的积极性不断提高,在扩大各自的绿色项目上都取得了一定的成果。

表 6.3   国内具有代表性的绿色银行及其绿色行动

银行	重要绿色金融业务[①]
招商银行	2014 年,印发《2014 年过剩行业总量控制与结构调整实施细则》等信贷政策 2015 年,与法国进行节能中间信贷项目合作,推出了法国开发署(AFD)绿色转贷款; 成为联合国环境规划署金融行动机构(UNEP FI)的成员之一 2016 年,实施综合节能项目,助推"绿色校园"建设 2017 年,严控"两高一剩"行业信贷投入;加大对光伏、风力发电等新能源信贷支持力度
浦发银行	2011 年,与亚洲开发银行签署了《损失分担协议》,在国内建筑节能融资领域展开合作 2012 年,推出《绿色金融综合服务方案 2.0》,形成绿色金融产品体系 2014 年,碳排放权抵押融资产品首单落地广东 2016 年,发行国内首单绿色金融债券,发行国内首单绿色非公开定向债务融资工具 2017 年,制定并批准《绿色金融业务发展规划》,加大绿色金融产品创新
中国工商银行	2014 年,印发《境内法人客户绿色信贷分类管理办法(2004 年版)》,优化绿色信贷管理 2015 年,修改或制定 18 个板块、60 个行业绿色信贷政策,增加投资绿色行业融资比例 2016 年,提倡并推动绿色金融成为"二十国集团工商界峰会"(B20)核心议题 2017 年,通过卢森堡分行发行首笔"一带一路"债券,印发《"走出去"跨境融资业务风险管理办法》

① 各大银行官网发布的 2011—2017 年社会责任报告.

银行	重要绿色金融业务
中国建设银行	2014 年，制定涵盖了钢铁、水泥等高耗能、高污染和产能过剩的审批指引 2015 年，制定《中国建设银行绿色信贷实施方案》 2016 年，制定《中国建设银行绿色信贷发展战略》，建立绿色信贷信息系统，推进绿色信贷评价管理，将绿色信贷纳入 KPI 考核 2017 年，下发《公司业务与同业业务条线推进碳金融业务联动方案》，发挥"碳金融"业务和"碳配额远期交易中央对手清算代理业务"的产品优势
中国银行	2014 年，发行绿色账户借记卡，签署中瑞首份环保项目融资协议《环保创新出口信贷融资总协议》 2015 年，发行中资企业首单绿色债券 2016 年，中国绿色资产担保债券在伦敦发行，绿色债券在卢森堡证券交易所上市，协助中资机构发行境外绿色债券 2017 年，制定"'绿+'计划实施方案"，对融资项目进行绿色分级，并以绿+、绿色、黄色、红色进行标识
中国农业银行	2014 年，发布《关于建立绿色信贷 指标体系暨修订"两高一剩"行业信贷政策的通知》 2015 年，与伦敦证交所集团签署《绿色金融战略合作备忘录》，在伦敦证券交易所发行等值 10 亿美元绿色债券 2016 年，制定《关于落实绿色信贷工作的实施意见》，提出建设绿色银行的目标 2017 年，实施《中国农业行绿色金融发展规划（2017—2020 年）》，因地制宜发展绿色金融

二、商业银行的绿色金融业务分析——以兴业银行为例

（一）兴业银行绿色金融的发展历程

兴业银行于 1988 年成立，在 2008 年宣布采用赤道原则，成为国内首家赤

道银行。兴业银行的绿色金融业务在国内较为领先,其开展的绿色金融业务也为国内其他金融公司提供了重要的借鉴。兴业银行自 2006 年首次开展能效项目融资业务以来,在绿色金融业务不断创新,陆续推出低碳信用卡、节能环保产品基金等绿色金融产品,构建出完整的绿色金融产品体系。兴业银行探索绿色金融的历程如表 6.4 所示,其赤道原则的使用降低了不良贷款率,帮助绿色环保企业获得资金并扩大发展规模。

表 6.4　　　　　　　兴业银行绿色金融业务的发展历程

年份	事　件①	影　响
2006	国内首次开创能效项目融资业务	标志着兴业银行绿色金融的首次金融创新
2008	兴业银行宣布正式采纳赤道原则	采用国际统一标准,有利于绿色金融发展
2009	完成福建华电项目融资	首次采用赤道原则为绿色项目完成融资
2010	推出碳质押贷款、低碳信用卡等产品	增加绿色金融产品种类
2015	正式发布兴业绿色金融集团产品架构体系	重视绿色金融,体系化发展
2015	签署了 G20《金融机构能源效率声明》	相应国家政策文件,落实发展策略
2016	作为国内首家获准发行绿色金融债券的银行,于 2016 年初首批发行 100 亿元绿色债券	国内首单绿色金融债
2016	发行"万利宝-绿色金融"理财产品	有利于小额普通投资者进行绿色投资
2016	首家使用绿色金融专业支持系统	电子化绿色业务管理、风险管理
2017	制定《兴业银行关于加快推动集团绿色金融业务发展的意见》	覆盖银行、信托、租赁、基金、消费金融等领域的绿色金融产品和服务

---

①　兴业银行官网发布的 2006—2017 年可持续发展报告.

(二)兴业银行的绿色金融业务

1. 兴业绿色金融集团产品架构体系

如图 6.1 所示,兴业银行在 2015 年发布了其绿色金融集团产品架构体系。① 以绿色信贷和绿色债券为代表的绿色金融产品在兴业银行的绿色金融版图中占据较为重要的地位,同时兴业银行的可持续金融部在绿色产品创新中发挥重要作用。

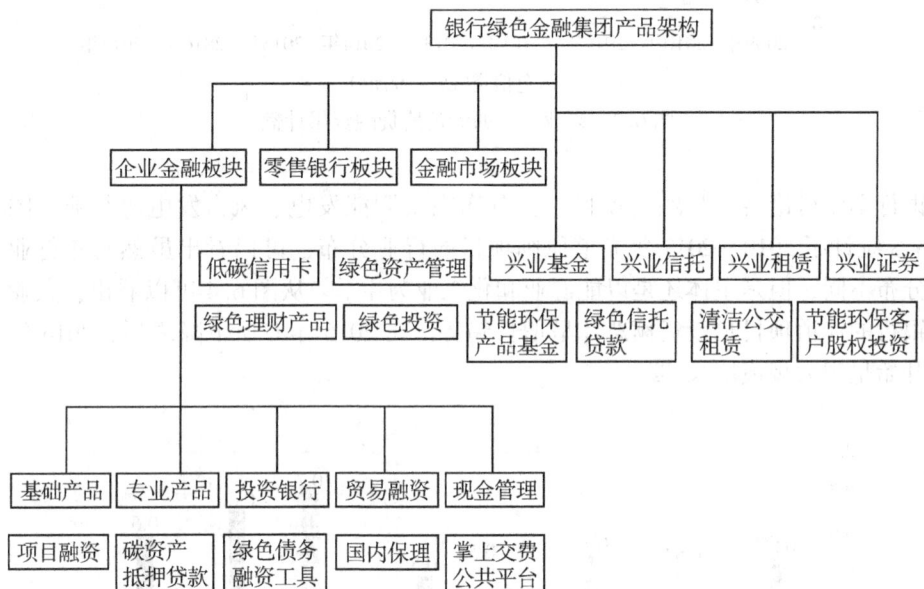

图 6.1　兴业绿色金融集团产品架构体系

2. 绿色信贷

从图 6.2 的绿色信贷统计数据中可以看出,兴业银行采用赤道银行原则后,绿色信贷融资累计额每年都有所增长。②

截至 2017 年年末,全球有来自 37 个国家或地区的 92 家金融机构采纳赤道原则。兴业银行作为中国首家赤道银行,多次参加赤道原则大会和亚太赤道

① 兴业银行 2015 年可持续发展报告.
② 兴业银行 2009—2017 年可持续发展报告.

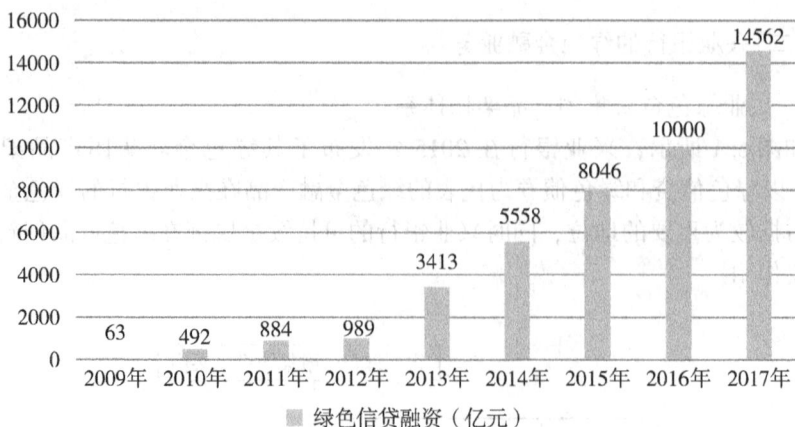

图 6.2 兴业银行的绿色信贷融资累计额

银行季度讨论会。其融资项目主要分布在太阳能发电、风力发电等行业。图 6.3 统计了 2010—2017 年赤道原则项目的行业分布,可以看出虽然每年行业分布不同,但是主体还是以能源业和化工业为主。① 从图 6.4 可以看出,兴业银行的赤道项目总投资额总体呈增长趋势,在 2015 年有所下降之后,2016 年开始呈现大规模增长。②

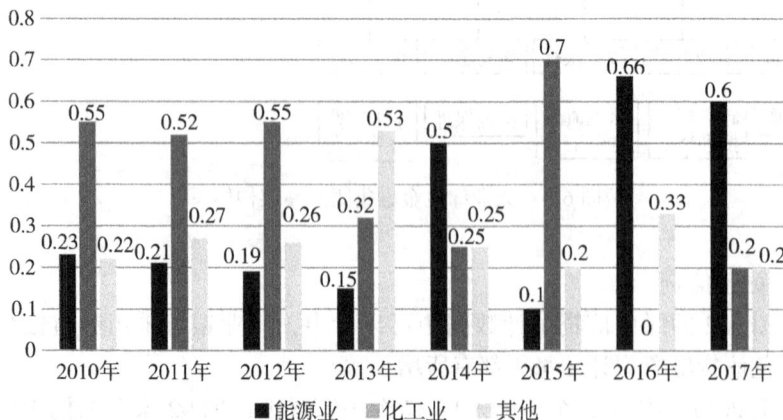

图 6.3 2010—2017 年赤道原则项目行业分布

———————————

① 兴业银行 2009—2017 年可持续发展报告.
② 兴业银行 2009—2017 年可持续发展报告.

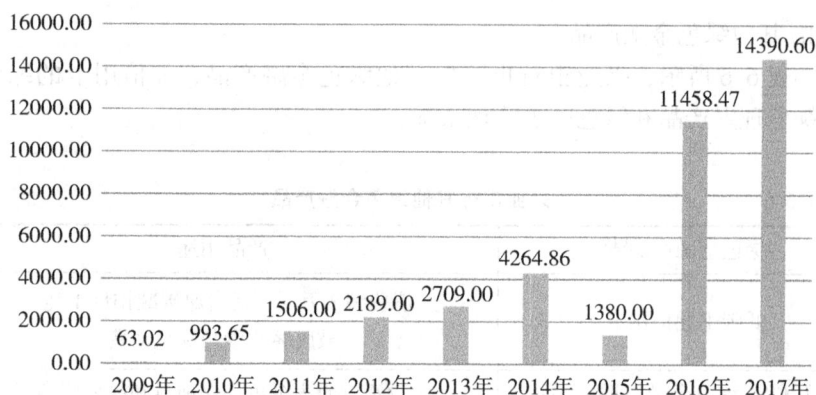

图 6.4 赤道原则所涉项目总投资(亿元)

3. 绿色债券

表 6.5 列举了兴业银行绿色债券的大事件。从中可以看出兴业银行注重推广绿色金融债。

表 6.5 兴业银行绿色债券大事记

年份	事 件①	影 响
2014	出台了《绿色金融债募集资金管理办法》	开始了绿色金融债券的筹划准备工作
2015. 11	获得银监会的批复,获准在全国银行间债券市场公开发行不超过 500 亿元绿色金融债	成为国内首家获准发行绿色金融债券的银行
2016. 1	首期 100 亿元的绿色金融债发行,票面利率为 2.95%,期限为 3 年	作为境内首单绿色金融债
2016. 7	第二期 200 亿元的绿色金融债发行,利率为 3.2%,期限为 3 年	认购量增长
2016. 12	第三期 200 亿元的绿色金融债发行,利率为 3.4%,期限为 5 年	认购量持续攀升
2017	中债-兴业绿色债券指数	全市场首支绿色债券指数,完成 500 亿目标

---

① 兴业银行 2017 年可持续发展报告.

4. 其他绿色金融产品

如表 6.6 所示,兴业银行也开发其他绿色金融产品,如信用卡的绿色转化、绿色理财产品和绿色电子管理系统。

表 6.6   **兴业银行其他绿色金融产品**

绿色金融产品①	产品用途
低碳主题信用卡	消费满 3 万元,送自愿碳减排量 1 吨,鼓励客户参与绿色消费
"万利宝-绿色金融" 理财产品	投资方向为绿色环保项目和绿色债券
绿色金融专业支持系统	电子化的绿色业务管理、风险管理功能

第二节   证券公司和证券交易所

一、证券公司的绿色证券

(一)证券公司的绿色业务类型

表 6.7   **证券公司的绿色业务类型**

类型②	定义	作用与优势
绿色债券	募集资金主要用于支持节能减排技术改造等绿色循环低碳发展项目的企业债券	统一发行、成本优势;应对"市场失灵"
绿色资产证券化	绿色 ABS(Asset-Backed Securitization,即资产证券化),是绿色项目的资产证券化,要求将发行资产支持证券募集的资金用于资助绿色资产或项目的过程	持续稳定的现金流回报、分离了企业的主体评级和资产的信用评级、满足不同风险类型投资者的投资需求

① 兴业银行 2017 年可持续发展报告.

② 华泰证券、中信证券、海通证券、招商证券、国信证券、申万宏源、国泰君安、广发证券、国金证券的 2017 年社会责任报告.

类型	定义	作用与优势
绿色环境咨询与财务顾问服务	为客户绿色化发展或参与环境权益市场提供咨询服务，设计方案	对客户的绿色发展提供专业意见、协助客户管理自身环境权益资产等

从表6.7分析如下。

1. 绿色债券的优势

从资金角度来看，发行绿色债券融资相比于发行绿色信贷融资，可以使更多的项目得到融资，因此绿色债券更具有成本优势；从市场角度看，市场内在的盲目性、自发性和滞后性，使得市场难以投入大量的、短期的收入，而绿色债券的成本优势则可以给企业带来创造绿色环保产品的激励，从而带来更多的环保效益。

2. 绿色资产证券化的优势

从现金流角度看，资产证券化的绿色项目具有持续稳定的现金流回报，这是绿色资产证券化产品的关键，即以优质资产为基础；从信用评级角度看，资产证券化产品通过分离资产池将实体评级和资产信用评级分开；从投资需求方面看，资产证券化的分级发行方式也能满足不同类型风险投资者定位投资需求。

3. 绿色环境咨询与财务顾问服务的优势

从公司角度看，绿色环境咨询可以诊断公司的绿色发展绩效，并提出节能减排解决方案，优化公司的环境绩效；从行业建设上看，绿色环境咨询和财务顾问服务也为传统产业绿化转型提供专业意见，为绿色地区全面建设提供专业意见，并为建立绿色金融体系设计总体推进计划提供纲领；从地区管理上看，财务顾问服务会协助该地区融入统一市场，帮助客户管理其环境资产，并利用环境股权市场实现发展目标。

(二)证券公司的绿色业务问题和建议

从表6.8可以看出，证券公司绿色业务问题在于其风险高、收益低、大体量依赖于优惠政策、政策不完善，需要通过政策干预与法律法规完善等方式对应处理。

表6.8　　　　　　　　　　证券公司的绿色业务的问题和建议

类别	关注点	问题	政策建议①
绿色债券	1) 募集资金用途 2) 绿色项目评估与选择程序 3) 募集资金跟踪管理 4) 相关年度报告	1) 标准体系不一，与国际普遍存在差异 2) 实际融资成本过高 3) 票面收益普遍低于普通债券，且国内部分绿色行业风险过高 4) 发行认证信息披露不完善	1) 统一标准，与国际接轨 2) 政策干预提高票面收益降低风险 3) 进一步规范与完善信息披露，鼓励单独发布社会责任报告
绿色资产证券化	1) 可发行的企业 2) 确定基础资产的方法 3) 绿色 ABS 认证 4) 投资人培养	1) 制度设计欠缺，政策法规不全 2) 市场尚不完善，认识有缺陷 3) 绿色资产证券化及满足条件的基础资产总体体量较小，实施力度较弱 4) 绿色资产证券化基础资产盈利能力不足，盈利模式单一	1) 进一步明确绿色基础资产定义，推动绿色金融立法 2) 完善多方信息协调共享 3) 加快绿色金融基础建设 4) 政策干预提高绿色基础资产收益或者降低风险 5) 构建成熟碳金融市场

绿色债券存在四个方面的问题，具体分析如下：

第一，金融债比重过大，而且均为大规模银行发债。企业的发债难度较高，且会受到信用评级等的影响。

第二，信息披露不完善。针对使用情况，央行要求金融机构将金融债定期进行信息披露。但是在其他的交易市场要求不明确，也未明确和规范需要公开的信息。

第三，绿色投资者还应提高绿色意识。由于项目本身的特点，绿色债券投资周期一般较长，所以对于发行人来说，希望发行利率会更低。但是对于投资者而言，他们可能仍希望缩短投资时间并获得高回报率。因此，绿色债券投资者绿色意识的培养很有必要。

第四，绿色债券的利率没有太多优势。虽然有审批发行绿色债券的快速通道，但如果利率不降低，发行人的长期积极性可能不会持续下去。

---

① 华泰证券、中信证券、海通证券、招商证券、国信证券、申万宏源、国泰君安、广发证券、国金证券的 2017 年社会责任报告.

绿色资产证券化存在四个方面的问题，具体分析如下：

第一，体系设计不完善，政策法规不全面。从市场整体性来看，截至2018年6月1日，相关法律监管体系尚不明确，且缺乏一个大型的绿色金融法律体系；从政策实施角度来看，相关政策措施的针对性和可操作性在实践中不能满足需求，各方面政策也没有得到有效的跟进，影响了金融机构开展绿色金融业务的积极性；从信息披露角度来看，绿色金融信息披露平台依然不健全，部分环境评估对投资项目的有效性不足，影响包括绿色资产证券化的后续认证实施；从执行标准上看，绿色资产证券化各项标准仍不完善，参与主体的权责义务没有明确，影响实际结果，只有中国证监会发布了《关于绿色标准化将参照绿色债券相关要求进行推介的指示》，没有具体的立法或引入制度来规范绿色资产证券化。

第二，绿色资产证券化市场尚不完善，并缺乏认识。自中国绿色金融发展以来，金融业虽然先后推出了一些支持绿色发展的金融创新产品，但与国外领先企业相比，差距依然很大。而且，《巴黎协定》和《京都议定书》在我国的实际效果并不显著，市场也不是很大，因此绿色资产证券化在中国仍是一个新现象。同时，行业对绿色金融的理解几乎等同于绿色信贷，对绿色证券、绿色保险和碳金融产品等绿色金融产品的认识不甚明确。此外，绿色信贷覆盖的地区集中在供应链中下游地区，主要用于支持国家的节能减排政策，这导致绿色资产证券化基础资产匮乏，市场参与热情不高，绿色资产证券化市场发展有待提高。

第三，绿色资产证券化及满足条件的基础资产总体体量较小，可实施力度较弱。截至2016年底，相关证券公司共发行绿色资产证券化产品11项，总额120亿元；对于绿色证券资产化产品，兴业银行仅在市场上发行了两批绿色金融信贷资产证券，规模达61.4亿元，在资产证券化产品市场总额超过1万亿人民币的大背景下，此数额仍然很低。

第四，绿色资产证券化基础资产盈利能力不足，且盈利模式单一。绿色资产证券化产品及其基础资产具有一定的准公共产品特征，即可为整个社会带来有利影响。但是，这种效应不能反映在收入的货币化中，也就是外部性所在。如果没有足够的政策干预或有限的环境承载力将之转化为稀缺的环境资产（碳资产），绿色金融产品往往存在盈利能力不足的问题，并且与金融业的盈利能力存在潜在的冲突，这也是绿色金融产品快速发展的主要障碍。此外，由于污物排放总量和碳资产建设限制等政策的存在，中国一直没有强制性的碳减排等相关的管理措施。减排需求有限，碳市场发展还不成熟，碳金融产品尚未实现可持续的盈利能力,碳期货和碳期权等衍生品市场大多为空白,碳金融盈利模式十分单一。

(三) 各证券公司绿色金融案例

以绿色债券为主,绿色债券与绿色资产证券化从 2016 年开始在国内发行。从表 6.9 可以看出,在 2016—2018 年之间,证券公司的很多金融实践都属于国内首次,可见国内证券业的绿色金融实践尚处于起步阶段。

表 6.9 　　　　　　　　　　　　　各证券公司绿色金融案例

投行	案　　例①	类别
华泰证券	2016 年 1 月 27 日,协助浦发银行发行首单绿色金融债,也是境内首单绿色债券	绿色债券
	2017 年,华电集团人民币 50 亿元绿色公司债、大唐新能源人民币 20 亿元绿色公司债、龙源电力人民币 20 亿元绿色公司债及人民币 30 亿元绿色企业债等	
	2016 年 11 月 22 日,葛洲坝水电上网收费权绿色资产支持专项计划	绿色资产证券化
	2017 年,长江电力重大资产重组、皖能电力非公开发行、湖北能源非公开发行、开滦股份非公开发行、南京公用收购南京港华燃气、众泰汽车重大资产重组等项目	绿色环境咨询与财务顾问服务
中信证券	2017 年,协助北京银行、兰州银行、乐山商业银行、南京银行、长沙银行、昆仑银行、河北金融租赁公司发行了共计 18 只绿色金融债券,发行规模共计 471 亿元; 协助重庆龙湖企业拓展有限公司发行了共计 3 只绿色企业债券,发行规模共计 40.4 亿元	绿色债券

---

① 2010—2017 年华泰证券、中信证券、海通证券、招商证券的社会责任报告.

投行	案　　例	类别
海通证券	2016 年承销各类绿色债券 6 只，发行规模人民币 825 亿元。其中，承销的"16 浦发绿色金融债 01"为国内首只绿色金融债券，发行规模人民币 500 亿元；主承销的"16 京汽绿色债 01"为国内首只绿色企业债券，发行规模人民币 25 亿元	绿色债券
	2017 年，承销苏州协鑫新能源投资有限公司非公开发行的绿色公司债券，规模为 17.5 亿元，债券募集资金用于光伏电站等绿色项目。承做铜陵发展投资集团有限公司 2017 年绿色债券，规模达 12 亿元	
招商证券	2017 年 1 月 23 日，承销中国进出口银行 2017 年第一期绿色金融债券	绿色债券
	2016 年 1 月 25 日，协助兴业银行发行国内首单绿色金融资产支持证券，也是境内首单绿色资产证券化	绿色资产证券化
	2017 年 12 月 21 日，承销农盈 2017 年第一期绿色信贷资产支持证券	

二、绿色证券相关法律政策

中国绿色证券相关法律政策发布可分为两阶段：第一阶段在 2015 年之前，这一阶段主要由环保总局颁布系列相关法律政策，政策的实践性不强，其主要意义是为绿色环保证券的发行打下基础，对绿色证券后来的详见表 6.10；第二阶段为 2015 年及之后，这一阶段中国已经有真实意义上的债券，所以政策更加细化，偏向实践，法律政策的颁布部门变为发改委、中国人民银行等部门，为绿色证券的发展起了重要的推动意义，详见表 6.11。

表 6.10　　　　　　　　**2007—2014 年绿色证券相关政策汇总**

颁布部门	颁布时间	政策名称①
环保总局	2007.4	《环境信息公开办法(试行)》
环保总局	2007.8	《进一步规范重点污染行业生产经营公司申请上市或再融资环境保护核查工作的通知》
中国证券监督管理委员会	2008.1	《关于重污染行业生产经营公司 IPO 申报文件的通知》
环保总局	2008.2	《关于加强上市公司的环境保护监督管理工作的指导意见》
上海证券交易所	2008.5	《上海证券交易所上市公司环境信息披露指引》
环保部	2010.7	《关于进一步严格上市环保核查管理制度加强上市公司环保核查后督查工作的通知》
环保部	2011.4	《关于进一步规范监督管理严格开展上市公司环保核查工作的通知》
环保部	2012.3	《关于深入开展重点行业环保核查进一步强化工业污染防治工作的通知》
环保部	2012.10	《关于进一步优化调整上市环保核查制度的通知》
环保部	2014.10	《关于改革调整上市环保核查工作制度的通知》

---

①　中华人民共和国生态环境部．［检索时间：2018.6.1］．http：//www.zhb.gov.cn/gzfw_13107/zcfg/hjjzc/gjfbdjjzcx/lszqzc/.

表 6.11　　　　　　　　　2015 年之后绿色证券相关政策汇总

政策①	颁布部门	颁布时间	内容
《绿色债券发行指引》	国家发展改革委	2015.12.31	绿色债券官方定义、审核要求以及对其的鼓励政策
《关于构建绿色金融体系的指导意见》	中国人民银行、财政部、国家发展改革委、环境保护部、银监会、证监会、保监会	2016.8.31	该《意见》为构建绿色金融体系起了重要意义；大力发展绿色信贷；推动证券市场支持绿色投资；设立绿色发展基金，通过政府和社会资本合作(PPP)模式动员社会资本；发展绿色保险；完善环境权益交易市场、丰富融资工具；支持地方发展绿色金融；推动开展绿色金融国际合作；防范金融风险，强化组织落实9部分35条。
《非金融企业绿色债务融资工具业务指引》	中国银行间市场交易商协会	2017.3.22	明确了绿色债务融资工具的产品定义，指出绿色项目的界定与分类，参考中国金融学会绿色金融专业委员会编制的《绿色债券支持项目目录》(以下简称《目录》)。作为引导市场的重要文件，《指引》从发行端、投资端、第三方认证方等各方面提出了规范性要求，新增了配套表格体系等方面的操作细则，对包括发行企业、承销商、信用评级机构、律师事务所、会计师事务所及第三方评估认证机构在内的各主要参与机构各方，提出了在绿色债务融资工具方面更高的自律管理要求。

---

① 中国人民银行.［检索时间：2018.6.1］.http：//www.pbc.gov.cn/goutongjiaoliu/113456/113469/3131687/index.html.

中国国家发展和改革委员会.［检索时间：2018.6.1］.http：//www.ndrc.gov.cn/zcfb/zcfbtz/201601/t20160108_770871.html.

中国银行间市场交易商协会.［检索时间：2018.6.1］.http：//www.nafmii.org.cn/ggtz/gg/201703/t20170322_60431.html.

中国证券监督管理委员会.［检索时间：2018.6.1］.http：//www.csrc.gov.cn/pub/newsite/gszqjgb/gzdtgszj/201712/P020171225392695761548.pdf.

续表

政策	颁布部门	颁布时间	内容
《绿色债券评估认证行为指引(暂行)》	中国人民银行、证监会	2017.12.27	《指引》是我国第一份针对绿色债券评估认证工作的规范性文件,对机构资质、业务承接、业务实施、报告出具、监督管理等方面做了相应规定。

在 2015 年之前,总体的政策成效是上市公司在上市融资和再融资过程中,需要经由环保部门进行审核,主要分为三个方面:上市公司环保核查;上市公司环境信息披露;上市公司环境绩效评估。

在 2015 年之后,总体的政策成效为:确定了绿色债券的官方定义;确立了基本的绿色债券发行流程;确立了基本的绿色债券发行监管模式。

三、绿色债券现状

(一)国际绿色债券市场现状

截至 2018 年 4 月 30 日,全球绿色债券市场规模如图 6.5 所示,累计已发行绿色债券达到了 3900 亿美元,其中 2018 年已发行绿色债券为 385 亿美元,未到期绿色债券为 3640 亿美元。[1]

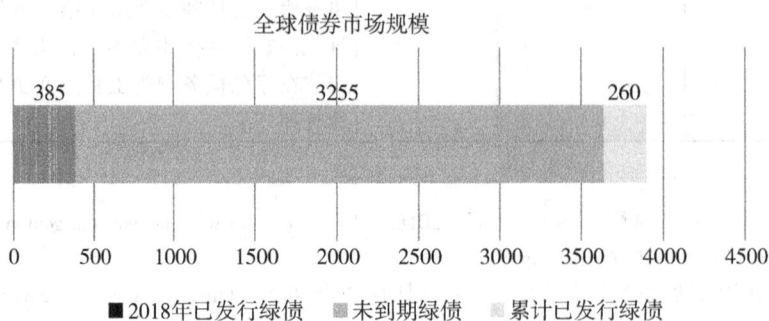

图 6.5 全球绿色债券市场规模

---

[1] CBI. [Retrieved on 2018.6.1]. https://cn.climatebonds.net/.

从 2017 年第一季度到 2018 年第一季度，全球范围绿色债券各季度发行量如图下图所示。从 2017 年至 2018 年 3 月，每个季度的债券发行量总体稳定，基本在 300—400 亿美元/季度。①

图 6.6 2017—2018 年各季度绿色债券发行量

截至 2017 年末，在气候相关债券市场中，人民币占有最大的发行量，其次是美元和欧元。截至 2017 年末，在气候相关债券市场上，能源主题债券占比最大（33%），其次为建筑（29%）。78% 的债券为投资级，大部分债券具有 10 年及以上的偿还期，且由政府支持。

（二）中国绿色债券市场状况

2015 年 7 月，新疆金风科技发行了首支企业绿色债券，这是在中国发行的首支真正意义上的绿色债券。2015 年 12 月，中国人民银行发布绿色债券指引。2016 年 1 月，继安永中国之后，商道融绿也成为中国境内的气候债券标准认可的核查机构。2016 年 3 月，"十三五"规划提出了建立绿色金融体系的要求。2016 年 4 月，中央国债登记结算有限公司及中国节能环保集团公司发布了中国绿色债券指数和中国绿色债券精选指数。2016 年 4 月，上海及深圳证券交易所建立绿色公司债券试点项目。

根据中国金融信息网绿色债券数据库发布的数据，截至 2017 年末，中国境内外累计发行绿色债券 184 只，发行总量达到 4799.1 亿元。气候债券倡议

---

① CBI. ［Retrieved on 2018.6.1］. https：//www. climatebonds. net/files/reports/cbi-green-bonds-highlights-2017. pdf.

组织(CBI)公布的数据显示，2018 年一季度，来自中国发行人的绿色债券发行总量增至 44 亿美元(等值 280 亿元人民币)，同比增长 50%。这意味着，截至到 2018 年 4 月末，我国绿色债券发行总量已经突破 5000 亿元。从 2016 年启动至 2018 年 4 月末，我国绿色债券市场规模增长很快，已成为绿色发展重要的金融支撑力量，但其发展仍处于起步阶段。

根据 2016 年气候债券倡议组织(CBI)的统计，未来 5 年(从 2016 年算起)内，中国绿色行业年投资需求的资金将在 2 万亿人民币以上，但中国的财政投入只能满足 10%—15%的绿色投资需求。截至 2018 年 6 月 1 日，中国绿色债券发行量总规模相比国外而言总体较小，还不足以支持绿色产业发展需要，融资规模仍有很大的发展潜力。

四、绿色债券的发行流程

国内绿色债券的发行主要可分为以下五步：

第一步，确定合格绿色项目和资产。气候债券标准提供了关于哪些资产或项目符合绿色资质的指导，其中绿色债券的关键属性在于其所筹资金是否用于绿色项目或资产，与该公司是否"绿色"无关——这只关乎有形资产或项目。在中国，可再生能源、可持续性水资源利用和低碳运输均属于绿色资产或项目。

第二步，进行独立审查。在中国，公司若想要发行绿债，可以利用气候债券倡议组织批准的审核者来进行独立审查，比如安永(EY)、Trucost、必维国际检验集团(Bureau Veritas)、DNV-GL、毕马威(KPMG)、商道融绿等，此外还可以寻找信誉良好的科学机构对绿色债券的资质进行审查。

第三步，追踪募集资金。对于资金信息的追踪，通常方法有绿色债券所投资金单独编码、配置专业绿色债券配置代码、发行人信息透明化。

第四步，发行绿色债券。发行绿色债券的步骤与传统债券相同，主要有三步：第一，如有需要，可以从监管部门获得发行许可；第二，通过与投资银行或者投资顾问的合作确定债券结构，必要时进行债券的信用评级；第三，进行市场营销，并对绿色债券进行定价。绿色债券的信用评级与其他债券的评级方法一样，发行人可以通过常规方法获得信用评级。

第五步，监督债券所筹资金的用途并作年度报告。通过公开报告，债券发行公司应至少每年确认一次绿色债券所筹资金仍然妥善用于绿色项目上，其中大部分的公司采用简报的形式披露。

五、绿色债券的发行监管模式

中国的绿色债券行业主要采用多头-分业监管模式，可以分为三个层次：政府监管、交易所监管和协会监管，见表 6.12。

表 6.12   **中国绿色债券的发行监管模式**

监管方式	监管部门
政府监管	中国人民银行、证监会、银监会
交易所监管	中国金融期货交易所、绿色债券发行、深圳证券交易所、上海证券交易所
协会监管	银行间交易商协会、期货业协会

(一) 政府监管

政府监管主要由中国人民银行、证监会和银监会负责。

中国人民银行主要负责以下两个方面的内容：

(1)针对绿色债券的市场准入、发行运作设定双边监管系统；

(2)设定专门的绿色债券评级机构，对绿色债券发行前的级别进行评定，确保绿色债券发行符合要求。

中国证券监督管理委员会(即证监会)主要负责以下三个方面的内容：

(1)监管证券交易所、股市和所有上市公司的证券发行，促进绿色债券的配额分配及发行流程的规范；

(2)监管交易机构、证券登记机构、证券结算机构、证券评级机构及从事证券发行的律师事务所的法律业务；

(3)协同国家外汇管理局监督境外投资配额，负责制定合格的境外机构投资者和人民币境外合格机构投资者项目的总体配额，监管哪些机构可以获得这些配额。

中国银行业监督管理委员会(以下简称"银监会")虽然不直接参与绿色债券的发行，但是往往通过对银行的监管而间接参与到绿色债券的发行中，比如2015 年银监会发布的《金融机构信贷资产证券化管理方案》就对绿色债券的发行起到了一定的指导作用。

(二)交易所监管

交易所监管主要由中国金融期货交易所、深圳证券交易所和上海证券交易所负责。在 2007 年、2009 年和 2013 年,中国金融期货交易所、深圳和上海证券交易所分别对债券的发行监管先后发布了《中国金融期货交易所违规违约处理办法》《深圳交易所纪律处分和监管措施办法(试行)》和《上海交易所纪律处分和监管措施实施办法》,对债券监管的程序做出了详细的规定。但截至 2017 年,以上三个交易所对绿色债券的重视度并不高,没有针对绿色债券的监管法规出台。

(三)协会监管

协会监管主要由银行间交易商协会和期货业协会负责,主要的监管重点在绿色债券发行前的信息披露和评级认定的发布。由于没有强制性的法律来实施,协会监管的效力是很弱的,对于绿色债券发行只起到一个协助作用。

六、绿色债券的发行监管问题

绿色债券业发行监管问题主要体现在如下几个方面:

(一)绿色债券发行监管依据的法律规范存在不足

我国关于绿色债券的理论探索始于 2013 年,指引性政策始出现于 2015 年。但是,截至 2018 年 6 月 1 日,专门法律或制度尚未完全形成。相关理论与政策则主要受国内经济转型压力、环境保护诉求、国际绿色债券发展拉动等多因素影响。虽然近年来我国政府工作报告数次强调"绿色"理念,并针对绿色债券市场发布了专门性公告和指引,但绿色债券整体的政策与制度建设仍落后于发达国家。

(二)绿色债券在投融资需求对接上还存在较为明显的"鸿沟"

从国际上看,在责任投资较为普及的市场,社会责任意识深入人心,企业普遍主动披露环境保护、社会责任等信息,以赢得投资者的青睐,降低企业财务成本。投资者采取购买绿色债券等责任投资方式,长期来看投资风险较低,投资回报更高,也可帮助其塑造良好的企业形象。

但在国内,绿色债券发展仍处于"政府积极推动、发行人相对主动、投资人需要拉动"的状态。相比于公司债券发行,绿色债券发行要增加环境信息披露、认证评估等额外成本，并且不带来明显的经济效益；同时公司债券发行审核效率已经很高，绿色债券在发行便利性上也未见明显的比较优势，造成发行人热情不高。而且国内投资者则尚未形成责任投资理念和文化，更关注经济效益等短期回报，对于履行社会责任带来的"绿色溢酬"的认识相比境外成熟市场投资者还有较大差距，国内投资者"不愿买"、"不敢买"情况还普遍存在。

(三) 绿色债券国际认可度不高

2016—2018 年，我国绿色债券发展迅速，种类逐渐丰富，且覆盖各个领域的不同产业，募集资金亦投向环境保护和气候减缓项目。但由于国际社会对绿色债券技术水平、行业和环境的要求较为严格，截至 2018 年 6 月 1 日，受国际认可的中国绿色债券仅有两类，即新能源企业与商业银行发行的绿色债券，最终导致很多地方政府用于降低能耗和环境保护的项目只能发行普通债券而非绿色债券。缺乏政府部门主导的绿色债券发行示范，不利于扩大绿色债券市场占比及降低绿色产业融资成本。

(四) 绿色债券评估标准尚不成熟

2016 年，中债资信发布了绿色债券评估认证方法体系，填补了我国绿色债券评估标准的空白。但我国绿色债券尚处于起步阶段，专门的绿色债券评估机构少，项目评估标准、信息披露范围不明确等问题普遍存在，阻碍了我国绿色债券的健康发展。随着绿色债券市场规模加速扩大，若不能及时制定出一套统一、可行的第三方评估标准和指引，最终将会损害我国绿色债券市场整体的公信力。

针对以上问题，我们提出的政策建议如下：

(一) 统一对绿色债券的界定和项目分类

截至 2018 年 6 月 1 日，在绿色金融债、绿色企业债、绿色公司债和非金融企业绿色融资工具方面，绿色债券项目界定的分类不一致、分类标准也不统一，造成绿色金融市场比较混乱。我们认为，监管部门和自律监管部门应该制定或选取权威性的绿色项目判定标准，统一界定绿色债券标准。

(二) 特殊管理募集资金

截至 2018 年 6 月 1 日，国内的绿色债券市场上"漂绿"和虚假绿色项目依旧都有存在，国家发改委并没有对募集资金的管理、使用以及后期资金流向有任何要求。因此我们认为，如果可以对绿色债券的资金特殊管理，建立独立的资金账户来记录并发布资金的流向，配合明确的激励手段，则可以使绿色债券实现完整意义的封闭式管理，降低绿色债券的风险。

(三) 绿色债券应有统一的信息披露标准

发行人应半年、至少每年通过时事通讯网站或向特定投资人发送财务报告等形式，将绿色债券募集资金的使用情况进行详尽披露。如果可能，发行人应将披露信息细化到具体项目投资细节和资金投入情况，并且在披露具体项目的预期环境效益时，采用量化的指标。

(四) 出台激励措施

2017 年及以前，中国的绿色债券发行面临政策不稳定、投资周期长等问题，绿色债券的融资成本居高不下。面对中国绿色产业化资金短缺的现状，我们认为政府可以对认购绿色债券的机构与投资者实行免税政策；对于发行绿色债券的企业，地方政府可以通过基金注资、担保补贴等方式实行帮助；在债券市场上，可以为绿色债券发行提供"绿色通道"，专业化、简洁化处理绿色债券的发行政策负担。

第三节　保　险　业

一、绿色保险定义

业界和学界对于"绿色"保险的定义并不统一。

业界认为"绿色保险又称环境责任险，是以被保险人因环境污染而应承担环境赔偿或治理责任为标的的责任保险"，并从参与模式将世界上的绿色保险分为三类：一是强制责任保险如美国和瑞士；二是自愿与强制相结合如法国；三是强制险结合财务担保如德国。

绿金委早期给出定义"绿色保险以环境污染责任险为主，针对环境危险度高的企业在污染事故后维护受害者权益的理赔制度，转嫁污染风险，仅针对突发意外事件而不保护恶意污染行为"。对应三份指导文件分别是2007 年《关于环境污染责任保险工作的意见》、2013 年《关于开展环境污染强制责任保险试点工作的指导意见》和 2016 年《关于构建绿色金融体系的指导意见》。

从广义和狭义来区分，学界认为"狭义绿色保险指环境责任险，以企业污染对第三方损害对应的依法责任为保险标的的保险。广义绿色保险针对'绿色化'产品服务提供"。① 更广义的定义有"绿色保险为具有绿色性质的活动或商品提供，旨在降低资产风险、弥补财产损失、促进绿色经济稳定发展"，其业务可以分为财产保险(如绿色环保车附加条款)、意外污染责任险(如意外污染条款)、保险投资与绿化管理(在社会责任书中披露信息)。②

国外保险企业如 Marsh 进一步区分了环境保险(environmental insurance)和绿色保险(green insurance)，其中环境保险针对突发与意外环境污染，绿色保险为促进绿色的产品和技术提供保险，如清洁技术、减排技术。③

总结业界和学界的多种定义，给出"绿色保险"的定义如下：绿色保险以环境责任险为开端，同时为具有绿色环保性质的产品、技术和服务提供风险保障，旨在降低资产风险、促进绿色经济发展。

二、绿色保险产品

(一)环境责任保险

根据表 6.13 可知，由于不同企业提供多种不同产品，因此产品内容可能会有交叉，但环境责任保险相关业务除了环境保护相关的清理、支出与验收之外，还包含对污染企业的法律防护、业务中断补偿等内容，同时针对企业的履约不能提供单独的合同损坏保险，险种十分丰富。

----

① 毕茗乔(2014). 我国环境责任保险研究，硕士学位论文. 黑龙江：黑龙江大学. 孙亚(2011). 浅论我国环境污染责任保险法律环境的完善，硕士学位论文. 天津：南开大学.

② 陶卫东(2009). 论中国环境责任保险制度的构建，博士学位论文. 山东：中国海洋大学. 魏成成(2016). 美国环境责任保险制度及其对我国的启示，硕士学位论文. 山东：山东师范大学. 王妍娥(2012). 我国环境责任保险制度的构建分析，博士学位论文. 山东：山东大学.

③ 来源于 2007 年 9 月 27 日威达信 Environmental Insurance Products UNEP Finance Initiative.

表 6.13 环境责任险类型和风险分析

保险类型	保 障 风 险[①]
固定地点 （Fixed-site）	1. 发现需要清理的未知的污染物 2. 现场清理或出售后发现未知污染 3. 清理完一个地方后，政府需要额外清理 4. 被保险地点由于污染状况造成的第三方人身伤害和财产损失索赔 5. 非自有处置场所的污染 6. 废物和/或产品的运输导致的污染事件 7. 保护索赔
环境验收 （Environmental Wrap-up）	1. 由于顾问造成设计不良而导致清理项目失败疏忽 2. 由于清理承包商的工作，污染状况恶化
清理成本上限 （Stop Loss）	1. 不履行相关的补救措施带来的成本超支 2. 清理开始后发现其他污染
环境责任保险 （Lender's Environmental Liability Coverage）	1. 如果出现污染情况并且借款人违约，则保险公司将支付贷款的未偿还余额或清理财产的成本(以较少者为准) 2. 保险人将支付由政府机构对被保险人(银行)执行所需的清理费用 3. 保险人将支付由第三方提供的有关该担保财产或源自该污染条件的损失所引起的损失。此类索赔包括清理、人身伤害或财产损失 4. 保险人将为索赔辩护付款

---

① UN Environmental Programme official website. ［Retrieved on 2018. 6. 1］. http：//unepinquiry. org/wpcontent/uploads/2015/04/ECGFS_ Detailed _ Recommendation _ 12 _ Compulsory _ Green _ Insurance. pdf, https：//www. upet. ro/annals/economics/pdf/2012/part2/Achim-2. pdf source：https：//www. casact. org/pubs/forum/14wforum/Zona_Roll_Law. pdf.

保险类型	保 障 风 险
有限或混合风险保险 （Finite or Blended-Risk Insurance）	旨在解决多种风险，如融合风险融资和风险转移
合同损坏 （Contract Damages）	1. 在污染损害被保险人没有履行合同的能力的情况下提供赔偿 2. 涵盖污染使得被保险人停止运营的情况，同时解决污染问题并可能破坏与客户的合同 3. 涵盖被保险人拥有的财产存在污染并导致承租人承受损失的情况。保险赔偿为被保险人对这种违约承担赔偿责任
环境清理成本 （Environmental Clean-up Costs）	1. 政策支付被保险人为解决其污染问题而必须承担的费用，并遵守为保护人类健康和环境而制定的政府标准 2. 支付的费用包括现场调查费用以及废物的清除、处理或处置
法律防护费用 （Legal Defense Expense）	1. 被保险人为维护或解决责任而产生的法律费用 2. 支付以抵御由联邦或州法院提起的诉讼带来的州监管机构和私营第三方的法律费用
业务中断 （Business Interruption）	1. 受保人由于污染而遭受的内部费用 2. 内部成本，包括收入损失，继续支付工资和其他日常业务费用，以及恢复期间业务的临时搬迁费用
补救成本超支 （Remediation Cost Overruns）	1. 超出预算的清理费用，包括补救费用 2. 要求被保险人承担预算项目成本的一定比例。保险公司只在项目成本超过估计成本时履行责任，同时加上商定的缓冲费

(二)其他绿色保险

除环境责任保险之外的绿色保险相关产品总结如表 6.14 所示。

表 6.14　　　　　　　　　除环境保险之外的绿色保险产品

保险类型	保障风险
可再生能源项目保险	覆盖了可再生能源行业(如太阳能,风能等)的公司的管理风险,防范诉讼和保护资产,涵盖从设计到项目
可再生能源财产、设备和使用损失的保险	为了跟上可再生能源领域快速的技术变革,为具有更高效等价物的设备提供重置成本覆盖
绿色建筑保险	通过评估新结构的设计和规格,并建议确保高质量施工和特殊损失预防的方法,为客户提供可持续建设帮助。类似于个人行业的绿色财产政策,这些产品还涵盖了绿色材料和建筑承保损失风险
节能保险	为节能保证提供支持的能源服务公司提供
碳捕集与储存/减排项目保险	为参与捕获和存储二氧化碳和其他温室气体的组织提供
全球天气保险	被保险人受到不可预测的天气条件和气候的影响
碳交易的政治风险保险	政府干预、禁运、取消许可证,战争和政治风险可能会中断生产、认证和交付碳信用额
董事和高级职员保险	针对被认为是造成气候变化的公司的诉讼日益增多的情况,一些保险公司提供可选全球变暖诉讼保护的董事和官员的保险
职业责任保险评估员和家庭能源调查专业人员保险	为许多提供节能服务的专业人士为了保护自己免受因业务运营而可能发生的事故和潜在诉讼提供,某些合格的评估人员和家庭能源调查专业人员将获得专业责任,一般责任和财产保险

续表

保险类型	保 障 风 险
建筑师和工程师职业责任保险折扣建筑调试保险	一些保险公司认为，能源效率等可持续实践与低风险概况之间存在相关性。建筑调试是验证所有子系统(电气，管道，暖通空调等)正在有效、高效并按设计工作的过程。这不仅对环境有益，而且还减少了专业责任索赔的可能性。因此，作为施工过程一部分的建筑师和工程公司将实施建筑调试，并获得保险费信用额度
可持续建筑绿色升级保险	需要涵盖 ISO 绿色升级认可、绿色建筑覆盖范围认可、延期完成覆盖部分、覆盖物业认可、设备故障保护范围、商业收入覆盖面、产权保护等多个方面

提供风险保障的险种(包括为具有绿色环保性质的产品、技术和服务)十分多样化，覆盖新能源相关的开发、利用以及设备维护与更换、建筑绿色升级、气候变化应对以及为从事相关业务的人员提供保险，如为高级管理人员提供应对潜在诉讼的法律保障、为评估员或调查人员提供的一般责任和财产保险等。

三、保险费率计算

保险费率计算的通用公式如下式所示。

总保费＝(主动保费＋附加保费)＊费率调整系数＊续保调整系数＊浮动系数

其中调整系数根据不同地区、不同国家政策而异，需要考虑不同行业的行业调整系数、不同规模的规模调整系数、不同地区的地区调整系数、不同环境敏感程度和不同企业风险承担能力的调整系数。

四、绿色保险的作用与问题：以中国为例

(一)作用

绿色保险可以有效保障污染受害者的利益，避免因环境污染等行为造成的巨额损失。其主要是通过共享责任、风险项目预防以及污染损害赔偿等对环境污染受害者进行保护，具体如表 6.15 所示。

表 6.15　　　　　　　　　　　　　绿色保险的作用

作　　用	具体解释
共享环境污染损害赔偿责任,维护市场主体的平稳运行	发生环境污染事件时,保险赔偿机制可以避免巨额赔款的重大影响,使公司能够尽早恢复业务
防止污染项目过度投资或误导投资,加强环境污染风险的事前和临时管理,提高企业防范和规避环境污染事件的能力	保险公司通过积极的干预和过程控制来监督企业对环境标准的遵守情况,以尽量减少可能性环境污染事件
对环境污染损害提供经济赔偿,确保污染受害者及时获得赔偿	保险公司赔偿受害者,并支持妥善解决污染事件,减少环境事件引发的纠纷和抗议活动

其中绿色保险引导进行合理投资的功能发挥着重要的作用,而在"项目盲目跟风"的新能源领域中,绿色保险通过金融手段来合理引导项目投资建设,发挥着更加重要的作用。

(二)存在的问题

由于我国绿色保险起步较晚,绿色保险业存在一些值得注意的问题。表6.16 总结出绿色保险的问题。

表 6.16　　　　　　　　　　　　绿色保险存在的问题

问题	具 体 解 释
环境污染责任保险的实施缺乏有力的法律支持	2014 年新修订的《中华人民共和国环境保护法》第 52 条规定:"国家鼓励参与环境污染责任保险",但仅局限于口头鼓励层面
执法不力导致环境污染违法成本低,企业参与环境污染责任保险的意愿减弱	经济增长压力下,一些地方政府放松环境保护工作,未能追究造成环境污染的相关人员。由于环境污染事件的民事赔偿责任微不足道,环境污染责任保险的有效需求不足

续表

问 题	具 体 解 释
环境污染损害赔偿标准不明确和不一致，影响了环境污染保险的制度设计和产品研发	在没有参考标准的情况下，保险公司难以进行事故调查，损失评估和责任认定
环境污染责任保险配套政策不健全，缺乏有效的激励机制	从实施地方试点方案来看，环境污染的惩罚机制不完善，污染者只能受到行政处罚；绿色保险体系的实施刚走出文件转发的水平
环境污染责任保险领域存在着道德风险和逆向选择	由于受保公司数量有限，保险范围有限，保险公司无法发展足够数量的客户进行有效的风险分散，导致保险作用不强。例如53家国内财险公司仅12家提供环责险（CN. 2016）

第七章

国外绿色金融的实践

本章将从绿色金融的五个产品：绿色信贷、绿色债券、绿色投资、绿色基金和绿色保险的角度分别对国外主要的国家或地区的绿色金融的实践情况进行概括性的描述，并且针对比较重要的经济体，如美国、英国、日本、韩国等国家的具体情况进行分析。

第一节　绿　色　信　贷

本节将从以下五个方面对国外绿色信贷的实践情况进行介绍：第一，国外金融机构参与绿色信贷的原则；第二，国外金融机构参与赤道原则的情况；第三，对于国外金融机构的绿色信贷实践，总结其一般性框架模式，并且与传统信贷模式进行对比；第四，分析以英国巴克莱银行、汇丰银行、美国纽约绿色银行为代表的实际案例；第五，针对前面章节没有提到的国外非政府组织在绿色信贷方面的实践情况进行补充。

一、绿色信贷的原则

绿色信贷在信贷发放过程中会综合考虑项目或企业对环境造成的影响，这一点与传统信贷不同。截至 2018 年 6 月 1 日，国外金融机构在进行绿色信贷的实践过程中往往会遵循两个准则。

第一个是作为一种共识存在的国际标准——赤道原则。遵循这项原则的金融机构不仅会进行绿色信贷的发放，还会依据 EPFI（Equator Principles Financial Institution）进行相关的信息披露。相比于不遵循赤道原则的金融机构，遵循赤道原则的金融机构的特点是更加关注绿色信贷的信息披露，同时各家金融机构之间的信息可比性也更高。

第二个是各个金融机构针对自己企业发展战略制定的相应的社会责任治理战略，即所熟知的 ESG（Environment，Society and Governance）。这是根据企业自身的发展战略进行的绿色信贷实践，如没有加入赤道原则的新加坡星展银行等机构。但是这种报告由于各家机构的侧重点各有不同，因此可比性相对较差。本章节将重点介绍加入赤道原则的金融机构，以及它们的绿色信贷实践情况。

二、国外金融机构参与赤道原则的情况

根据赤道原则的官方网站，① 截至 2018 年 6 月 1 日，共有来自 37 个国家的 93 个金融机构加入了赤道原则。从地区分布来看，如表 7.1 所示：

表 7.1　　　　　　加入赤道原则金融机构的地区分布

地　　区	数　　量
欧洲	39
北美	14
亚洲	12
拉丁美洲	10
非洲	9
大洋洲	5
中东	3

可以看到，第一名是欧洲地区，有 39 家赤道银行，第二名是北美洲，共计 14 家。如果从每个国家所拥有的数量来看，如表 7.2 所示。

表 7.2　　　　　　加入赤道原则金融机构的国家分布

国　　家	数　　量
加拿大	7
英国(苏格兰 1 家)	7
西班牙	7
荷兰	6
澳大利亚	5
巴西	5

---

① Equator-principles. [Retrieved on 2018.6.1]. https：//equator-principles.com/tag/epfi/.

续表

国　　家	数　　量
中国大陆及台湾地区	5
日本	5
美国	5
法国	4
瑞典	4

从中可以看到，加入赤道原则的金融机构最多的是加拿大、英国和西班牙，前十名的国家主要集中在欧洲和北美。总体比较来看，中国的参与情况相对比较理想，共有五家银行加入赤道原则。

根据赤道原则对绿色信贷的种类的区分，总共可以分为四类。第一类是针对绿色项目的直接贷款；第二类是针对绿色项目相关公司的直接贷款；第三类是针对绿色项目的财务咨询服务；第四类是针对项目或企业的短期流动性贷款（Bridge Loan）。

基于这种分类方法，我们发现对于这四类中的业务选择，不同所有权的机构（国家所有和私人部门所有）进行业务选择的情况存在差异。澳大利亚出口资金投资公司、英国绿色投资银行（被收购前）、挪威出口信贷公司这些作为政府参与的、通过金融机构运作而进入信贷市场的公司，其贷款是针对项目的直接贷款，不参与项目关联方企业贷款。但是并不是所有政府有参与的金融机构都是这种情况，如德国复兴信贷银行，也会有针对项目关联企业的贷款，只是数量明显低于其项目直接贷款。总体来看，政府有参与的金融机构较为偏好项目直接融资，其他的私人资本控股的金融机构则没有这些限制。

三、国外金融机构绿色信贷评估流程的一般性框架

（一）绿色信贷与传统信贷流程差异

在对巴克莱银行、花旗银行和瑞穗银行的信贷流程进行对比后，我们对传统的绿色信贷评估流程进行了一个总结。

如图 7.1 所示，传统的贷款流程在确定贷款目标（项目或企业）后，会对该目标进行信贷分析和信贷发放，同时还会有对于后续情况复核和反馈。而相较于传统的贷款方式，绿色信贷（如图 7.2 所示）加入了关于环境风险的评估

147

过程。

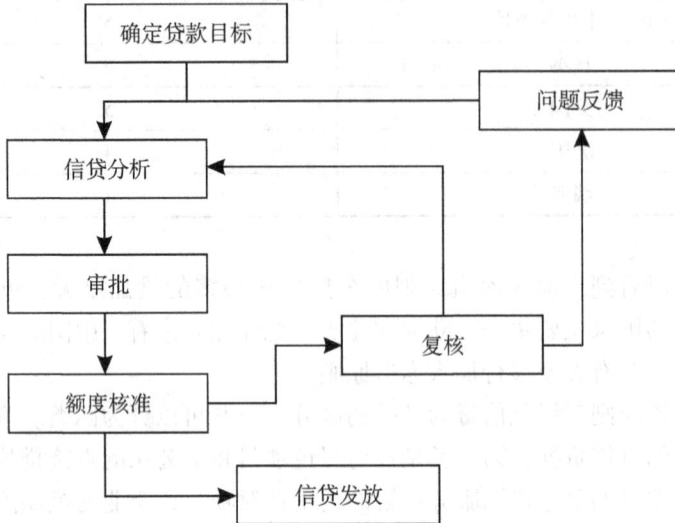

图 7.1 传统信贷的评估流程

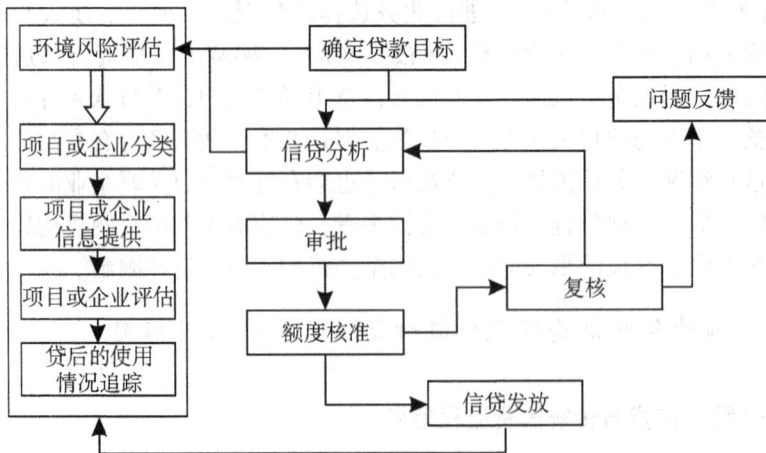

图 7.2 绿色信贷的评估流程

在确定贷款目标和信贷发放的流程中，绿色信贷着重考虑其项目经营过程中对环境产生的不利影响，并且将其作为一个最为重要的信贷发放的参考因素。

(二)绿色信贷中的环境风险评估细节

对花旗银行、巴克莱银行、瑞穗银行等各家金融机构的信息披露进行对比,我们发现国外各金融机构在进行绿色信贷环境风险评估的时候都会在原有的风险控制委员会或者风险办公室中专门增加 ESG 评估的专门委员会。这个评估的过程,可以总结如下:

从图7.3 可以看到,整个的环境风险评估过程会首先要求机构的行业部门对客户的信息进行收集,并且通过信贷部门进行专门评估,最后整体提交给机构风险评估部门或者风险办公室专门设置的风险委员会进行评估确定。

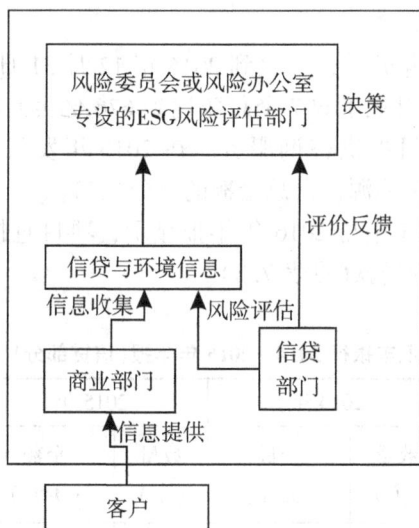

图 7.3 增加 ESG 以对绿色信贷的环境风险的评估流程

四、国外绿色信贷实践的具体案例

(一)英国绿色信贷实践

1. 巴克莱银行

(1)概况

巴克莱银行于2003 年6 月4 日加入赤道原则,其2016 年的财务咨询和项目放贷中,有1 个能源行业财务咨询项目,2 个位于类型 B 的能源行业的项目贷款和 1 个位于类型 C 的采矿行业的项目贷款。从中可以看出，巴克莱绿色信贷的主要方向集中于能源行业，贴近自身的战略政策。

（2）巴克莱银行绿色信贷的评估流程

根据巴克莱银行 2017 年年报中的环境社会责任监测报告，巴克莱银行在实行贷款时采用了一套环境和社会风险监测体系。巴克莱银行通过该体系来联系起整个企业内部的主要经理、信用团队、环境风险管理团队和他们的业务级信用管理委员会，以充分落实其环境社会风险管理和赤道原则在其绿色信贷中的实践。该体系是作为其绿色信贷的核心内容被执行。巴克莱银行在进行长短期贷款和放贷以及项目财务咨询的时候都采用这一体系。

2. 汇丰银行

（1）概况

汇丰银行自 2003 年开始，一直到 2016 年 12 月 31 日（由于其绿色信贷的披露报告存在延迟）共开展了 697 个总额达到 676 亿美元的绿色信贷项目，同时针对 200 项绿色项目提供咨询服务。在 2016 年发放的所有绿色贷款中，5.26 亿美元用于可再生能源，占总金额的三分之二。

根据汇丰银行 2015 年与 2016 年年报显示，项目直接贷款的金额占比最高，尤其是关联企业的贷款（见表 7.3）。

表 7.3　　　　　　　汇丰银行 2014—2016 年年报（信贷部分）

	2014 年		2015 年		2016 年	
	数量（个）	金额（美元）	数量（个）	金额（美元）	数量（个）	金额（美元）
项目直接贷款	16	26.46 亿	19	37.44 亿	16	15.06 亿
项目关联企业贷款	13	12.03 亿	11	11.86 亿	7	9.39 亿
短期流动性贷款	5	5.65 亿	2	2.77 亿	1	0.6 亿
项目财务咨询	10	0	16	0	3	0

（2）汇丰银行可持续风险评估政策

汇丰银行的可持续风险评估的政策主要关注对人和环境是否会产生重大影响，其信息来源于四个方面：客户、相关行业的专家、股东以及非政府组织。

汇丰银行最早于 2004 年 5 月第一次制定了在农业产品相关行业方面的可持续风险评估政策文件，随后陆续发布了关于森林资源、化工产品、净水设施、能源、矿产等领域的政策文件(如表 7.4)。

表 7.4　　　　汇丰银行可持续风险评估政策文件发布和更新时间

行业	发布时间	更新时间
农业产品	2004 年 5 月	2014 年 3 月
化工产品	2005 年 8 月	2012 年 12 月
能源	2006 年 6 月	2011 年 1 月
森林资源	2004 年 5 月	无更新
净水设施	2005 年 5 月	无更新
矿产	2007 年 5 月	无更新

汇丰银行的可持续风险评估从两个角度出发,第一个是针对商业活动的可持续风险评估,遵循赤道原则和其企业自身根据不同行业所制定的风险控制原则;第二是对相关客户的评估,来评估客户的经营过程是否符合环境风险控制的原则。其中,针对是否符合原则,汇丰银行将其分为三个层次,第一是与原则完全一致;第二是与原则部分一致,这个时候会对与其不一致的部分进行预估调查,在确保未来不会发生不可接受的影响的情况下才会进行贷款发放;第三则是在与原则完全不一致的情况下,直接不予以批准。

以能源行业为例来看整个绿色信贷风险评估的具体细节。首先,评估会分成三个方面的关注点:社会、环境以及气候变化。社会方面是关于工人工作环境以及对当地居民生活的影响情况。环境方面首先是考虑潜在的污染或泄露对动植物栖息地的影响,对于诸如水利发电的大坝,还会重点关注其对于土地、森林植被和鱼类迁徙所产生的问题,再次是能源开采过程中所产生的运输管线如石油或天然气管线在经过生态环境脆弱地时产生的影响。气候变化方面的主要评估是诸如化石燃料的燃烧和生产过程中的温室气体的排放对气候产生的影响。

(二)美国绿色信贷实践

美国的绿色银行在实践上与前述的商业银行有所不同的是,其投资方式更加多元化,绿色信贷占比相对较小。具体的情况将在第三节绿色投资方面详细阐述。比较有项目特色的银行是纽约绿色银行。

纽约绿色银行是时任州长安德鲁·库莫的"能源改革展望"提议中的一部

分，也是美国最大的绿色银行，其主要资本是已有税收的盈余部分以及颁发温室气体排放许可的收费，同时也被许诺了在 5 年内总共 10 亿美元的注资计划。纽约绿色银行并不会直接投资某个项目，而更像是一个资金的借出方。与康涅狄格绿色银行"零售商"的角色不同，它更像是一个"批发商"，支持各种其他绿色银行或金融机构对绿色能源项目的注资。截至 2018 年 6 月 1 日，纽约绿色银行的杠杆率达到了 3 : 1，即通过 1 份自有资金，吸纳 3 份私人资金的注资。

五、国外非政府组织在绿色信贷方面的参与

国外非政府组织在参与绿色信贷方面，主要可以分为以下三个方面：第一，通过对主要环境或金融体系的政策研究，为金融机构制定政策（尤其是绿色或可持续风险评估政策）提供建议。第二，通过和金融机构的合作，来促进绿色项目的发展，引导公众参与绿色项目。第三，通过搭建相关企业和金融机构的对话平台，促进融资合作，推动技术市场化。

截至 2018 年 6 月 1 日，国外在绿色信贷的参与过程中比较具有借鉴价值的案例有：

英国前首相布莱尔于 2004 年首倡的气候组织于汇丰银行创立了汇丰与气候伙伴同行项目。气候组织通过此项目的支持，在香港、伦敦、孟买、纽约和上海开展工作，致力于鼓励低碳消费，支持重大减排行动。这对于形成绿色观念，也就是最后一章中会提到的绿色化和去绿色化紧密相关。它通过对消费者潜移默化的影响，促进绿色消费等行为。

总部位于华盛顿，成立于 1982 年的世界资源研究所（WRI）在其工作主题中，专门列出了关于金融领域的话题。其以数据驱动为导向，通过对可持续融资政策和最佳实践模式的探索，给国际投资者提供数据分析以及研究报告。WRI 在 2011 年还参与了 IFC 绿色信贷标准的制定。

第二节　绿色债券

一、国外绿色债券发行情况

（一）情况综述

绿色债券，指的是为对绿色项目进行投资所募集资金的债权债务凭证。区别于其他的债券的特征就是其资金用途必须是用来推动绿色发展。根据 GFC

（Green Finance Certificate）的分类，绿色债券可以分为两大类，第一大类是被发行方标定为"绿色"，主要是将资金用于支持绿色资产和绿色项目的债券。第二大类是被发行主体用于支持低碳经济而没有被标记为"绿色"的债券。这里的绿色债券区别于之前的碳债券。碳债券主要关注项目的碳排放量问题，而绿色债券所推动的项目所涉及的范围更加广泛，包括温室气体排放、水污染、土壤污染、生态环境影响等。其关注的领域包括交通运输、能源、交叉领域（multi-sector）建筑及制造业、水资源、农业与森林资源、废弃物及污染源等七个方面。截至 2017 年 9 月，全球总计发行了 8950 亿美元的气候债券，其中标记为绿色债券的占 2210 亿美元（累计到 2017 年 9 月的规模），相较于 2016 年514 亿美元已经有非常显著的提升。

截至 2018 年 4 月 30 日，根据 CBI 已发行的数据来看，美国共计发行 817亿美元的气候债券，位列第一；中国共计发行 474 亿美元的气候债券，位列第二；法国共计发行 432 亿美元，位列第三。超过 100 亿美元的国家如表 7.5所示：

表7.5　　　　　　　　　　**各国绿色债券的发行总额**

国　　家	发行总额（单位：美元）
美国	817
中国	474
法国	432
德国	259
荷兰	146
瑞典	125
西班牙	102

（二）国家主体的发行情况（Sovereign）

2016 年 12 月，波兰是首个以国家为主体来发行绿色债券的欧洲国家，规模达到 7 亿 5 千万欧元，2017 年 1 月，法国发行了 70 亿欧元的债券，这是截至 2018 年 6 月 1 日单个国家发行的最大的单笔绿色债券。总体上，发达国家发行的绿色债券比发展中国家发行的绿色债券多。

（三）非国家主体的发行情况（Sub-Sovereign）（主要是指地方政府以及政府支持的机构①

表7.6　　　　　　　　　各国非国家主体绿色债券的发行规模　　（单位：十亿美元）

	美国	瑞典	丹麦	法国	其他发达国家	墨西哥	印度	中国	其他发展中国家	合计
2017	10.6	2.2	2.0	1.1	7.8	4.0	2.0	1.2	0.6	31.5
2016	6.7	2.2		0.1	3.0	2.1		2.0	0.1	16.2
2015	3.7	0.8		0.9	2.5					7.9

从整体规模来看，在非国家主体中，在美国的非国家主体新发行债券数额最多。同时从发行的趋势来看，债券发行数额从2015—2016年出现显著增长，并且增长持续到了2017年。

二、国外绿色债券发行的一般流程

与传统的债券发行模式相比，绿色债券发行模式增加了对债券所涉及的融资项目的环境因素的考虑。对比英国巴克莱银行、英国汇丰银行、日本瑞穗银行、美国花旗银行等大型金融机构的发行流程，我们总结出以下四个步骤：

首先，确定用途。对于债券募集资金所投入项目进行归类，类别主要包括可再生能源、节能建筑、清洁交通、废物管理、水资源管理、土地的可持续使用等领域。

其次，项目评估。这个过程中包括融资方对资金使用的承诺、项目经理对资金用途的概预算、发行机构进行ESG风险评估、发行机构（通常会设置专门的绿色债券委员会）进行最后确认。

再次，进行资金用途的持续跟踪。银行机构会采用内部贷款管理系统进行资金监控，非金融机构引入第三方审计机构进行信息公允性的审计和披露（对于环境审计中所面临的第三方机构合谋欺诈将在附录中环境审计的相关问题探讨中详细说明）。

---

① 气候债券倡议组织网站数据库．[检索时间：2018.6.1]．https：//www.climatebonds.net/．

最后，数据披露。发行者要持续的根据自身的项目发展情况，进行信息定期披露，主要披露信息应当包括发行方、日期、货币种类、用途以及发行评估建议等方面的问题。

三、国外绿色债券发行的交易所参与

国外最早开设绿色债券交易的交易所是挪威奥斯陆证券交易所。从 2015 年 1 月到 2018 年 6 月 1 日，国外共计有十个证券交易所开辟了专门用于绿色债券交易的版块，其中七家来自欧洲。①

表 7.7 **国外开辟绿色债券版块的十个证券交易所(截至 2018 年 6 月 1 日)**

交易所名称	债券类型	开始日期
奥斯陆证券交易所	绿色债券	2015 年 1 月
斯德哥尔摩证券交易所	可持续债券	2015 年 6 月
伦敦证券交易所	绿色债券	2015 年 7 月
卢森堡证券交易所	绿色债券	2016 年 9 月
米兰证券交易所	绿色债券和社会债券	2017 年 3 月
瑞士证券交易所	绿色债券	2018 年 3 月
维也纳证券交易所	绿色债券和社会债券	2018 年 3 月
约翰内斯堡证券交易所	绿色债券	2016 年 8 月
日本证券交易集团	绿色债券和社会债券	2018 年 1 月
墨西哥证券交易所	绿色债券	2016 年 8 月

四、最大绿色债券市场——欧洲

(一)概况

欧洲地区在绿色债券发行上一直处于较为领先的地位。法国于 2017 年发行的主权绿色债券是截至 2018 年 6 月 1 日单笔发行最大的绿色债券。欧洲地

---

① 气候债券倡议组织网站数据库．[检索时间：2018.6.1]．https：//www. climate-bonds. net/.

区自 2007 年到 2017 年 12 月 31 日，总共有 144 个发行者，其发行金额总计 1220 亿欧元，是最大的地区性绿色债券市场。2017 年欧洲地区共有 80 个单位共计发行 520 亿欧元的绿色债券，其中 48 个是第一次发行，包括主权级债券、非主权级债券以及企业级债券。欧洲的各国，在绿色债券的发行上始终是走在最前面。表 7.8 展示了不同发行主体最先发行债券的时间及类型。

表 7.8　　　　　欧洲不同发行主体最先发行债券的时间及类型

	机构或国家	年份
绿色债券发行者	欧洲投资银行	2007
公共部门发行者	挪威 KBN(地方政府资助机构)	2010
地方政府	法国法兰西岛	2012
城市	瑞典哥森堡市	2013
企业	瑞典 Vasakronan	2013
认证气候债券	Belectric Solar(德国太阳能企业)，英国发行	2014
资产担保绿色债券	BerlinHyp(德国银行)	2015
主权发行者	波兰	2016

(二)发行情况

对于欧洲总体的绿色债券发行情况，对其发行数量和投资领域整理如表 7.9：

表 7.9　　　　　　欧洲各主体绿色债券发行情况和领域分布

	起始日期(至 2018 年 3 月 31 日)	总金额(单位：欧元)	发行者数量	交易数量	2017 发行总金额(单位：十亿欧元)	最主要的发行领域分布(比例最高)
法国	2012	378 亿	25	146	20.4	能源 35%
德国	2013	226 亿	12	41	8.4	能源 80.6%
荷兰	2014	130 亿	8	25	3.5	能源 49%
丹麦	2015	23 亿	4	4	1.75	能源 54.3%

续表

	起始日期（至 2018 年 3 月 31 日）	总金额（单位：欧元）	发行者数量	交易数量	2017 发行总金额（单位：十亿欧元）	最主要的发行领域分布（比例最高）
瑞典	2013	109 亿	38	112	4.3	水资源和能源
西班牙	2014	98 亿	6	18	5.2	能源 94%（仅有能源与交通）
意大利	2014	51 亿	9	12	2.9	能源 70%
波兰	2016	7.5 亿	1	1	1	能源，清洁交通和土地资源使用
英国	2014	33 亿	9	11	1.9	能源 22%+交通 20%

　　其中，从 2017 年各国在绿色债券发行的数量与国家分布上来看，发行绿色债券最主要的还是西欧的国家。但是值得注意的是，中东欧国家如波兰、立陶宛等国在 2017 年也开始发行绿色债券。

表 7.10　　　　**2017 年欧洲各国绿色债券发行的数量与国家分布**

国家	数量	金额（单位：欧元）
西欧国家		
法国	6	118.23 亿
意大利	5	41.76 亿
德国	5	25.30 亿
英国	4	18.76 亿
西班牙	3	16.20 亿
瑞士	3	7.66 亿
奥地利	1	3 亿
小计	27	230.91 亿

续表

国家	数量	金额（单位：欧元）
北欧国家		
瑞典	10	25.06 亿
挪威	4	2.59 亿
丹麦	2	17.5 亿
芬兰	1	1 亿
小计	17	46.15 亿
中东欧国家		
立陶宛	1	3 亿
波兰	1	1.37 亿
拉脱维亚	1	0.2 亿
斯洛文尼亚	1	0.14 亿
小计	4	4.71 亿
合计	48	281.77 亿

欧洲各国在发行绿色债券上，普遍偏好的投资领域为能源领域，其次是清洁交通和建筑方面的投资。这与之前提到的整个新增发行的行业趋势紧密相关。欧洲地区尤其是法国在绿色债券发行上的数量最多。2017 年 1 月 1 日至 2018 年 3 月 31 日，法国新发行的绿色债券如表 7.11 所示，新发行债券主要集中在建筑交通领域。

表 7.11　法国新发行的绿色债券情况（2017 年 1 月 1 日至 2018 年 3 月 31 日）

发行者	发行机构属性	金额（单位：欧元）	用途
CDC（法国在加拿大运营的一家银行）	政府支持企业	5 亿	建筑
Icade（不动产投资公司）	非金融机构	6 亿	建筑
Ivanhoé Cambridge and Natixis Assurances（加拿大房地产投资及法国保险公司）	贷款机构	4.8 亿	建筑

续表

发行者	发行机构属性	金额(单位：欧元)	用途
Quadran(能源公司)	非金融机构	0.46 亿	能源
巴黎独立运输公司	政府支持企业	5 亿	交通
法兰西共和国	国家主权	96.97 亿	混合用途
法国非住宅建筑建设集团(2018 年 Q1)	非金融机构	1 亿	建筑

五、绿色债券指数

绿色债券指数，不仅仅是对债券信息的披露，也是被动型基金的重要参考指标。国外的绿色债券指数主要有四个，分别是 Solactive 绿色债券指数、S&P 道琼斯指数、巴克莱 & 明晟绿色债券指数和美银美林绿色债券指数。其中德国的 Solactive 公司于 2014 年 4 月发行了首个绿色债券指数，其债券类型主要由公司债、金融债、发展性金融机构债构成。绿色债券指数中各个债券都要符合气候债券标准。

表 7.12 展示了四种主要的绿色债券指数。

表 7.12 　　　　　　　　　**四种主要的绿色债券指数**

指数编制者	债券类型	绿色标准
Solactive	公司债、金融债、发展性金融机构发行债券	气候债券标准
S&P	公司债、金融债、发展性金融机构发行债券、市政债	气候债券标准(没有标记但是符合标准的单列)
巴克莱 &MSCI	公司债、金融债、发展性金融机构发行债券、市政债、ABS	气候债券标准、MSCI 环境评估体系
美银美林	公司债、金融债、发展性金融机构发行债券、市政债	Bloomberg 绿色债券定义

对于绿色债券指数所涉及的债券类型，各家机构拟定的指数主要包括公司债、金融债和发展性金融机构发行的债券，部分增加了市政债以及资产证券化的绿色债券。同时，各家机构在定义绿色债券的类型时采用了不同的标准，但

是其中最主要的标准还是气候债券标准。

六、非政府组织在绿色债券中的参与

在绿色债券的参与过程中，非政府组织中最具有代表性的就是气候债券倡议组织（Cli-mate Bond Initiative，CBI）。截至 2018 年 6 月 1 日，它是世界上唯一一个致力于动员债券市场以应对气候变化的组织。其参与方式主要有三个方面：

（1）市场追踪和项目展示。CBI 对气候债券的发行情况建立了数据库，同时通过定期报告进行数据披露、持续追踪市场和估计气候债券市场规模。

（2）开发准则。CBI 通过开发绿色债券的分类方案，制定相关标准来细分市场和制定绿色债券标的，并且为绿色债券的发行评估提供标准。

（3）提供策略模型和建议。CBI 主要是通过与政府、金融机构和业界的合作，对绿色债券发展过程提供建议和支持。

非政府组织在绿色债券中的参与并不是通过直接发行项目进行融资，而是通过研究分析，为市场提供可靠的分类标准和数据，同时通过机构的研究为政策制定者提供建议和支持。

第三节　绿　色　投　资

本节先介绍绿色投资的总体状况，并通过指数来看绿色投资带来的能源效率变化情况，然后以美国、丹麦、韩国和以色列为例，分别介绍美洲、欧洲、亚洲和中东先进绿色投资的情况，旨在对截至 2018 年 6 月 1 日之前的绿色投资国际状况进行简要介绍。

一、总体情况概览

2014 年，其他清洁技术行业在可再生能源领域（尤其是太阳能）出现产业泡沫后，陷入低谷，主要原因在于 2008 年经济危机后，许多风险投资者减少投资，导致整个行业发展停滞。2017 年，该行业领域开始有了新的变化。其他清洁技术行业开始大量接收风险投资，诸如太阳能等。一个直接的证明就是 2015 年投资于可再生能源的金额达到 3290 亿美元，相较于不可再生能源的投资来说，增长速度更为迅猛。而且，可再生能源的主要融资方式已经转变成为了风险投资。2013 年进入低谷期之后，其他清洁技术部门风险投资额稳步回升，一定程度上也表现了该行业的复苏和回暖。

但是，其他清洁技术部门的组成结构发生了一定的变化。虽然可再生能源和能源效用仍然是清洁技术风险投资的重要关注领域，但农业和食品、先进材料和运输方面的投资显著增加，后者开始成为清洁技术领域的领先企业。从中可见其他清洁技术部门也逐渐朝向多元化发展，这是行业成熟的标志之一。

截至 2018 年 6 月 1 日，除了多元化的投资领域外，清洁技术投资力度也不断增强。巴黎 COP21 会议（the 21st meeting of the Conference of the Parties）宣布建立一个新的具有突破性质的联盟，旨在为清洁能源创新企业提供资金支持。该会议已承诺投出 20 亿美元，预计到 2025 年将投出 200 亿美元。巨大的投资力度将进一步推动清洁技术行业的发展。

（一）早期投资

传统数据中心的能耗较少用于网络硬件，其中绝大部分都被服务器冷却、电力照明等耗用，故而能源效率一直都是风险投资领域投资占比最大的部门（如图 7.4）。[1] 相比来说，交通运输部门需要花费更长的时间才能吸引到清洁技术风险投资。但是在经历 2013 年的 3.9 亿美元的投资低点之后，交通运输业已成为清洁技术投资增长最快的行业，2016 年的投资额近 30 亿美元，占当年清洁技术创业投资总额的 22.7%。清洁技术特有的驱动因素主要包括友好的政府政策、新兴（商业化）清洁技术的融资到位等。

（二）指数中的能源效率

从 2014—2016 年，能源效率公司共获得 516 次风险资本股权投资，总金额为 42.5 亿美元。其中大部分集中在北美，特别是美国。

从表 7.13 可以看出，有些国家在能源效率部门正在逐渐恢复活力。其中，美国位列首位。从爱尔兰的情况来看，能源效率显然是其创新生态系统的核心部分。尽管爱尔兰在综合创新指数中排名第 16 位，但它在能源效率总风投排名中排名第 9 位。同样，尽管比利时在综合创新指数中排名第 19 位，但比利时在能源效率总风投排名中处于第 12 位。[2]

---

[1] I3connect. [Retrieved on 2018.6.1]. https：//i3connect.com/.

[2] I3connect. [Retrieved on 2018.6.1]. https：//i3connect.com/.

按体量计算份额（/%）

按美元计算份额（/%）

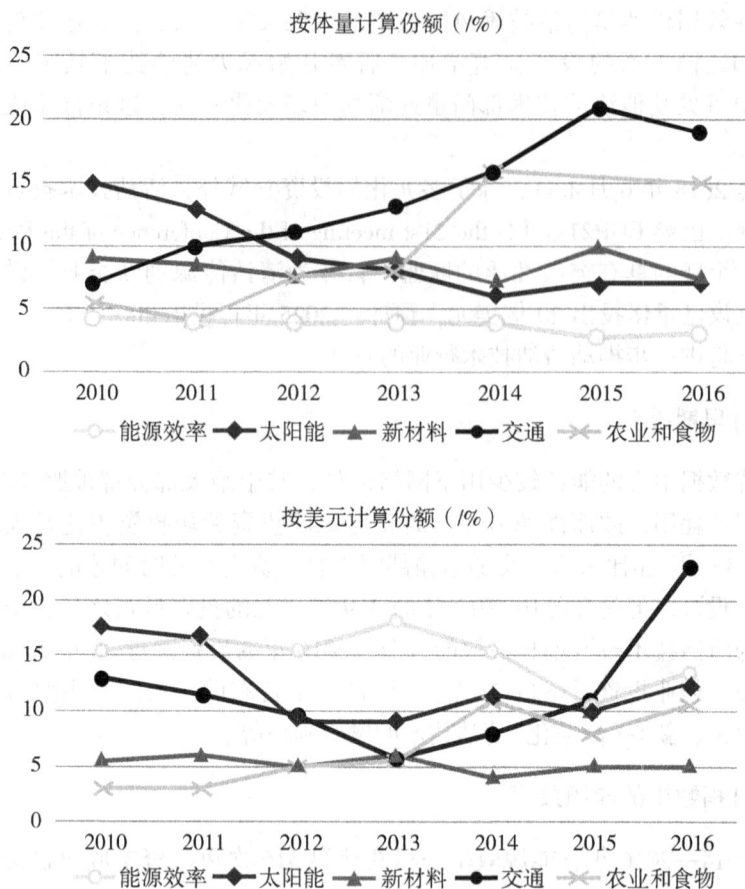

图 7.4　各行业占风险投资领域的比重

表 7.13　　　　　　　　各国能源效率总风投及其排名

国家[1]	2014—2016 年在能源效率方面的风险投资	2017 年指数排名	能源效率总风投排名
美国	1153.2	5	1
以色列	398.3	6	5

---

[1]　I3connect. ［Retrieved on 2018.6.1］. https：//i3connect.com/.

续表

国家	2014—2016 年在能源效率方面的风险投资	2017 年指数排名	能源效率总风投排名
爱尔兰	150.1	16	9
加拿大	106.3	4	2
芬兰	87.1	2	13
瑞典	71.1	3	10
英国	56.5	7	3
法国	42.5	13	6
比利时	39.8	19	12
挪威	37.2	9	17

表 7.14　**各国 2014—2017 年排名变化和其各项清洁技术指标情况**

2017 年排名	2014 年排名	国家	2017 年分数	创新投入	创新产出	一般创新驱动	清洁技术创新驱动	清洁技术创新的形成迹象	清洁技术创新的商业化迹象
1	5	丹麦	4.07	3.80	4.34	3.04	4.55	3.49	5.19
2	2	芬兰	3.96	3.25	4.66	2.80	3.69	6.19	3.13
3	4	瑞典	3.86	3.36	4.35	3.69	3.03	4.73	3.98
4	7	加拿大	3.76	3.30	4.23	3.29	3.30	5.13	3.33
5	3	美国	3.59	3.30	3.88	3.43	3.18	5.46	2.31
6	1	以色列	3.56	2.94	4.19	2.70	3.18	5.96	2.41
7	6	英国	3.37	2.97	3.77	2.92	3.02	4.97	2.58
8	9	德国	3.33	2.47	4.18	2.31	2.64	4.58	3.78
9	14	挪威	2.90	3.23	2.58	2.63	3.82	2.21	2.95
10	8	瑞士	2.89	3.04	2.74	3.14	2.94	2.68	2.79

二、美洲——美国

美国在 2017 年清洁能源风险投资指数中居于领先地位,① 三个北欧国家及其邻国加拿大。其评分高的原因主要在于美国国家创新路线和强大的企业家文化。对于清洁技术特定的驱动因素,美国在天使轮投资方面表现出优势,并在可再生能源投资吸引力方面获得最高分,但在提供清洁技术支持政策环境和相对于其国内生产总值的清洁技术研发支出方面有改善的潜力。美国在新兴清洁技术方面排名第三,在所有指标中表现良好,并在早期阶段的融资活动中排名第一。还有数据显示,美国商业化清洁技术在通过私募股权并购和首次公开发行的后期清洁技术融资方面处于顶尖地位,并且开始有越来越多的可再生能源工作岗位,然而,美国可再生能源消费和清洁技术商品出口的总份额低于全球平均水平,这两项指标都降低了分数。

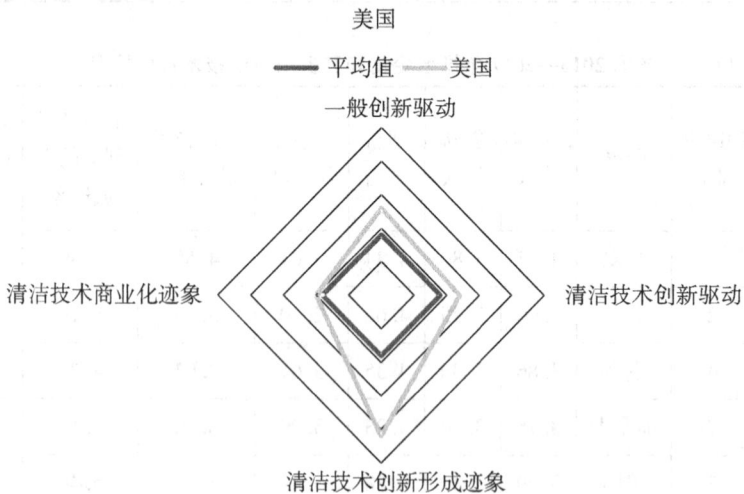

图 7.5 美国清洁能源风险投资指数

美国拥有世界上最大、最古老、最发达的清洁技术创新生态系统。2017 年,美国被评为"顶级创新生态系统创造者"。美国各地清洁技术创新生态系统组合成一个高度活跃的中心,提供了一个有组织的投资空间,为初创公司提供资金支

---

① I3connect. [Retrieved on 2018.6.1]. https：//i3connect.com/.

持。截至 2018 年 6 月 1 日，美国是该指数中所有国家的目标风险资本总额最大的国家，主要是因为美国创新投入和强大的企业文化产生了一个领先的清洁技术创新生态系统，不过美国也面临着清洁技术的创新压力和技术商业化的挑战。

美国在指数上面的高排名离不开美国在绿色投资上的实践，而在绿色投资上的实践和绿色银行有着密切联系。绿色银行往往又称绿色投资银行或清洁能源金融公司，是公有或准公有金融机构，旨在使用创新的融资方法与市场化的机制，与私有资本合作，提高清洁能源技术的研发与实践。绿色银行希望能够降低能源成本，提高私人资本在绿色能源行业的投资，最终推动形成一个低碳的社会与经济。

绿色银行的概念最先由 2008 年奥巴马的竞选团队提出，目的是为了推进清洁能源的发展，最初作为对美国的碳排放方案的一项修正案提出。由于最后碳排放方案并未通过参议院批准，所以之后美国所有的绿色银行都以州为单位在地方进行设立，并未有全国性的绿色银行。根据数据，截至 2017 年 6 月，绿色银行已经促成了将近 300 亿美元的清洁能源投资。

(一) 投资方式

绿色银行有以下投资方式：

第一，信用增强。绿色银行使用信用增强的方式使得私人投资者降低对于投资风险的担忧。对绿色银行贷款的借方，信用增强可以降低其资本成本并增加信用评级。

第二，共同投资。绿色银行，常常会直接对一些公司进行投资，以激励更多的私人资本来对绿色项目进行投资。

第三，证券化。由于不同项目的地点、科技、债券等内容不同，因此绿色银行常常将各种债券证券化，将多种债券打包作为投资组合的一部分进行出售，降低了投资者的风险同时提高了投资者的回报。

(二) 资金募集渠道

绿色银行的公共或准公共性决定了其资金主要是来自公众资本，这些资本往往来源于多个渠道，同时通过不断的循环往复，保证可以一直支持多个金融项目。具体渠道有以下：

第一，额外征税。通过政府的支持，纳税人可以额外征税，保证一部分税款支持于绿色银行的资本，或政府可以将某个已经存在税项的税款用于支持绿色银行。

第二，发债。通过发债，绿色银行可以快速得到资金。同时这一部分资金是往往是免税的，可以让绿色银行有一个较低的融资成本，也让投资者得到持续的、低风险的回报。

第三，碳排放收费。对于各种碳排放收费已经是一个共识，这部分资金可以用于对绿色能源的再投资。

第四，基金支持。可以通过建立新的或直接借用国家基金，得到国家的基金支持，如养老金等。

(三)案例

1. 美国的绿色银行案例一：康涅狄格绿色银行

康涅狄格绿色银行建立于 2011 年，是美国第一个，也是促成投资额最大的绿色银行，可以说是绿色能源投资领域的一个"零售商"。其前身是康涅狄格清洁能源基金，后转型为一个综合性的金融机构。其资本一部分来自于政府税收，另一部分来源于当地绿色气体交易的收入。在其建立的 5 年中，康涅狄格绿色银行总共促成了清洁能源领域 6 亿 6320 万美元的投资，其中四分之三来自于私人资本。康涅狄格绿色银行的建立不仅在很大程度上增加了对于绿色能源的投资额，更进一步降低了纳税人需要缴纳的关于环境保护部分的的额度，减轻了他们的负担。

2. 美国的绿色银行案例二：夏威夷绿色基础设施建设实体

由于地理原因，夏威夷的绿色基础设施的发展尤为重要，但其进展也困难重重。夏威夷绿色基础设施建设实体建立于 2014 年，其比较重要的一个项目是绿色能源市场证券化项目。该项目为中低收入家庭提供建设光能太阳板的资金，帮助降低他们对于昂贵的外来电力的依赖。

可以看到，绿色银行是美国绿色金融中非常重要的一个环节，是由政府作为主发起人，控股并组建，其他股东可以引入社会资本(包括社保基金、保险公司、其他养老基金等)，并可通过发行绿色债券补充银行资金的专业从事绿色投资的银行。在组建的过程中，绿色银行通过吸引社会资本金、发债、担保、合资进行股权投资等方式发挥了政府资金的杠杆作用。

三、欧洲——丹麦

丹麦是 2017 年清洁能源风险投资指数最好的国家。[①] 该国的所有指标均高于均值，在商业化清洁技术方面具备领先优势。丹麦在全球创新指数排名中位列第 8 位，但是在北欧企业家机会和早期创业活动方面表现一般。该国是清

---

① I3connect. [Retrieved on 2018.6.1]. https：//i3connect.com/.

洁技术基金(与以色列合作)和清洁技术组织数量最多的国家,这使得丹麦成为在清洁技术特定技术领域内的佼佼者。在新兴清洁技术上,该国在专利排名方面排名第四,但风险资本投资额较低,这将丹麦推到了第 11 位。商业化清洁技术是丹麦的强项,该国在清洁技术出口方面取得了最高分,公共清洁技术公司的数量和可再生能源工作岗位的数量均高于平均值。

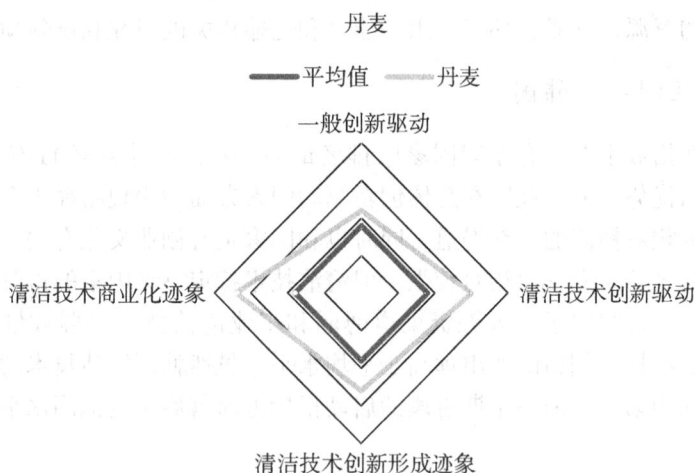

丹麦

——平均值　——丹麦

一般创新驱动

清洁技术商业化迹象　　　　　清洁技术创新驱动

清洁技术创新形成迹象

图 7.6　丹麦清洁能源风险投资指数

丹麦可以被称为"顶级创新生态系统创造者"。丹麦 63.8%的成年人有良好的就业机会,并且该国已经显示出将大力支持创新与就业意识相结合的迹象。其清洁技术特定驱动因素的突出证据归因于大量的公共清洁技术研发预算、庞大的工业清洁技术集群以及高水平的学术科研机构以及通过成熟的清洁技术投资部门向私人融资。

丹麦在 2014 年提出了"绿色丹麦"计划("A Greener Denmark"),其中包括建立一个国家性质的投资基金——丹麦绿色投资基金(Danish Green Investment Fund)。该基金专注于环境、能源和资源的投资。丹麦绿色投资基金是一个独立的国家贷款基金,旨在资助前景可期的绿色项目,以促进和支持丹麦社会的可持续发展。同时,私营公司、非营利性住房协会和公共性质的公司和机构均可向该基金申请贷款。

丹麦绿色投资基金寻求缩减传统银行融资与股本之间的差距。个人贷款的最长期限为 30 年,并且该基金通常能够支付与该项目相关的总费用的 60%。

该基金是 2014 年成立的"Et Grønnere Danmark"("绿色丹麦")协议的一部分,其资本净额高达 2 亿丹麦克朗,国家担保贷款限额高达 50 亿丹麦克朗,主要投资领域为节约环保、可再生能源、资源效率,投资评判标准为环保效果、经济效益、可扩展性和社会经济回报。

除丹麦绿色投资基金外,丹麦创新基金(IFD)也是丹麦绿色金融投资领域的领先者。该基金的主要目标是投资具有巨大增长潜力的项目,其中主要是与能源、生物资源、气候、环境、水、建筑和运输相关的研究和创新项目。

四、亚洲——韩国

韩国在指数中在所有亚洲国家中排名最高,[①] 总体排名第 11 位,清洁技术创新产出优势明显。该国在总体创新驱动因素方面的表现略高于全球平均水平,表现为相对精简的创新渠道,同时也和国家主流创业文化有关。尽管清洁技术领域的公共研发支出相对较强,但清洁技术特定驱动因素的得分略低于全球平均水平,这归因于私人融资渠道薄弱和工业清洁技术集群数量较少。此外,韩国清洁技术创新的产出远高于平均水平。虽然韩国清洁技术的相关专利方面排名均为第一,但在早期阶段的启动指标方面落后于其他同水平的国家。

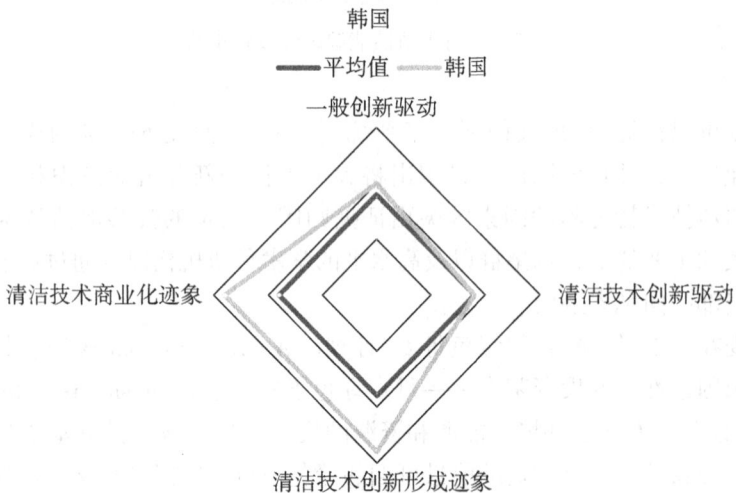

图 7.7　韩国清洁能源风险投资指数

---

① I3connect. [Retrieved on 2018.6.1]. https：//i3connect.com/.

韩国在商业化清洁技术方面取得了显著成就，其清洁技术相关商品的出口和进口总体排名第二，仅次于新加坡。值得注意的是，韩国在清洁技术领域缺乏后期融资。

作为指数中得分最高的亚洲国家，韩国也属于"清洁技术商业"的国家类型。继成功展示新兴清洁技术创新能力之后，该国还提供了必要的国内市场规模，从而实现了高水平的创新。这个亚洲国家在清洁技术商品的进出口方面具有强劲的实力，这显示韩国既有清洁技术应用的国内需求，其国内制造业亦具备国际竞争力。韩国属于清洁技术商家型。[①]

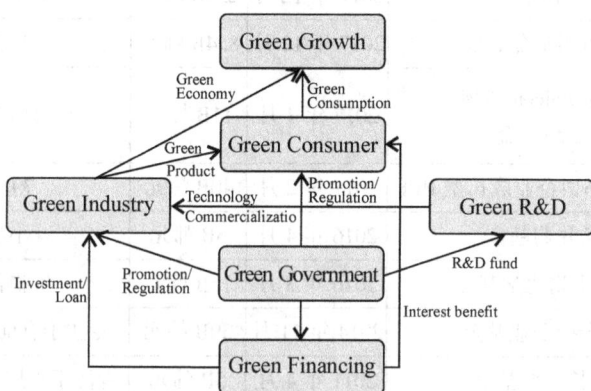

图 7.8　韩国绿色经济的运行模式

韩国清洁领域投资离不开 SGI 公司。Samho Green Investment(SGI)成立于 2007 年，是韩国首家也是唯一一家专注于清洁增长领域的风险投资公司，其主要从事风险投资和私募股权投资以及并购和收购业务。

SGI 的投资重点领域是清洁技术，包括绿色技术(Greentech)商业化、绿色基础设施和农业技术(Agritech)以及早期项目开发。公司拥有经验丰富的清洁技术专家团队和广泛的国内外清洁技术网络，协助相关人员进行交易采购、价值创造和退出管理。SGI 主要投资于正在进行商业化和早期开发的清洁技术公

---

① 强有力的"清洁技术商家"的国家是对环境保护，资源效率，减缓气候变化和可再生能源目标全面坚定承诺的国家，同时还具备必要的市场成熟度和规模以扩大国内新兴创新。这些国家不是单靠道义承诺来应对气候变化，而是由于部署清洁技术来解决日益严重的公共健康和环境问题。

司。具体而言，SGI 投资于废物开发、PMIC（电源管理 IC）、电池和燃料电池技术、绿色汽车、能源效率、可再生能源、纳米技术以及有机和印刷电子产品等行业。此外，SGI 也投资可再生能源和绿色基础设施公司，包括能源工厂、生物质能工厂、风力发电设施、太阳能设施、生物燃料工厂和绿色建筑的废弃物等。表 7.15 是 SGI 各项基金的成立日期、基金规模以及投资领域的汇总。

表 7.15　　　　　SGI 各项基金成立日期、基金规模和投资领域

基金名称	成立日期	基金规模	投资领域
SGI-ST 生物基金	2017 年 12 月	2.3B 韩元	生物科技公司
SGI 二级市场基金 2 号	2017 年 12 月	8.4B 韩元	二级市场
POSCO-SGI Falcon 药物和生物二级基金	2017 年 4 月	11B 韩元	药物和生物公司
UAMCO-SGI 中小型企业成长型 PEF	2017 年 2 月	40B 韩元	79 家公司
SGI 增长并购基金	2016 年 4 月	5B 韩元	小型并购
GS 加德士生物化学基金	2016 年 3 月	15B 韩元	生物化学公司
SGI 首创企鹅创业基金	2014 年 11 月	39B 韩元	专注于有前途的创业公司
SGI 新增长夹层基金	2011 年 4 月	5B 韩元	专注于夹层和 pre-IPO 公司
KoFC-SGI 绿色产业基金	2010 年 7 月	40B 韩元	关注清洁技术，能源效率
全南绿色能源基金	2009 年 1 月	7.6B 韩元	关注位于全南的可再生能源项目和公司
MiFAFF-SGI 绿色增长基金	2008 年 12 月	20B 韩元	环保型农业科技公司

五、中东——以色列

以色列是清洁技术企业家的温床。以色列是 2014 年清洁能源风险投资指数的冠军，并且在 2017 年的评选中，它的得分高于平均水平。以色列在企业家创业机会方面的得分相对较高，同时在全球创新指数中也取得了不错的成绩。以色列在清洁技术特定驱动因素方面的投资指标十分强劲，清洁技术基金和清洁技术投资者数量以及这些基金募集的金额排名均为第一，但以色列缺乏作为可再生能源投资目的地的吸引力。以色列在新兴清洁技术方面的得分可由其风险资本投资数量和以色列公司在全球清洁技术领域 100 的最高分数来解

释。关于商业化清洁技术，以色列拥有高并购和 IPO 数量，但其可再生能源消费较低。①

以色列

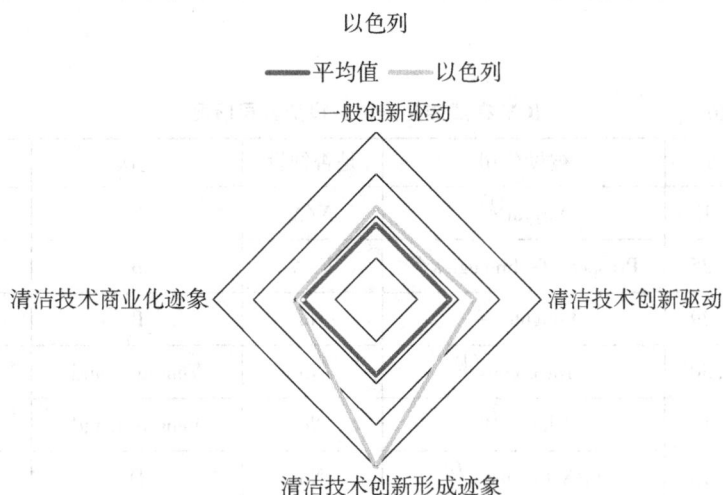

图 7.9 以色列清洁能源风险投资指数

以色列有着众多的清洁技术风险投资公司。以色列清洁技术公司就是清洁技术风险投资领域中非常有影响力的风险投资公司，该公司在替代能源、能源效率、水技术和环境领域投资了 11 家公司。此外，AquaAgro 公司在水和海水淡化技术、农业和食品技术以及替代能源技术领域投资了 8 家公司。Terra 基金投资了 7 家可再生能源、水和环境领域的公司。几乎所有在以色列运营的风险投资基金都将清洁技术定义为首选投资领域。② 风险投资的灵活性和高效性有效的弥补了政府或半政府半社会组织促进绿色金融发展的短板，丰富了绿色产业的融资渠道。下面以一个例子来分析以色列的清洁技术风险投资公司。

以色列最具有影响力的一家清洁技术风险投资公司是 Israel Cleantech Ventures(ICV)。ICV 成立于 2006 年，是一家领先的风险投资公司，致力于与以色列杰出的企业家合作，推动利用技术提高可持续性的企业发展。截至 2018 年 6 月 1 日，ICV 管理两个基金，数额超过 1.5 亿美元，并已完成超过 25 项投

---

① I3connect. [Retrieved on 2018. 6. 1]. https：//i3connect. com/.

② Tashitot. [Retrieved on 2018. 6. 1] http：//www. tashtiot. co. il/2010/07/29/ירוקים-לירוקים/.

资。ICV 基金由欧洲、美国和以色列的领先机构投资者，跨国公司和家族办事
处提供支持，主要投资领域涵盖 AgTech、清洁技术、能源、物流、运输、水
资源利用等等，在清洁生产领域布局颇多，初步形成赛道，具体被投公司见
表 7.16：

表 7.16　　　　　　　　ICV 在清洁生产领域投资公司情况

公开日期	被投公司	是否领投	轮次	金额
2017.12.13	Vayyar①	N/A	C	45M
2017.07.25	Prospera Technologies②	N/A	B	15M
2017.03.29	Freightos③	No	B	25M
2016.11.30	Nova Lumos④	Np	Venture round	40M
2016.09.13	Claroty⑤	No	Venture round	32M
2016.09.13	FRX Polymers⑥	No	D	22M
2016.01.12	Diablo Technologies	Yes	C	37M
2015.12.15	Vayyar	No	B	22M
2015.10.07	WeissBeerger⑦	Yes	A	4M
2015.09.09	Freightos	No	B	14M
2015.09.09	Groundwork BioAg⑧	No	B	N/A
2014.12.01	Grid4C⑨	Yes	Venture round	1.5M

---

①　安全，移动，低成本，高分辨率的 3D 成像传感器。
②　数字农业系统。
③　适用于国际托运人的高效多模式运输路线即时报价软件。
④　为发展中国家的离网消费者提供现收现付的住宅太阳能。
⑤　Claroty 平台在 ICS 图层/协议中提供极高的可视性；高保真模型和高级算法同时检测网络。
⑥　无卤素，固有阻燃塑料。
⑦　饮料分析系统，它使用连接到啤酒水龙头的传感器提供实时消耗数据
⑧　基础工作为主流农业开发，制造和商业化菌根接种剂。
⑨　用于公用事业的预测能源分析软件。

续表

公开日期	被投公司	是否领投	轮次	金额
2014.03.25	Freightos	Yes	A	4.6M
2014.01.15	FRX Polymers	N/A	C	12M
2013.10.04	Acousticeye	N/A	Venture round	7M
2013.12.03	Panoramic Power①	No	B	8M
2013.07.01	Nova Lumos	No	Venture round	N/A
2013.02.05	Scodix	N/A	Venture round	14M
2012.08.01	Vayyar	No	Venture round	12M
2012.05.24	Acousticeye	Yes	Venture round	6M
2011.12.19	CellEra②	N/A	Venture round	9.2M
2011.06.28	Emefcy③	No	Venture round	N/A
2011.06.06	FRX Polymers	No	B	15.7M
2011.04.14	Panoramic Power	Yes	A	4.5M
2009.07.27	FRX Polymers	Yes	A	6M
2009.06.04	Mertolight	N/A	D	3M
2009.01.27	BrightView Systems	Yes	A	6M
2008.03.25	Aqwise④	N/A	Venture round	3.6M
2008.02.18	Pythagoras Solar	Yes	A	10M
2008.01.23	CellEra	Yes	Venture round	2M
2007.08.16	Metrolight	N/A	C	9M

截至 2018 年 6 月 1 日，ICV 已经成功推出了三家企业，分别为 WeissBeer-

① 基于云的分析为企业优化能源消耗和运营效率。
② 用于备份和主电源的低成本无铂燃料电池。
③ 市政和工业厂房的高能效废水处理。
④ 为工业和市政客户提供废水处理解决方案。

ger、Panoramic Power 和 Emefcy，其中后两家企业为绿色产能企业。Panoramic Power 是能源管理解决方案的领先供应商，可帮助企业优化能源消耗，提高运营效率并通过负载响应计划创收。Emefcy 有限公司开发和生产生物能源系统，以废水形式产生电能或氢气。该公司开发了一种基于微生物燃料电池技术的废水处理解决方案 MEGAWATTERTM。该技术能够将废水直接发电或生产氢气作为废水处理的手段。

ICV 是促进以色列绿色产能，尤其是清洁生产项目发展的成功典范之一。ICV 这样的风险投资企业使得以色列的绿色金融市场发展地更加完善和迅速。

第四节 绿色基金

一、绿色基金定义简述

本文的绿色基金指在证券市场上仅以或部分以企业的环境绩效为考核标准，筛选投资对象进行投资的基金。绿色基金在社会责任投资（social responsible investment，SIR）的基础上发展起来。绿色基金的目的不仅是获得经济收益，更要追求生态环境的协调发展。

由于市场的差异性，绿色投资基金在不同国家拥有不同的叫法。绿色投资基金在美国往往被叫做环境基金（environment fund），在日本被称为生态基金（eco-fund），在西欧则被称为绿色或生态基金（green/ecology fund）。

二、绿色基金的起源与发展概况

20 世纪 80 年代，世界上第一支将环境指标纳入考核标准的绿色投资基金——Calvert Balanced Portfolio A 于 1982 年在美国出现。虽然名字中并没有出现"绿色基金"，但其实质就是绿色投资基金。该基金采用积极筛选的投资策略对环境保护较好的企业进行投资。在大洋彼岸的英国于 1988 年也推出了本国第一只绿色投资基金——Merlin Ecology Fund，现名 Jupiter Ecology Fund，是欧洲最早发行的绿色基金之一。随后，荷兰、比利时也开始相继涉足绿色基金领域。日本是亚洲绿色基金的排头兵，Nikko 资产管理公司于 1999 年发行日本第一支绿色投资基金——Nikko Eco Fund，开启了亚洲绿色基金的先河。[1]

---

[1] Ito Msako(2006). Environmental Consciousness Increases in Japanese Business. *JETRO Japan Economic Report Working Paper*, 3(1), 40-47.

三、绿色基金案例介绍

(一)美国:加州清洁能源基金(California clean energy fund)

加州清洁能源基金服务于具有研发清洁能源能力的创业者或企业。其已经扶植了三个清洁技术风险投资基金,在40多家公司拥有领导权,并且开创了清洁能源融资的新机制。截至2018年6月1日,该基金共培养创新企业100多家,研制专利1064项,前期项目基金2400万美元,投资资本杠杆15亿,能源储存联盟的成员20人,① 处于优势和领先地位。

加利福尼亚清洁能源基金为清洁能源经济中的核心企业提供支持,推动企业和个人创新,快速创造就业机会和新的发展机遇。其最大的特色是整个基金资助体系完整,从最初清洁能源想法的诞生,到概念的形成,再到项目的实现以及最后的批量生产。这四个步骤中的每一个环节都会有一个专门的下设机构来支持,以下为这四个机构的具体介绍。

1. Explorer-in-Residence②

Explorer-in-Residence 简称为 EIR,该计划主要为从事清洁能源创新的个人提供小额补助。这些补助可以帮助他们将想法提升到一个成型的概念,从而可以更好地鼓励大家提出清洁能源方面的想法。在奖金数额方面,EIR 提供10000 美元至25000 美元不等的资金奖励,同时也会提供专业的发展指导以及关系网络,以协助企业家为下一阶段的发展做好准备。

2. CalSEED

CalSEED 是一项支持加利福尼亚州最有前景的能源企业家的创新计划。该计划投资早期阶段的清洁能源概念,希望通过这些概念的完善,为加州未来的能源开创一个新的可持续发展的时代。CalSEED 会为它认为有前途的新能源概念的早期开发提供高达60万美元的拨款以及综合专业发展资源培训与专家指导、运营和技术支持和加州最好的加速器和孵化器计划。与此同时,CalSEED 计划提供赠款2400万美元,来支持早期阶段的清洁能源创新。

CalSEED 是加州清洁能源基金会资助的几项举措之一,旨在推动能源创新。这种公共部门投资有助于加速加州的清洁能源目标进程,并成为国家经济发展的重要途径。CalSEED 对创新概念的支持会提升加利福尼亚州居民的经济

---

① Calcef. [Retrieved on 2018. 6. 1]. http://calcef. org.

② Calcef. [Retrieved on 2018. 6. 1]. http://www. calcef. org/media/9166/xir. pdf.

和社会效益。

3. 新能源 Nexus

Nexus 指的是清洁能源孵化器和加速器的全球网络，这一网络推动了世界各地间的协作和创新。截至 2018 年 6 月 1 日，Nexus 连接来自世界各地 29 个不同国家的 75 个孵化器和加速器（下图与下表中说明）。新能源 Nexus 是由加州清洁能源基金支持的一个非盈利性组织，致力于支持总部设在加利福尼亚州奥克兰的清洁能源初创企业。表 7.17 为 Nexus 孵化器在国家/地区间的分布。

表 7.17   **Nexus 孵化器在国家/地区间的分布**

国家/地区	孵化器数量
北美	25
中国	14
亚洲其他地区（除中国和东南亚）	10
非洲	10
东南亚	8
澳大利亚	2

4. CalCharge

CalCharge 是一个电池和电化学储能联盟，由新兴和成熟的公司、研究机构、政府以及创新过程中的其他关键利益相关方组建联盟，通过 CalCharge 框架实现相互连接并获得服务。其核心目标是成为能源储存技术领域的创新者，实现终端用户和其他关键利益相关方的大集合。同时，它会提供所需的资源和专业知识，加速成员公司的创新和市场影响；也会制定计划和服务，来使新兴能源储存技术从创新到实现的途径更加顺畅。

CalCharge 希望建立企业家、研究人员、投资者和决策者的融合。基金会和政府将资助大学的重要研究中心以发展下一代储能领域的领导技术。Cal-Charge 通过对制造工艺的创新和开发，实现高级制造业的发展，进而吸引投资者，教育决策者并最终扩大市场。就经济、技术和社会影响而言，他们认为未来 30 年这一行业将与 20 世纪 70 年代、80 年代和 90 年代硅谷计算机行业的发展相媲美。在其蓝图中，CalCharge 将成为加州能源的存储集群和行业的全球领导者。

(二)英国：木星生态基金(Jupiter Ecology Fund)

木星生态基金(Jupiter Ecology Fund)是第一个在英国发起的绿色投资基金（曾经叫 Merlin Ecology Fund)。该基金在全球进行投资，专注于为环境和社会问题提供解决方案。该基金认为，随着世界人口的不断增长，水资源、土地和能源等自然资源的压力将越来越大，并且这应该会创造重大且持久的投资机会。

木星生态基金的主要投资目标是实现长期的资本增值，在环境保护政策下实现收入增长。他们关注管理者专注于对长期保护环境表现出积极承诺的公司，而且他们所投资的公司必须符合严格的投资和环境标准，其中包括一系列道德限制。

(三)日本：Nikko Eco-fund (Nikko 生态基金)

第二次世界大战后，日本曾经因为一味追求"经济第一主义"而付出了牺牲环境的代价。环境污染曾为许多企业带来形象和声誉上的影响，进而企业逐步意识到环境绩效的改善有利于自身发展，于是日本绿色基金应运而生。

1999 年 8 月 20 日，日本推出第一只 SRI——Nikko 生态基金(Eco-fund)，也称为环保基金。这是一支将财务和环保表现的绩优企业作为投资标的的基金产品。由于 20 世纪 70 年代严重的环境污染问题使日本的公司和个人对环境问题有很高的认同感，该基金认识到好的环境表现能节约成本，提高公司在激烈竞争市场中的诚信和可靠程度，从而促进利润增长。在 2017 年和 2018 年日本推出了多只生态基金，并且生态基金的运作极大促进了日本环保事业的发展。

第五节　绿 色 保 险

绿色保险的一大分支是针对企业消费者的环境责任保险。绿色保险通过将环境风险转移到保险市场，以减小公司业务中不确定性的风险和成本。除此之外，绿色保险还包括针对特定领域的企业消费者、个人消费者及其他特殊事项的险种，能满足多方需求，如针对新能源行业和建筑行业的保险、提倡绿色出行的低碳折扣保险、碳排放交易相关的保险等等。下文将从美国、欧洲、大洋洲、亚洲等国家入手，介绍其各自开发得较为成熟的绿色保险产品。

一、美国

(一)美国国际集团(American Insurance Group，AIG)——环境和一般责任风险(EAGLE)计划①

AIG 公司的 EAGLE 计划(Environmental and General Liability Exposures Program)的最低保费为 20000 美元，最高保费限额为 25000000 美元。EAGLE 计划属于综合性较强的环境责任保险，它囊括了一般责任和环境保险，以及保证全天候污染事故保险，覆盖面较广。其具体的覆盖范围如下：

(1)公众责任保险(Comprehensive General Liability)：为第三方人身伤害和财产损失提供保险；

(2)污染保险：为第三方提供由污染导致的人身伤害保险和财产损失保险，或为预先存在以及新的污染条件导致的清理费用提供保险；

(3)额外的污染责任保险：为因火灾、产品污染责任、承包业务和运输货物引起的污染索赔提供保险；

(4)紧急响应成本保险：提供与污染状况相关的清理成本的应急响应成本保险。

EAGLE 计划的一大特色在于其细致的行业划分，包括化工、农业和日化生产等各大产业部门，能够根据企业的覆盖要求和风险偏好制定有针对性的保险计划。具体如下：

(1)EAGLE 化学保护：制造、混合、重新包装、分销和代理所有类型的散装或包装气体、液体和固体化学品的企业；

(2)EAGLE 农业保护：生产农业化学产品如肥料、杀虫剂、除草剂、其他作物管理化学产品的企业；

(3)EAGLE 个人护理保护：制造肥皂、洗涤剂、洗漱用品和化妆品等产品的企业；

(4)EAGLE 面漆保护：制造涂料、润滑剂、油类\粘合剂、密封剂、填缝剂、油墨/着色剂等产品的企业；

(5)EAGLE TSDF 保护(Treatment，Storage，Disposal and Facility)：涉及废物处理、储存的企业。

---

① AIG. [Retrieved on 2018. 6. 1]. https：//www. aig. com/business/insurance/environmental/environmental-and-general-liability-exposures-program.

(二) Chubb 美国丘博保险集团

1. 承包商污染责任(CPL)/错误与疏漏(E&O)保险①

Chubb 公司的承包商污染责任/错误与疏漏(Contractors Pollution Liability / Errors & Omissions，以下简称 CPL / E&O)保险的最低保费为 10000 美元，最高保费限额为 50000000 美元，参保人包括施工经理、环境承包商、环境顾问、总承包商/设计建造商、贸易承包商。

CPL / E&O 保险的特色是结合了 CPL 和 E&O 的环境责任保险，意在减少潜在的保险覆盖空白领域。错误与疏漏(E&O)适用于环境和非环境类别的业务，为由于错误和遗漏而导致的有害污染物释放等索赔提供保险。承包商污染责任保险(CPL)的覆盖范围可根据索赔要求或实际情况而定，为由受保人的保险业务引起的渐进、突发和意外的第三方环境污染责任提供保险。

2. 可再生和替代能源行业的保险②

可再生和替代能源行业保险的参保范围涵盖风能设施、太阳能设施、水电设施、生物质能设施、太阳能电池板、风力涡轮机和风力涡轮机组件、地热设施、乙醇、生物柴油、甲烷提取设施、燃料电池生产商等。Chubb 公司在可再生和替代能源行业的多个业务领域均有相应的保险产品，诸如财产和意外伤害保险、金融领域的责任保险等等，其中涉及其环境风险的产品是房屋污染责任(Premises Pollution Liability，以下简称 PPL)政策保险。③

PPL 政策保险的最低保费为 10000 美元，最高保费限额为 50000000 美元(包括法律辩护成本)，可提供年度或多年的政策条款。该产品覆盖了突发事件以及非突发即渐进性的污染事件、包括自然资源损害在内的第三方财产损害赔偿、紧急响应成本、运输成本、非自有场地(Non-owned Disposal Site)治理责任、业务中断和延迟成本、灾难管理成本等。

PPL 政策保险的一大优势在于全过程风险运营，确保可再生能源项目从发展到其商业运营阶段的全过程风险保障，有助于承包商监控清理成本并减轻与

---

① Chubb. ［Retrieved on 2018.6.1］. https：//www2. chubb. com/us-en/business-insurance/contractors-pollution-liability-cpl-errors-omissions-eo. aspx.

② Chubb. ［Retrieved on 2018.6.1］. https：//www2. chubb. com/us-en/_ assets/doc/42010028_energy_renewable. pdf.

③ Chubb. ［Retrieved on 2018.6.1］. https：//www2. chubb. com/us-en/business-insurance/premises-pollution-liability-ppl-policy. aspx.

环境释放有关的潜在责任。

3. XL CATLIN 信利集团公司——建筑公司的污染与职业责任保险①

建筑公司的污染与职业责任保险(Pollution & Professional Liability For Construction Firms)的参保人为承包商、集成设计/施工人员和项目负责人，其中职业和污染责任险的最高保费限额为50000000美元，污染责任险的最高保费限额为25000000美元。

建筑公司的污染与职业责任保险的覆盖范围可分为三个部分：

(1)职业责任险：包括第三方职业责任、超额赔偿和保护、以及整改/缓解措施；

(2)污染责任险：包括工作场地、紧急修复费用、指明的受保地点、运输、非自有场地治理责任、超额赔偿和保护、诉讼和传票费用以及用于重建的绿色建筑材料费用；

(3)成本：灾害应对成本。

二、欧洲

(一)Zurich 苏黎世保险集团——可再生能源：机器和系统保险②

苏黎世保险集团的可再生能源：机器和系统保险(Renewable Energy：Insurance for Machines and Systems)包括太阳能装置保险、地热探测器和热泵保险。

太阳能装置保险是苏黎世为光伏并网发电系统和太阳能光热装置及其各自的部件提供的保险，具体覆盖范围如下：

(1)外部风险(例如风和风暴、动物啃咬)和内部问题(如材料和施工缺陷)，以及由于短路、人为错误和数据丢失造成的损失；

(2)运营期间前十年模块和收集器的新替代成本；

(3)光伏系统收入的任何损失(设备故障时的损失)以及太阳能光热设备的额外成本(用于临时供热)；

(4)新购买和新增的达到保险总额的20%的应急保险，最高可达 20000 瑞

---

① Xlcatlin. ［Retrieved on 2018. 6. 1］. http：//xlcatlin. com/insurance/insurance-coverage/casualty-insurance/pollution—professional-liability-for-construction-firms.

② Zurich. ［Retrieved on 2018. 6. 1］. https：//www. zurich. ch/en/private-customers/homes-and-building/renewable-energies#accordeon3_as.

士法郎；

（5）补充保险模块：火灾和自然灾害（建筑物保险未规定）；盗窃；对于非模块或收集器的所有其他组件保险。

地热探测器和热泵保险是保障安全使用环境热量系统的保险，具体覆盖范围如下：

（1）外部风险（例如风暴天气，动物啃咬）和内部问题（如材料和施工缺陷），以及由于短路，人为错误和数据丢失造成的损失；

（2）前20年运营期间地热换热器的新替代成本；

（3）更换系统的额外费用；

（4）新购买和新增的达到保险总额的20%的应急保险，最高可达20000瑞士法郎；

（5）补充保险模块：火灾和自然灾害（建筑物保险未规定）；盗窃；对于非地热换热器的所有其他组件保险。

（二）Aon 英国怡安集团——环境责任保险

怡安集团的环境责任保险（Environmental Liability Insurance）提供专业污染法律责任（Pollution Legal Liability）保险产品和风险咨询服务，旨在帮助买方和卖方管理并购交易中的环境风险。[1]

该保险产品覆盖范围具体如下：向第三方赔偿人身伤害和财产损失、清理费用（包括第三方索赔）和法定清理通知费用、法律辩护费用、自然资源损害、紧急响应成本等。该保险提供的风险咨询服务服务包括在并购交易中评估遗留污染风险和责任，如受污染的土地和石棉；提供关于环境风险的保险可行性建议；设计并安排保险解决方案，以控制环境成本，并转移发现未知责任的风险。

三、大洋洲（澳大利亚 Real Insurance 公司——低里程折扣保险）

对于个人消费者，Real Insurance 公司的低里程折扣保险通过给予折扣的形式引导其绿色出行方式。该保险的参保人包括短途旅行司机、公共交通用户、第二车主（Second Car Owners）、退休人员。参保人可通过低里程折扣保险平均节省0澳元至220澳元，实际折扣金额取决于具体情况，包括约定公里

---

[1] AON. [Retrieved on 2018.6.1]. http：//www.aon.com.au/australia/risk-solutions/mergers-and-acquisitions/environmental-liability-insurance.jsp.

数、超额公里数和其他风险因素。最低保费可能会减少实际折扣金额。如果驾驶的里程较多，参保人则可以在承包期间增加约定公里数，并支付额外的保险费。如果驾驶里程超过了约定公里数，参保人发生事故时将额外支付超出额的自费部分。①

该保险的覆盖范围具体如下：

(1)由偷窃、事故、火灾或自然事件造成的车辆丢失或损坏；

(2)由参保人的汽车对他人的汽车和财产造成的损害；

(3)如果汽车在两年内彻底报废，可以以旧换新（＊仅适用于参保人为车辆的第一登记车主）；

(4)车辆损坏或个人财产被盗——高达500美元；

(5)儿童安全座椅和婴儿车在事故中被盗或损坏——高达500美元；

(6)保证车辆正常运行的必要的维修费用和合理的拖车费用；

(7)如果盗窃或损坏发生在离家200公里以上的地方，则提供紧急住宿；

(8)盗窃后出租车的费用——长达14天；

(9)在澳大利亚境内任何地方的车辆损失或损坏；

(10)如果钥匙被盗，提供车锁和钥匙的更换服务。

四、亚洲

(一)新加坡 UOI 大华保险公司——董事及高级管理人员责任保险(D&O 保险)②

董监事及高级职员责任保险(Directors' & Officers' Insurance，以下简称 D&O 保险)指的是董事及高级管理人员在执行业务时，对造成第三方经济损失承担责任的，在一定范围内对其支付保险金。参保人的赔偿责任范围涵盖董事及高级管理人员(个人)、被保险企业(机关、社会团体)等。

随着全球变暖等气候变化的加剧，不断有公司因其疑似造成气候变化的行为而遭到起诉。针对此，D&O 保险为董监事和高级管理人员提供全球变暖诉讼的保险，以减小企业运营中的环境风险。

---

① Realinsurance. [Retrieved on 2018. 6. 1]. https://www.realinsurance.com.au/car-insurance/pay-as-you-drive.

② Uoi. [Retrieved on 2018. 6. 1]. http://www.uoi.com.sg/uoi/commercial/specialised.html#director.

(二) Ksure 韩国贸易保险公司——综合碳保险(Carbon Insurance Wrap)①

除将碳排放权业务的参与者作为参保人外，综合碳保险还针对企业提供了海外投资和出口担保方面的保险，针对金融机构提供了海外金融业务、海外投资和出口担保方面的保险，保险期限是整个碳排放权业务期间(金融合同期、投资期、担保期)。该保险对企业参保人出口担保业务的投保率为100%，对金融机构参保人的海外金融业务、海外投资(贷款、担保债务、投资融资)以及出口担保的投保率最高为100%，对海外投资业务(股票、房地产等)的投保率最高为95%。

该保险的一大特色在于保险费率由每个项目的费率，以及"成功后的保险费率"(성공보험요율，新规)两部分组成，以降低参保人初期的保险费用负担。"成功后的保险费率"指的是相应的企业如果发放碳信用额成功，则被收取整个项目期间的保险费。对于成功的界定是根据发行碳信用额的收益，减去融资成本后，是否还存在运营商产生的超额盈余而定。

(三) 韩国三星火灾海上保险公司——绿色自行车保险

绿色自行车保险是2009年三星火灾海上保险公司与国民银行联合推出的绿色保险产品，分别针对成人(15—59岁)和儿童(5—14岁)的保险，具体覆盖内容和相应保费见下表。

推进绿色自行车保险有利于鼓励人们绿色出行，减少污染排放。但三星火灾海上保险公司的该保险未能包含自行车损坏及盗窃等相关内容，因而该保险最终未能与原有的个人伤害保险商品相区别，导致其业绩不佳，市场反响平平。②

表7.18　　　　韩国绿色自行车保险具体覆盖内容和相应保费

	项目名称	Platinum	Gold	Standard
自行车交通事故	死亡·重度后遗症	最高1.5亿韩元	最高1亿韩元	最高5000万韩元
	一般后遗症	最高6000万韩元	最高4000万韩元	最高4000万韩元
	住院补贴(4日以上)	5万韩元	3万韩元	2万韩元

---

① Ksure. [Retrieved on 2018. 6. 1]. https：//www. ksure. or. kr/insur/carbon02. do.

② Samsungfire. [Retrieved on 2018. 6. 1]. https：//www. samsungfire. com/.

续表

	项目名称	Platinum	Gold	Standard
交通事故（自行车交通事故除外）	死亡·重度后遗症	7500 万韩元	5000 万韩元	—
	住院补贴(4 日以上)	5 万韩元	3 万韩元	2 万韩元
人身、财产损失赔偿责任险	家人日常生活赔偿责任险(自费部分：人身、财产各 20 万韩元)	最高 1 亿韩元	最高 1 亿韩元	最高 1 亿韩元
费用损害	自行车事故罚金	最高 2000 万韩元	最高 2000 万韩元	最高 2000 万韩元
	自行车事故辩护律师费用	最高 500 万韩元	最高 500 万韩元	最高 500 万韩元
	自行车事故交通事故处理费用补贴(若受害人(同乘者除外)死亡，按投保人实际支付的刑事赔偿金进行补贴)	一人最高 3000 万韩元	一人最高 3000 万韩元	一人最高 3000 万韩元
	保险费	109 560 韩元	71 860 韩元	31 390 韩元

五、小结

就截至 2018 年 6 月 1 日各大保险公司推出的保险产品来看，美国的多家公司都对环境保险、绿色保险给予了特别的关注，对企业消费者的行业也有细致的划分，例如上文中介绍的 AIG 公司的 EAGLE 计划能针对不同行业的参保企业的不同覆盖要求规划相应的个性化产品，而 Chubb 公司的两款绿色保险产品都对突发与渐进性的污染责任进行了覆盖；欧洲的各保险公司对环境责任和新能源领域也都有所涉及，但相较于美国，对环境责任保险产品的设计更加笼统，缺乏综合性和针对性；其他地区如澳大利亚、亚洲各国在环境责任保险市场的开发上仍有所欠缺，但是在针对倡导个人消费者绿色出行的保险产品方面则更为活跃。

第八章

中国绿色金融实践情况、问题与建议

第一节　国内绿色金融实践情况

一、国内绿色金融的立法和政策

(一)立法和政策现状-中央立法和政策

绿色金融立法是绿色金融政策实施的保障。截至 2018 年 6 月 1 日,有关绿色金融的政策多为指导性文件,缺乏普适性和强制力,不利于政策的普遍推行,这与绿色金融在中国发展尚不成熟有关。由于重大决策的实施需要以法律为依据,而绿色金融立法能够为其政策推进提供法律支持,故而本文先梳理自建国以来我国有关绿色金融的立法、政策的状况(见表8.1、表8.2)。

表 8.1　　　　截至 2018 年 6 月 1 日国内有关绿色金融的法律基础

出台层级	时间(年)	法　　律①
国家出台	1954	《中华人民共和国宪法》
	1989	《中华人民共和国环境保护法》
	1987	《中华人民共和国大气污染防治法》
	1989	《中华人民共和国环境保护法》
	1997	《中华人民共和国节约能源法》
	2016	《中华人民共和国环境保护税法》

①　中国政府网.中华人民共和国法律.[检索时间:2018.6.1].http://www.gov.cn/flfg/fl.htm.

表8.2 截至 2018 年 6 月 1 日国内有关绿色金融的政策规章

出台层级	时间(年)	政 策①
部门规章	1996	《国务院关于环境保护若干问题的决定》
	1996	《国家环境保护"九五"计划和 2010 年远景目标》
	2005	《国务院关于落实科学发展观加强环境保护的决定》
	2007	《中国应对气候变化国家方案》
	2011	《"十二五"控制温室气体排放工作方案》
	2015	《生态文明体制改革》
	2016	《"十三五"控制温室气体排放工作方案》
	2016	《关于建立统一的绿色产品标准、认证、标识体系的意见》
	2016	《绿色金融体系的指导意见》

(二)国内金融产品的政策现状

国内金融产品的政策现状如表 8.3 所示:

表8.3 截至 2018 年 6 月 1 日国内绿色金融产品的政策

产品	绿色信贷	绿色证券	绿色基金	绿色投资	绿色保险
政策现状	✓	✓	无	无	✓

依据我国的部门和金融领域分类,绿色金融政策大体分为三类:绿色信贷政策、绿色保险政策和绿色证券政策。三类政策为绿色金融的实施提供了一定的政策保障,但我国现阶段与之相配套的环境污染损害赔偿制度、企业环境信息披露制度、环境公益诉讼制度等仍缺失或不完善,一定程度上制约了绿色金融的发展。

---

① 中华人民共和国环境保护部环境经济政策. [检索时间:2018.6.1]. http://www.zhb.gov.cn/gzfw_13107/zcfg/hjjzc/gjfbdjjzcx/.

1. 信贷政策

绿色信贷有两层含义：一是作为国家政策层面的绿色信贷，二是作为银行层面的绿色信贷。基于政策层面的绿色信贷，是指国家通过调控银行信贷行为实现环保目标的环境经济政策。基于银行层面的绿色信贷，是指商业银行、政策性银行等依据环境经济政策，对研发、生产治污设施，开发、利用新能源等企业或机构提供贷款扶持和优惠利率，而对污染生产企业限制贷款的行为。我国实施了一系列绿色信贷政策，如表 8.4 所示。

表8.4　　　　　　　　截至 2018 年 6 月 1 日国内绿色信贷的政策

时间	政策①	主要内容
2007	《关于落实环境保护政策法规防范信贷风险的意见》	对未通过环评审批或者环保设施验收的项目，不得新增任何形式的授信支持
2007	《节能减排授信工作指导意见》	对高污染、高排放的行业提出了一系列的信贷投放要求
2012	《绿色信贷指引》	明确金融机构绿色信贷支持方向和重点领域，实行有差别的授信政策，实施风险敞口管理制度，建立相关统计制度
2013	《绿色信贷统计制度》	通过多项指标细化界定银行的信贷投放是否属于绿色信贷
2015	《能效信贷指引》	衡量信贷投放对企业能源效率的效果

2. 保险政策

绿色保险又称为环境污染责任保险，是基于环境污染赔偿责任的一种商业保险。其以企业发生污染事故时，对第三者造成的损害从而依法应承担的赔偿责任为标的。我国实施了一系列绿色保险政策，如表 8.5 所示。

---

① 中华人民共和国生态环境部绿色信贷政策．［检索时间：2018.6.1］．http：//www.zhb.gov.cn/gzfw_13107/zcfg/hjjzc/gjfbdjjzcx/lsxdzc/．

表 8.5   截至 2018 年 6 月 1 日国内绿色保险的政策

时间	政策①	主要内容
2007	《关于环境污染责任保险工作的指导意见》	选择部分环境危害大、最易发生污染事故和损失容易确定的行业、企业和地区，率先开展环责险的试点工作
2013	《关于开展环境污染强制责任保险试点工作的指导意见》	在涉重金属企业和石油化工等高环境风险行业推进环境污染强制责任保险试点
2015	《关于保险业履行社会责任的指导意见》	引导保险企业梳理社会责任理念，并把保险企业履行社会责任情况与保险机构服务评价体系等监管工作结合起来

3. 证券政策

绿色证券是指上市公司在上市融资和再融资过程中，要经由环保部门进行环保审核的证券。这些环保审核包括上市公司环保核查、上市公司环境信息披露和上市公司环境绩效评估。我国实施了一系列绿色证券政策。实施绿色证券政策有效遏制高耗能、重污染企业资本扩张，引导资金进入促进国家环保事业的企业和机构。我国实施了一系列绿色保险政策，如表 8.6 所示。

表 8.6   截至 2018 年 6 月 1 日国内绿色证券的政策

时间	政策②	主要内容
2008	《关于重污染行业生产经营公司 IPO 申请申报文件的通知》	从事重污染行业生产经营活动的企业申请首次公开发行股票的，申请文件中应当提供国家环保总局的核查意见，未取得相关意见的不受理申请
2008	《关于加强上市公司环境保护监督管理工作的指导意见》	公司申请首发上市或再融资时，环保核查将变成强制性要求

---

① 中华人民共和国生态环境部绿色保险政策．［检索时间：2018.6.1］．http：//www. zhb. gov. cn/gzfw_13107/zcfg/hjjzc/gjfbdjjzcx/.

② 中华人民共和国生态环境部绿色证券政策．［检索时间：2018.6.1］．http：//www. zhb. gov. cn/gzfw_13107/zcfg/hjjzc/gjfbdjjzcx/lszqzc/.

续表

时间	政策	主要内容
2015	《绿色金融债券公告》	在银行间债券市场推出绿色金融债券，建立绿色金融债券发行核准绿色通道，允许发行人在资金闲置期间投资于信用高、流动性好的货币市场工具及非金融企业发行的绿色债券
2015	《绿色债券发行指引》	明确现阶段"绿色债券"的12个重点（如节能减排技术改造、绿色城镇化等）支持领域，企业申请发行绿色债券可适当调整审核准入条件
2016	《关于开展绿色公司债券试点的通知》	绿色公司债券设立了专门的申报受理及审核绿色通道，并对绿色公司债进行了统一标识
2017	《关于支持绿色债券发展的指导意见》和《绿色债务融资工具业务指引》	为非金融企业发行绿色债券及其他绿色债务融资工具提供了指引

二、国内绿色金融的顶层设计

《生态文明体制改革总体方案》（以下简称《方案》）是生态文明领域改革的顶层设计和部署，也是生态文明建设的基础性制度框架。

《方案》分为10个部分，共56条。其中第45条是关于绿色金融的内容，定义了我国发展绿色金融的主基调。《方案》明确提出了"建立绿色金融体系"：推广绿色信贷，研究采取财政贴息等方式加大扶持力度，鼓励各类金融机构加大绿色信贷的发放力度；加强资本市场相关制度建设，研究设立绿色股票指数和发展相关投资产品，研究银行和企业发行绿色债券，鼓励对绿色信贷资产实行证券化；支持设立各类绿色发展基金，实行市场化运作，建立上市公司环保信息强制性披露机制；建立绿色评级体系以及公益性的环境成本核算和影响评价体系，积极推动绿色金融领域各类国际合作。同时，《方案》细化了环境权益交易的相关内容，从用能权和排污权交易制度、水权交易制度等方面做了相关的规定。

《方案》是生态文明领域改革的总纲，而《绿色金融体系的指导意见》（以下简称《意见》）则仅与绿色金融相关，故而更有针对性。《意见》从 9 个方面，35 个条目全面阐述了中国绿色金融体系的背景、目标、内涵、方法和路径，在我国绿色金融发展进程中有着里程碑的意义。它标志着我国绿色金融战略正式具有清晰的实践纲领。《意见》指出，环境质量改善是"十三五"的重大目标。《意见》的出台发出了国家鼓励投融资的信号。

三、绿色金融政策计划及其实施情况

综合考虑经济发展阶段、空间布局、绿色金融实践基础等因素，同时承诺建立地方财政税收优惠激励机制后，国家选择了浙江省、广东省、新疆维吾尔自治区、贵州省和江西省作为绿色金融试点地区，并且中国人民银行、发展改革委、财政部等七部委联合印发《江西省赣江新区建设绿色金融改革创新试验区总体方案》《贵州省贵安新区建设绿色金融改革创新试验区总体方案》《新疆维吾尔自治区哈密市、昌吉州和克拉玛依市建设绿色金融改革创新试验区总体方案》《广东省广州市建设绿色金融改革创新试验区总体方案》和《浙江省湖州市、衢州市建设绿色金融改革创新试验区总体方案》。

从各自的特色和侧重来看，试验区分为三类。

第一类是浙江和广东。其共同特点是经济和金融业比较发达，尝试把金融市场发展的优势和产业转型升级结合起来探索金融发展。

第二类是贵州和广西。其共同特点是绿色资源比较丰富，生态优势明显，但是又属于经济后发地区。贵州和广西尝试利用良好的绿色资源发展绿色金融的机制，构建绿色发展方式。

第三类是新疆。其特点是位于丝绸之路经济带的核心区，有一定生态文明建设基础。新疆维吾尔自治区哈密市、昌吉州和克拉玛依市具有独特的地理位置优势，有利于将绿色金融、经济发展和"一带一路"等紧密联系在一起。

（一）广东省总体方案及绿色金融实践情况

广东省将在广州市花都区率先开展绿色金融改革创新试点，力争五年内在制度、组织、市场、产品、服务、保障措施等领域取得显著的成果。该试点的主要构建任务为培育发展绿色金融组织体系；创新发展绿色金融产品和服务；支持绿色产业拓宽融资渠道；稳妥有序探索建设环境权益交易市场；加快发展绿色保险；夯实绿色金融基础设施；加强绿色金融对外交流合作；构建绿色金融服务主导产业转型升级发展机制；建立绿色金融风险防范化解机制。其实施情况如表 8.7 所示。

表 8.7 广东省绿色金融实施情况

产品服务	绿色基金	绿色债券	绿色保险
实施情况	2015.12.17 粤科集团、平安银行与建工集团合资成立广东环保基金；2015.12 广州市花都区政府与广州金融控股集团有限公司共同出资成立广东省绿色金融投资控股集团有限公司	2016 年末华兴银行公开发行第一期绿色金融债券（10 亿元）	2016.10 首单巨灾指数保险落地汕尾市；2017.09 广东省环保厅与省保监局联合印发《关于开展环境污染责任保险试点工作的指导意见》，开展涉重金属行业试点

（二）江西省总体方案及绿色金融实践情况

江西省总体方案主要目标是用五年左右初步构建组织体系完善、产品服务丰富、基础设施完备的绿色金融服务体系，绿色金融服务覆盖率、可得性和满意度得到较大提升。该方案的主要任务是构建绿色金融组织体系；创新发展绿色金融产品和服务；拓宽绿色产业融资渠道；稳妥有序探索建设环境权益交易市场；发展绿色保险；夯实绿色金融基础设施；构建服务产业转型升级的绿色金融发展机制；建立绿色金融风险防范机制。绿色金融实施情况如表 8.8 所示。

表 8.8 江西省赣江新区绿色金融实施情况

产品服务	绿色信贷	环境权益交易市场	绿色债券	绿色保险
实施情况	截至 2016 年 9 月，全省绿色信贷余额 1101 亿元，同比增长 21.4%，高于各项贷款增速 3.6 个百分点	2016 年启动排污权交易试点工作	2016 年，江西银行发行 4 只绿色金融债（共计 80 亿元）业试点	2013 年开始环境污染责任保险试点，截至 2015 年底，投保企业 31 家

（三）贵州省总体方案及绿色金融实践情况

贵州省主要目标是用 5 年左右初步形成辐射面广、影响力强的绿色金融服务体系。该方案主要任务是建立多层次绿色金融组织机构体系；加快绿色金融产品和服务方式创新；拓宽绿色产业融资渠道；加快发展绿色保险；夯实绿色金融基础设施；构建绿色金融风险防范化解机制。绿色金融实施情况如表 8.9 所示。

表 8.9　　　　　　　　　　贵州省绿色金融实施情况

产品服务	绿色金融机构	绿色信贷	环境权益交易市场	绿色债券	绿色保险
实施情况	兴业银行贵阳分行在分、支两级设立绿色金融事业部与绿色金融业务部，并于2017年6月同贵安新区签署战略合作协议，承诺在"十三五"期间为贵安新区提供各类绿色融资200亿元	截至 2016 年底，绿色信贷余额超过1400亿元	2016年，省环保厅出台《贵州省排污权交易指标补充规定(暂行)》	2017.03 平安证券联手贵阳市公共交通集团发行了基于公交运营收益权的绿色资产支持债券(26.5亿元)；2017.02贵阳银行拟发行不超过80亿元的绿色金融债	截至 2016 年底，绿色信贷余额超过1400亿元

（四）新疆维吾尔自治区总体方案及绿色金融实践情况

新疆维吾尔自治区总体方案主要目标是用 5 年左右逐步提高试验区绿色信贷、绿色债券、绿色股权融资等在社会融资规模中的占比，"两高一剩"行业贷款规模和占比逐年下降，绿色贷款不良贷款率低于自治区小微企业平均不良贷款率水平。该总体方案主要任务是培育发展绿色金融组织体系；创新发展绿色金融产品和服务；拓宽绿色产业融资渠道；稳妥有序探索开展环境权益交易；加快发展绿色保险；夯实绿色金融基础设施；构建绿色金融服务产业转型升级发展机制；建立绿色金融支持中小城市发展和特色小城镇的机制；构建绿色金融风险防范化解机制。绿色金融实施情况如表 8.10 所示。

表 8.10　　　　　　　　　　新疆维吾尔自治区绿色金融实施情况

产品服务	绿色信贷	环境权益交易市场	绿色债券	绿色保险
实施情况	截至 2016 年底，绿色信贷余额为 1529 亿元，同比增长 20.35%	2017.02 已启动火电、造纸行业排污许可证核发试点	2015.07 金风科技发行全球首单中资企业绿色债券(3 亿美元)与全国首单绿色永续债券（首期 10 亿元）；2016.12 乌鲁木齐银行发行绿色金融债(5 亿元)	2017.06 自治区环保厅、新疆保监局联合发布《新疆维吾尔自治区环境污染责任保险试点工作实施方案》，全面推进环境污染责任保险试点；棉花气象指数保险等农业气候保险稳步推进

（五）浙江省总体方案及绿色金融实践情况

浙江省总体方案主要目标是通过五年左右的努力，试验区绿色融资规模较快增长，初步构建各具地方特色、服务绿色产业、产品服务丰富的绿色金融体系。其总体方案主要任务是构建绿色金融组织体系；加快绿色金融产品和服务方式创新；拓宽绿色产业融资渠道；稳妥有序探索推进环境权益交易市场建设；发展绿色保险；建立绿色信用体系；加强绿色金融的对外交流与合作；构建绿色产业改造升级的金融服务机制；建立绿色金融支持中小城市和特色小城镇发展的体制机制。绿色金融实施情况如表 8.11 所示。

从试点的总体方案来看，五个省改革创新方案的基本内涵是一致的，均是以金融创新推动绿色产业发展为主线，以制度创新为重点，充分发挥市场配置资源的决定性作用。但是各个试点地区在总体方案下达之后，实质性的配套政策体系的实施计划却没有相应地出台，只有相应的纲领性文件，无清晰的路径规划，如表 8.12 所示。

表 8.11　　　　　　　　　　　　　浙江省绿色金融实施情况

产品服务	绿色支行	绿色信贷	绿色基金	环境权益交易市场	绿色债券	绿色保险
实施情况	2016.05 安吉农商银行成立绿色金融事业部；2017.06 南浔农商银行绿色支行获批	截至 2016 年底，绿色信贷余额为 7443 亿元，在全省贷款比重超过 9%	衢州市成立绿色产业引导基金，并按照政府 70%、银行 30% 比例设立"绿色资金风险池"	排污权许可制度改革试点省份，到 2015 年底，累计排污权有偿使用和交易金额达 50.65 亿元，排污权抵押贷款 145.07 亿元	2018.04 湖州市建立绿色债券项目库；2016.05.20 浙江吉利控股集团发行首只中国汽车行业离岸绿色债券(4 亿美元)；2016.05.24 浙江嘉化能源化工股份有限公司发行国内首只绿色公司债（3 亿元）；2016.11.30 盾安控股集团有限公司发行绿色债券(10 亿元)	2015.07 全省范围内推广生猪保险与无害化联动机制；2017.01 全国首创"安全生产和环境污染综合责任保险"在衢州市试点

表 8.12　　　　　　　　试点地区政策及其实质性配套政策体系现状

地区	广东省	浙江省	新疆自治区	贵州省	江西省
总体方案	✓	✓	✓	✓	✓
实质性的配套政策体系	✓	✓	无	无	✓
路径规划					

（六）港澳台绿色金融实践情况

表 8.13　　　　　　　　　　港澳台绿色金融实践情况

地区	实施计划	内容
香港	"绿色金融认证计划"	绿色金融发行前认证和发行后认证，分别在发行前和后两个阶段，通过审定"环境方法声明"的可行性及核查其执行成效，评估绿色金融工具及其项目的资格

续表

地区	实施计划	内容
澳门	无	无
台湾	引入赤道原则；落实金融企业社会责任；建立绿色信用评级融资决策体系；鼓励银行对弱势群体发放微型贷款及中小企业贷款；发放绿色专项贷款；引导保险资金进入公共建设与绿色产能产业	

四、绿色信贷国内概述

建立绿色信贷统计制度，推动银行业金融机构发展绿色信贷，是银监会落实党中央国务院生态文明建设要求的重要举措。2018 年 2 月，银监会在官方网站上集中披露了国内主要银行机构 4 年间绿色信贷整体数据情况。

截至 2018 年 6 月 1 日，根据绿色信贷统计制度，绿色信贷包括两部分：一是支持节能环保、新能源、新能源汽车等 3 大战略性新兴产业生产制造端的贷款；二是支持节能环保项目和服务的贷款。此次银监会集中披露了 2013 年 6 月末至 2017 年 6 月末国内 21 家主要银行①绿色信贷的整体情况。从此次集中披露的绿色信贷统计信息来看主要有以下特点：一是绿色信贷规模保持稳步增长，从 2013 年末的 5.20 万亿元增长至 2017 年 6 月末的 8.22 万亿元；二是绿色信贷的环境效益较为显著；三是信贷质量整体良好，不良率处于较低水平。例如，2017 年 6 月末，国内主要银行节能环保项目和服务不良贷款余额 241.7 亿元，不良率 0.37%，比各项贷款不良率低 1.32%。

可以看出我国绿色信贷投资呈稳步上升趋势，其中绿色交通运输项目、战略新兴产业、节能环保服务为主要投资类别。

---

① 21 家主要银行机构包括：国家开发银行、中国进出口银行、中国农业发展银行、中国工商银行、中国农业银行、中国银行、中国建设银行、交通银行、中信银行、中国光大银行、华夏银行、广东发展银行、平安银行、招商银行、浦东发展银行、兴业银行、民生银行、恒丰银行、浙商银行、渤海银行、中国邮政储蓄银行。

21家银行绿色信贷投资累计余额（亿元）

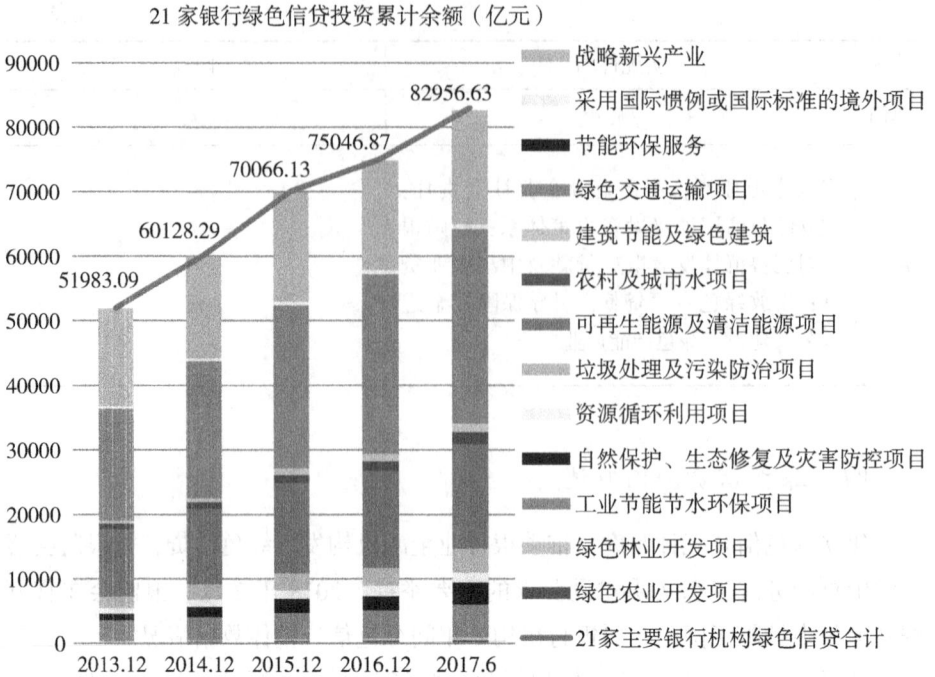

图8.1 21家主要银行绿色信贷投资累计余额

五、绿色金融产品的实践情况

（一）中国工商银行的实践情况

1. 体制发展

2007 年，中国工商银行（以下简称"工行"）"绿色信贷"长效机制初步建立，其成立的专门从事行业信贷风险控制的职能部门——行业分析中心跟踪覆盖国家公布的"两高一剩"行业，结合环保和产业政策标准及时调整，确保信贷投向绿色化。

工行于同年建立动态跟踪监测机制，将环保风险管理纳入日常贷后管理工作中，并逐步理顺预警管理流程，明确了从环保信息收集、分析、核实、预警，跟踪监督预警企业的环保治理进度、整顿验收情况各个环节，进行全过程评价和风险监控。同时工行在银行资产管理的计算机系统中标注"企业环保信息"，建立了客户环保信息数据库，对企业实行环保名单管理，确保信贷资金项目和客户均符合国家环保要求。

2008年，工行进一步完善"绿色信贷"长效机制的建设，严格授信审批，实行环保政策的"一票否决制"，对达不到准入标准的客户和不符合"四个必须"①条件的项目坚决不予贷款。

2009年，为加快信贷结构升级调整，工行采取"扶优限劣、有保有压"的总体信贷原则和政策。一方面严格控制贷款总量规模，另一方面从新客户信贷准入、存量客户分类以及劣质客户压退等方面制定了系统的管理制度。工行通过名单制管理方式，对行业中符合国家产业政策、环保要求的核心企业给予信贷资源倾斜，同时对环保违法、降耗减排达标不佳、管理落后、发展前景差的客户加大压缩力度，控制信贷投放。

2010年，工行根据国家环境保护、资源节约、减少碳排放等相关政策，先后制订了《关于加强绿色信贷建设工作的意见》《关于进一步做好信贷支持节能减排工作的意见》《关于对境内公司贷款实施绿色信贷分类及管理的通知》等多项制度。

2011年，工行完善制度建设，制定《绿色信贷建设实施纲要》。

2012年，为有效防范重金属环境污染风险，工行印发了《关于加强防控重金属排放企业信贷风险管理工作的通知》。

2013年，工行修(制)订并印发了2013年版61个行业(绿色)信贷政策，覆盖了全行85%的公司贷款和国家产业政策鼓励发展的绿色经济领域。

2015年，工行印发了《中国工商银行绿色信贷发展战略》，在绿色信贷统计系统中增设"节能环保项目与服务"统计标识(含节能环保项目与服务分类、项目节能减排成效等8个分项指标)。

2017年，工行参与"绿色技术银行"组建的各项工作，是理事会成员单位中唯一一家金融机构。同年工行在对上证180公司进行绿色评级的基础上研究建立工银ESG绿色指数，并撰写了《ESG绿色评级及绿色指数研究报告》，在2017年7月召开的环境风险分析国际讨论会上正式发布。

2018年5月30日，中国工商银行入选联合国环境署金融倡议组织(UNEP FI)发起的"全球银行业可持续原则"核心银行工作组，成为参与核心工作组的唯一中资银行。

---

① 确定的项目贷款审查"四个必须"条件：必须符合国家产业政策和市场准入标准、必须已通过有关部门审批核准或备案、必须已通过用地预审、环境影响评价、必须符合区域整体规划和污染排放指标要求。

2. 绿色信贷

自 2008 年起，工行调整信贷结构，对国家明确的高耗能、高污染行业制定了具体的行业信贷政策，加快对行业内劣势客户和落后产能的信贷推出步伐。工行在产能过剩行业的贷款余额占公司贷款余额的比例呈稳步下降趋势，图 8.2 为工行 2008—2017 年对绿色经济的贷款余额趋势图：[①]

图 8.2　中国工商银行绿色经济贷款余额

图 8.3 为近三年来绿色经济信贷余额对应的折合减排标准煤与折合减排二氧化碳当量的数据。从中可以看出绿色金融对我国环境保护与社会发展具有重要意义。

表 8.14 为部分绿色贷款的投资项目：

表 8.14　　　　　　　　　　绿色经济贷款额度表

年份	项目类别	贷款额度
2009	清洁发展机制项目	宁夏分行向"4.5 万千瓦风力发电机组"工程项目、二期"45 兆瓦风力发电机组"项目累计发放贷款 1.75 亿元
2009	海域综合整治项目	厦门某海域综合整治工程搭桥贷款余额 6.5 亿元，项目贷款余额 3.6 亿元

---

① 2007—2017 年中国工商银行社会责任报告。

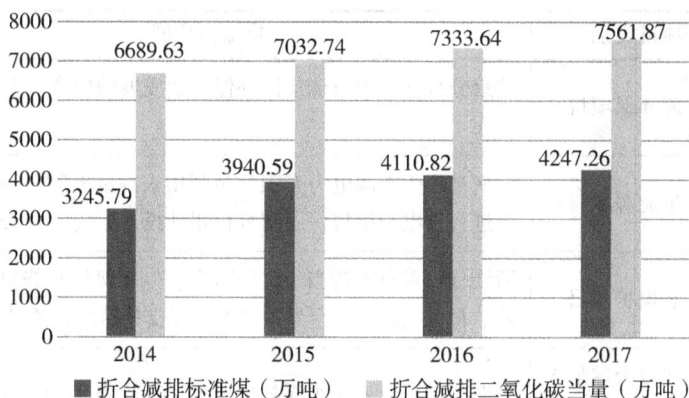

图 8.3　绿色经济贷款余额对应减排当量表

续表

年份	项目类别	贷款额度
2009	工业废水处理项目	湖南分行对钢铁公司工业废水处理发放环保贷款 9 亿元
2009	环境治理改造项目	青岛分行为李村河改造方案授信 5 亿元，2009 年对该项目实际发放贷款 1.9 亿元
2010	清洁发展机制项目	工行北京分行与云南分行合作共同向大唐发电集团控股风电子公司一期"4.9 万千瓦风力发电机组"项目发放贷款 1 亿元
2010	供水系统建设及污水治理项目	工行对广州市治水工程项目工程累计发放贷款 12.7 亿元
2010	矿浆管道及供水管道建设项目	内蒙古某钢铁集团为加速实施区域循环经济的建设和发展，本行内蒙分行为本项目发放贷款 7.2 亿元
2011	洁净煤发电项目	工行天津分行投放贷款 2 亿元支持当地某煤气化发电公司燃气与蒸汽联合循环发电装置及配套工程
2011	环保降解塑胶项目	工行河南分行为商丘某环保降解塑胶的高新科技龙头企业办理 2000 万元网贷通融资业务
2011	环境治理项目	工行参与东太湖环境治理工程项目银团贷款余额逾 3 亿元

续表

年份	项目类别	贷款额度
2012	节能环保项目	北京分行支持中节能集团环保产业发展的信贷资金已超过20亿元
2012	再生能源项目	湖南某再生能源电力有限公司利用农林废弃物和城市生活垃圾进行发电与销售,湖南分行累计投入信贷资金1500万元
2013	生态保护项目	浙江分行重点支持当地区段防洪、生态保护与修复等环保产业。报告期内,该行发放2.5亿元支持黄泽江流域综合治理
2014	支持建设全球最大水光互补项目	青海分行对青海水光互补项目累计投放贷款14亿元
2014	支持风力发电项目	山东分行对山东"摘月山风电场"项目发放贷款2.53亿元
2015	燃煤改造项目	工行北京分行支持某节能服务有限公司冀北地区电能替代燃煤锅炉改造合同能源管理项目。本行为该项目设计了融资方案,贷款总额9600万元
2015	支持风力发电项目	工行陕西分行全力推进风力发电项目建设,重点支持"九大电力集团"在陕新建风电项目,累计投放项目贷款12.2亿元
2017	机械农林项目	河北分行为塞罕坝机械林场总厂提供资金支持,自1999年累计发放资金8620万元

3. 绿色债券

2016年,工行在债券承销业务领域提供符合绿色标准的客户融资方案;承销了国内首单绿色金融债券,某商业银行绿色金融债券300亿元;承销了中国银行间市场首单国际多边开发机构人民币绿色债券,金砖国家新开发银行绿色金融债券30亿元;承销了国内首支绿色企业债券,某汽车公司绿色企业债券25亿元;承销了工行首支银行间市场绿色非金融企业债务融资工具,某投资公司绿色非金融企业债券28亿元。截至2016年底,工行累计承销各类绿色债券8支,募集资金总量883亿元人民币,居境内银行类机构第一。

2017年9月26日,工行卢森堡分行宣布发行首支"一带一路"绿色气候债券。这支债券将于卢森堡证券交易所"环保金融交易所"(LGX)专门板块挂牌上市,募集资金约合21.5亿美元(约143亿元人民币),是自2017年以来境内机构在离岸市场所发行的金额最大的绿色债券(至 2018 年 6 月 1 日)。工行本次发行的绿色债券,符合国际和中国绿色定义,由国际气候与环境研究中心 CICERO 提供了第二意见,中财绿融按照中国绿债标准进行了外部审查,并获得气候债券标准认证,是截至 2018 年 6 月 1 日单笔规模最大的获认证绿色债券。

工商银行的这支"一带一路"气候债券覆盖美元和欧元两个币种,分 3 年和 5 年两个期限,包括 11 亿欧元 3 年期浮动利率、4.5 亿美元 3 年期浮动利率及 4 亿美元 5 年期固定利率的绿色债券。其中,欧元债券部分创下中资绿色欧元债券发行单笔最大金额的纪录。根据货币市场资讯服务商 Global Capital 早前报道,发行利率为 4.5 亿美元 3 年期绿债定价为 LIBOR 加 77 个基点,4 亿美元 5 年期绿债票面利率为 2.875%,11 亿欧元 3 年期绿债最终定价定为 EU-RIBOR 加 55 个基点。本次工行绿色债券发行利率参考了该行早前发行的普通债券。2017 年 2 月,工行香港分行发债 9 亿美元,年期为 5 年,定价 2.875%。工行本次发行绿色债券,募资资金将用于支持该行全球范围内已经投放或未来即将投放的四类合格绿色信贷项目,包括可再生能源、低碳及低排放交通、能源效率和可持续水资源管理。

这是中资银行在离岸市场发行规模第二大的绿色债券,中国四大国有商业银行之中,工商银行、中国银行和农业银行已先后"走出去",在国际市场上发行绿色债券。2015 年 10 月,农行在伦敦交易所发行了 10 亿美元绿色票据;2016 年 7 月,中行分别通过卢森堡分行及纽约分行,在卢森堡证券交易所和香港联交所发行 30 亿美元绿色债券,其后于 2016 年 11 月,中行通过伦敦分行在伦敦交易所发行 5 亿美元绿色资产担保债券。工行卢森堡分行本次发行 21.5 亿美元的绿色债券,从单次发行金额来看,为中资银行离岸市场绿色债券发行第二大。

截至 2017 年底,工行累积承销各类绿色债券 11 支,募集资金总量 643 亿元,绿色债券投资余额 201.9 亿元,承销总规模居境内银行类机构第一,获 2017 年中债绿色券指数成分优秀承销机构奖。

(二)中国农业银行的实践情况

1. 体制发展

2009 年,中国农业银行(以下简称"农行")执行国务院《节能减排综合性工作方案》,制定下发了一系列支持环境保护和节能减排的制度办法,将"低碳金融"、"绿色信贷"理念和措施融入信贷政策、制度和流程之中。农行核查企业环保信息，实行环保"一票否决制"，严控"两高一剩"行业贷款，支持以循环经济项目、节能环保工程、环保设备生产企业、污水处理企业等为重点的"绿色工业"、"绿色农业"和第三产业发展。2009年，中国农业银行考虑环保因素否决贷款项目83个，支持节能减排项目1803个。

2010年，农行制定了《中国农业银行2010年信贷政策指引》等系列制度办法，将"绿色发展"、"低碳金融"理念融入信贷政策、制度和流程之中，希望借此提高全行信贷环保合规意识，努力构建信贷支持环保的长效机制，支持经济、社会和环境的可持续发展。

2013年，农行下发了《中国农业银行关于落实绿色信贷工作的实施意见》，确立"绿色金融"的目标，实行差别化绿色信贷政策，防控"两高一剩"行业信贷风险，建立"绿色金融"工作机制和管理体系。

2014年，农行发布《关于建立绿色信贷指标体系暨修订"两高一剩"行业信贷政策的通知》，构建绿色信贷指标体系，推动绿色信贷与行业政策融合，使绿色信贷指标成为信贷管理多重环节的重要决策依据。

2015年1月，农行根据银监会下发的《能效信贷指引》，积极探索以能效信贷为基础资产的信贷资产证券化试点工作，制定《农业银行绿色金融债资金投向实施指南》，建立科学有效的绿色信贷金融服务体系。

2016年，中国人民银行、财政部等七部委联合印发了《关于构建绿色金融体系的指导意见》，农业银行据此下发《关于落实绿色信贷工作的实施意见》，明确提出了建设绿色银行的目标，从信贷政策、信贷全流程管理、风险防控等方面完善绿色信贷工作体系，从提升战略管理、调整信贷结构、强化绿色理念三个方面加强措施。

2017年，农行制定《中国农业银行绿色金融发展规划（2017—2020年）》，全盘布局整体规划。

2. 绿色信贷

自2009起，农行在绿色交通、可再生能源及清洁能源等12个绿色信贷领域各有突破。其在产能过剩行业的贷款余额占公司贷款余额的比例呈稳步下降趋势，同时推进绿色信贷建设，图8.4是自2010年对绿色经济的贷款余额趋势图：①

表8.15为农行绿色贷款的投资项目：

---

① 2009—2017年中国农业银行社会责任报告。

绿色经济贷款余额（亿元）

图 8.4 中国工商银行绿色经济贷款余额

表 8.15 中国农业绿色经济贷款额度表

年份	项目类别	贷 款 额 度
2009	生物发电项目	广西分行贷款 1.3 亿元支持广西柳州鑫能生物发电有限公司投产发电
2009	风电项目	内蒙古分行贷款 12.03 亿元积极支持大唐新能源有限公司赤峰风电项目、内蒙古京能商都风力发电公司等企业的风电项目
2010	支持循环经济发展	自 2010 年至 2012 年三年内，农行向深圳绿色动力控股集团提供 25 亿元意向性信贷支持额度
2010	绿色能源产业	内蒙古分行支持节能环保项目 14 个（其中风电项目 10 个），授信余额 53.5 亿元
2011	高效农业技术推广	黑龙江大庆分行为 5 家膜下滴灌企业贷款 3220 万元
2011	太阳能项目	山东分行发放 1 亿元贷款支持由皇明集团开发的以太阳能光热、光电为主要能源的低碳微排社区—"皇明蔚来城节能示范小区"建设
2012	节能减排	河北分行通过金融租赁方式，对邯钢烧结机脱硫等项目提供 8 亿元资金支持

205

续表

年份	项目类别	贷款额度
2013	清洁能源项目	北京分行对北京市四大热电中心项目授信 72 亿元，累计投放贷款 20 亿元
2013	河道保护项目	无锡分行累计投放贷款近 50 亿元，支持 9 个农业污染源、河道等太湖综合治理工程
2014	环境保护项目	山西分行以七大煤业集团"煤-电-材"、"煤-焦-化"两条产业链为重点，先后向山西晋煤集团泽州天安煤业有限公司授信并购贷款 5 亿元，已发放 2 亿元
2014	清洁能源项目	广东梅州分行为梅县荷树园电厂综合利用清洁能源和可再生能源项目独家授信 13 亿元
2015	低碳环保项目	广东中山分行为珠三角嘉明电力三期发电项目提供 5.5 亿元人民币融资

3. 绿色债券

2015 年 10 月 22 日，农行在伦敦证券交易所发行等值 10 亿美元绿色债券。这是中资金融机构发行的首单绿色债券。同日，农行与伦敦证交所集团已签署《绿色金融战略合作备忘录》。此次绿色债券募集资金将全部回流中国境内使用，以支持绿色项目融资。资金使用情况将根据要求接受第三方机构的评估，并按时对外披露。

2016 年 7 月 27 日，农行与金风科技合作，在上交所发行市场首单绿色资产支持证券——"农银穗盈·金风科技风电收费收益权绿色资产支持证券"。其发行规模共计 12.75 亿元人民币，期限为 1~5 年，各档发行加权平均利率 3.98%，较同期贷款基准利率下浮 16.22%。

2017 年，农行为三峡集团发行 20 亿元绿色中期票据。其募集资金主要用于三峡集团海上风电项目建设，截至 2017 年，农行共发行绿色金融债券 10 期，募集资金 383 亿元，其中农行份额 61.6 亿元。

2017 年 12 月 21 日，农行发行"农盈 2017 年第一期绿色信贷资产支持证券(浙江"绿水青山"专项信贷资产证券化项目)"，因基础资产与募集资金用途均为绿色，成为银行间市场国内首单经认证的绿色信贷资产证券化产品。农行向浙江省水利水电、污水治理、水资源综合利用等领域发放了"绿水青山"专项贷款 600 余亿元，带动项目投资 1500 余亿元。

农行于 2017 年主导发行了全国首单 5A 级自然景区资产证券化项目"农银穗盈—建投汇景—华山景区服务费资产支持专项计划"，发行规模 2.12 亿元，期限为 1 至 4 年，以支持华山旅游集团开展生态旅游资源的保护性开发。

4. 绿色基金

2010 年 3 月，浙江分行与全国第一只"低碳"基金——浙商诺海创投基金成功开展托管业务合作，该基金主要投资于相关低碳经济领域。浙江分行提供账户开立、资产保管、会计核算、定期出具托管报告、投资监督与核查等一系列托管服务，保证了该基金的成功发行与运作。

2017 年，农行通过参与设立各类绿色基金，支持轨道交通、环保技术与装备、污染防治、废物处理等项目。

(1) 支持绿色轨道交通产业基金。

2017 年，农行投资并参与管理多只绿色轨道交通产业基金，包括中铁平安绿色产业基金、温州轨道交通绿色产业基金、重庆轨道交通 9 号线绿色产业基金、青岛地铁 8 号线绿色产业基金、成都轨道交通 11 和 17 号线绿色产业基金、中电建成都轨道交通 18 号线绿色产业基金等。

(2) 成立北京环卫绿色产业发展基金。

农行与北京环境卫生工程集团有限公司合作成立北京环卫绿色产业发展基金，用于各类工业生活垃圾清理、转运、处理等环卫项目基础设施建设，发展橡胶、金属回收处理等环卫产业升级项目。

(3) 成立浙江省绿色环保产业基金。

农行与杭州钢铁集团成立浙江省绿色环保产业基金，投向符合国家和省产业规划、政策的环保项目，包括环保技术与装备、水和大气污染防治、固体废物处理处置、环境治理工程、环保产品及服务、资源循环利用产业、土壤生态修复、海绵城市建设、生物质综合利用等。

5. 其他绿色产品

2008 年 4 月 17 日，中国农业银行与中华环保联合会联手推出国内首张环保主题贷记卡——金穗环保卡。

(三) 中国平安银行的实践情况

1. 绿色保险

我国一般意义上的绿色保险通常指的是环境污染强制责任险。根据环境保护部在 2017 年 6 月 9 日发布的《环境污染强制责任保险管理办法(征求意见稿)》,截至 2017 年 6 月,全国大部分省份已开展环境污染强制责任险试点,覆盖涉重金属、石化、危险化学品、危险废物处置等行业。保险公司已累计为企业提供超过 1300 亿元的风险保障金。2016 年,全国投保企业 1.44 万家,保费 2.84 亿元,保险公司共提供风险保障金 263.73 亿元。与保费相比,这相当于投保企业的风险保障能力扩大近 93 倍。

而在保险费率的计算方面,我们选取中国环境污染责任保险网所披露的信息进行介绍,具体计算公式如下:

$$主险保费 = \left[\sum (主线责任限额 \times 基准费率) \right] \times 累计限额调整系数$$
$$+ 法律费用累计责任限额 \times 法律费用基准费率$$
$$附加险保额 = \sum (附加责任限额 \times 基准费率)$$

总保费=(主险保费+附加险保费)×费率调整系数×续保调整系数×浮动系数

其中,环责险主险包括每次事故第三者责任保险与每次事故清污费用责任保险。环责险附加险包括每次事故每人精神损害赔偿责任险与其他附加险。环责险费率调整系数包括行业调整系数、规模调整系数、地区调整系数、承包区域调整系数、环境敏感区域调整系数与企业风险管理调整系数。

我们选取中国平安作为典型案例进行详细介绍。根据中国平安在《2017 中国平安社会责任报告》中披露的信息,在绿色保险方面,截至 2017 年 12 月 31日,中国平安环境污染责任险承保 2973 笔,保额达 48.7 亿元;船舶污染责任险承保 1220 笔,保额达 169 亿元。

2. 绿色信贷

2017 年,银行的绿色信贷授信总额为 808.39 亿元,授信余额为 308.65 亿元,贷款余额为 280.91 亿元,贷款余额较年初增长 25.68%。截至 2017 年 12月 31 日,平安银行绿色能源业务授信余额为 81.61 亿元。

3. 绿色债券

2017 年,由平安证券担任主承销商和计划管理人的"平安‖贵阳公交经营收费收益权绿色资产支持专项计划"成立,发行总规模达 26.5 亿元。

4. 绿色基金

2015 年 3 月 8 日,中国平安结合国家"一带一路"战略建设,支持重点企业共同设立"绿色丝绸之路基金",规模 300 亿元,重点发展生态农牧业等产业。

（四）国内企业的实践情况

1. 绿色基金

自 2010 年以来，我国诸多大型企业积极参与绿色基金设立和运作。节能减碳、生态环保现已成为很多私募股权基金和创业投资基金关注的热门投资领域。其中比较典型的案例如中国节能环保集团公司联合银行、保险公司、工商企业等设立的超过 50 亿元人民币绿色基金、建银国际联合上海城市投资开发总公司共同设立的建银环保基金、亿利资源集团、泛海集团、正泰集团、汇源集团、中国平安银行等联合发起设立的绿丝路基金等。

环保类上市公司也逐步发展成为发起设立绿色并购基金的主要力量。2015 年以来，环保类上市公司逐渐成为发起设立绿色并购基金的主要力量。例如，南方泵业设立"环保科技并购基金"；格林美拟设立"智慧环保云产业基金"；再升科技发起设立"再升盈科节能环保产业并购基金"；高能环境设立"磐霖高能环保产业投资基金"等等。

我们选取中信证券作为典型案例进行详细介绍。根据《中信证券 2017 年度社会责任报告》所披露的信息，在绿色基金方面，2017 年 5 月，华夏基金发行华夏能源革新股票型基金，该基金主要投资直接从事与新能源产业相关的行业、受益于能源革新主题的行业、新能源推广及其服务行业，通过精选能源革新的优质企业。中信证券在严格控制风险的前提下，力求实现基金资产的长期稳健增值。瞄准节能环保细分领域的投资机会，华夏基金 2017 年 7 月发行华夏节能环保股票型基金，主要投资范围包括清洁能源、节能降耗和环保治理三方面。华夏节能环保基金采用定性和定量相结合的方式，精选节能环保主题下的优质个股进行重点投资。绿色基金的成立有利于积极引导资金脱虚向实，推动更多优质的金融资源配置到节能环保等重点领域和薄弱环节。

2. 绿色债券

在绿色债券方面，中信证券担任中国长江三峡集团公司（以下简称"三峡集团"）中期票据联席主承销商，在 2017 年发行了银行间市场第一单直接以"绿色中期票据"进行命名的公募中票，并且担任牵头主承销商为三峡集团发行中国最大规模绿色公司债券，募集资金用于溪洛渡、向家坝和乌东德等三个兼具防洪、灌溉、发电等综合利用效益的巨型水电站项目。

同时中信证券也积极支持绿色产业相关项目，协助北京银行、兰州银行、乐山商业银行、南京银行、长沙银行、昆仑银行、河北金融租赁公司发行了共计 18 只绿色金融债券，发行规模共计 471 亿元；协助重庆龙湖企业拓展有限公司发行了共计 3 只绿色企业债券，发行规模共计 40.4 亿元。这些项目募集资金均依据法律法规的规定和监管部门的批准，全部用于绿色产业项目。同时，中信证券发起投资并支持地方建设公共租赁和保障性住房的债券 14 支，合计 11.75 亿元，扶贫专项债券及扶贫小贷 ABS 合计 4 支，规模 2.94 亿元。

3. 绿色风险投资

在绿色风险投资方面，我们选取中国风险投资有限公司(以下简称中国风投)的绿色风投实践情况进行介绍。中国风投是于 2000 年由民建中央发起、民建会员参股设立的以风险投资和基金管理为主营业务的专业投资机构。中国风投在绿色金融产品的具体实践包括绿色基金与绿色风投，下面分别做一一介绍。

中国风投在北京、上海、深圳、宁波、绍兴、沈阳、青岛、武汉、长沙等十余个城市设立了投资办公室。截至 2018 年 6 月 1 日，中国风投管理超过 20 只人民币基金，公司投资范围覆盖天使投资、创业投资、股权投资、产业并购等。公司重点投资领域包括节能环保、新材料、新能源、高端制造、轨道交通、军工航天、医药医疗、互联网等。

在绿色风险投资方面，以下选取中国风投截至 2017 年底的部分投资项目进行展示。

表 8.16　　　　　　　　　　中国风投绿色风投部分实践

时间	受资方	所属行业
2017	诚泰股份	电气机械及器材制造
2017	数字人	软件
2017	昊星文化	零售
2017	华之邦	其他清洁技术

在绿色基金方面，以下选取中国风投截至 2017 年底的部分项目进行介绍。

表 8.17　　　　　　　　　　中国风投绿色基金部分实践

时间	基金名称	管理机构
2017 年	奥鹏达晟	中国风投
2017 年	启迪沙丘基金	中国风投
2015 年	南通建华创业基金	中国风投
2015 年	济南建华创业基金	济南建华管理基金

(五)国泰世华银行(中国台湾)的实践情况

中国台湾于 2015 年 7 月底通过《温室气体减量及管理法》,为对抗全球气候变化而签署的《巴黎气候协议》也于 2016 年 11 月在中国台湾生效。中国台湾于 2015 年 3 月 23 日开始采用赤道原则。

国泰世华银行于 2016 年完成 434 据点的全面盘查,并设立以 2016 年为基准年,2017 年至 2021 年每年减碳 5%的长期目标。

此外,国泰积极参与国际气候变迁组织会议并表达支持气候行动的立场,签署 CDP Road to Paris 下的两项倡议,分别为"Commit to responsible corporate engagement in climate policy"和"Commit to report climate change information in mainstream reports as a fiduciary duty"。国泰金控除了是 CDP《碳揭露专案》和《水揭露专案》及《森林足迹揭露专案》的签署者,更加入 CDP 的"'Over the line':Our campaign to reach non-discloser"行动。

国泰针对"再生能源与基础建设"议题研发相关商品及服务。表 8.18 为其绿色金融服务的说明:①

表 8.18 国泰银行绿色金融产品

国泰产险	国泰投信	国泰综合证券
再生能源融资 再生能源设备工程险 绿能环保车险 自行车险 捷运营造工程险	环保趋势基金	支持初创企业 辅导环境相关产业上市

(六)香港恒生银行的实践情况

香港恒生银行推出"绿色融资计划②"旨在通过优惠的借贷方案(机器及设

---

① 国泰金融控股公司可持续发展网页.[检索时间:2018.6.1]. https://www.cathay holdings.com/holdings/csr.

② 恒生银行恒生绿色融资计划.[检索时间:2018.6.1]. https://bank.hangseng.com/1/2/schi/business/loans/green-financing-scheme.

备融资，额外融资，享受特惠港元年利率），帮助于珠三角设厂的港资企业，投资于较环保的机器及设备，以提升能源效益及减少污染。

六、绿色金融 NGO

绿色金融 NGO 是绿色金融非政府组织的简称。

绿色金融 NGO 提出银行的社会责任核心应该是通过提供金融专业服务提供环境保护、节能减排并增加社会福利。绿色金融 NGO 为此设立"绿色银行创新奖"，① 对在绿色金融方面表现优异的银行进行表彰。兴业银行获得 2008 年首个"绿色银行创新奖"。这是国内首个关于绿色金融和绿色银行的奖项，同时也是第一次由民间团体发起并评选的奖项。

NGO 作为独立的第三方可以起到独立监管的作用，会对企业和金融机构的社会责任感进行全方面的评估，能够对企业生产过程中的环境污染问题进行披露，并给金融机构参考。

第二节 国内绿色金融问题与建议

一、国内绿色金融的问题

我国绿色金融建设起步较晚，在理论、资源和实践方面面临如下问题。

在理论方面，绿色定义界定不清，产品服务创新缺乏具体的执行标准。我国宏观经济金融管理部门对"何谓绿色"暂无统一的定义，职能部门在具体业务开展过程中，对绿色企业和绿色项目的认定标准也各有差异。因此，金融机构难以有效识别符合条件的绿色企业和项目，降低了绿色金融产品服务创新的效率和精准度。简言之，由于"绿色"本身认定的不统一性导致了配套资源、实践等方面也存在一定的混淆和扭曲。

在资源配套方面，可分为制度、物质和人力资本配套三方面。制度配套中往往高配，即现有纲领性的制度和具体的经济、社会资源并不协调；此外物质、技术和设备资源也存在高配、低配甚至错配的情况；在人力资本方面，由于绿色金融的专业特殊性，现有金融从业者缺乏对环境知识的了解，在决策方面难于给出专业性的指导和建议，而环境领域学者对金融知识了解甚少，较难

---

① 孔令红 & 智慧(2009). NGO 参与和推动绿色金融的启迪意义. 经济研究导刊, 11, 131-132.

给出具体的金融见解，故而在人力资本方面存在着专业壁垒。

在实践方面，试验区绿色金融改革创新仍处于顶层设计阶段，产品服务创新暂无清晰的路径规划。而在金融机构决策时，由于尚未建立起完备的创新激励机制，其开展绿色金融产品服务创新的后续动力不足。此外，国内企业实践较少，难以发挥先行者优势。

二、国内绿色金融的建议

针对以上问题，在理论、资源和实践方面有以下政策建议。

在理论层面，统一行业或企业的"绿色定义"，制定一系列可交互比较并与国际接轨的具体标准，实现跨公司、跨行业甚至跨国的比较。同时继续完善绿色金融部门法律制度，发展绿色证券法律制度，完善绿色保险法律制度，落实绿色金融法律监管，完善绿色金融法律责任制度等配套体制，给绿色金融以具体的顶层设计，在资源配套和实践方面给予必要的指导。

在资源配套方面，结合理论部分，将已有的绿色金融法律、法规、规章、准则等与实际情况结合，对企业而言也要有灵活针对的政策；在物质、技术和设备资源配套方面，在与前沿接轨的同时也要逐步实现"搭配"；此外在人力资本方面，要强化人才培养和储备，构建支撑绿色金融产品服务创新的人力资源库，培养交叉环境领域和金融知识的顶尖人才。

在实践方面，加快研究出台试验区绿色金融改革创新实施细则，健全绿色金融产品服务创新的制度保障，同时加强对金融机构的正向引导，健全绿色金融产品服务创新的激励机制，鼓励创新，形成行业规模和促进行业竞争。

第九章

绿色金融的应用探究

第九章

预防与缓治出生缺陷

第一节　绿色金融在交通行业的应用

绿色金融在交通行业的应用，主要是通过绿色政策的指导和各类金融衍生工具的实践，促进资源向绿色交通(清洁交通)集聚，推动该行业的可持续发展和进一步繁荣。本节概述了绿色金融在中国交通运输业中的应用。其中，第一部分概述了国内外的相关政策、定义，第二和第三部分详细阐释了绿色信贷和绿色债券在交通行业中的应用，第四部分给出了总结和建议。

一、相关政策及定义

2007 年，中国银行业监督管理委员会发布了《信用节约减排工作指导意见》，将绿色交通纳入了"节能减排"的广泛政策。自此以后，中国绿色金融领域陆续发布了若干涉及绿色交通行业的政策和指导意见。2014 年，银监会的《绿色信贷实施关键评价指标》根据客户的环境和社会风险(包括绿色交通相关内容)分为三类：A、B、C。2015 年，中国银行业监督管理委员会和国家发展和改革委员会的能效信用指引将能效信贷业务的关键服务领域分为四个部分。2015 年，中国人民银行的《绿色债券支持项目目录》有六大绿色项目，第四类是清洁交通。2016 年，七部委联合发布了《关于建立绿色金融体系的指导意见》，并明确表示："绿色金融是指支持环境改善、应对气候变化和资源有效利用的经济活动，即环境保护、节约能源，由清洁能源、绿色交通和绿色建筑等领域的投资和融资，项目运营和风险管理等项目提供的金融服务。"2018 年，中国银行业监督管理委员会绿色信贷统计信息披露在节能环保项目和服务两大项目，以及三个战略性新兴产业，都涉及到绿色交通的内容(见表 9.1)。

表 9.1　　　中国绿色金融领域涉及绿色交通行业的政策与指导意见

年份	政策	详　　情
2007 年	银监会《节能减排授信工作指导意见》	银行业金融机构要认真贯彻《国务院关于印发节能减排综合性工作方案的通知》和《国务院关于落实科学发展观加强环境保护的决定》的精神,从落实科学发展观、促进经济社会环境全面可持续发展、确保银行业安全稳健运行的战略高度出发,充分认识节能减排的重大意义,切实做好与节能减排有关的授信工作。
2014 年12 月 9 日	银监会《绿色信贷实施情况关键评价指标》	B 类客户包含长距离交通运输项目、城市轨道交通项目等,即其建设、生产、经营活动将产生不良环境和社会后果但较易通过缓释措施加以消除,仅次于其建设、生产、经营活动不会产生明显不良环境和社会后果的 C 类客户。但如修建区为环境和生态脆弱地区,或修建中有国家重点文物遗产,应划入 A 类。
2015 年1 月 13 日	银监会、发改委《能效信贷指引》	能效信贷业务的重点服务领域包括四部分:工业节能、建筑节能、交通运输节能,及与节能项目、服务、技术和设备有关的其他重要领域。
2015 年12 月 22 日	中国人民银行《绿色金融债券公告》《绿色债券支持项目目录》	《目录》包括的六大类别绿色项目如下:一是节能;二是污染防治;三是资源节约与循环利用;四是清洁交通;五是清洁能源;六是生态保护和适应气候变化。
2016 年8 月 31 日	七部委联合印发《关于构建绿色金融体系的指导意见》	绿色金融是指为支持环境改善、应对气候变化和资源节约高效利用的经济活动,即对环保、节能、清洁能源、绿色交通、绿色建筑等领域的项目投融资、项目运营、风险管理等所提供的金融服务。

年份	政策	详　情
2018 年 2 月 9 日	银监会《2013 年至 2017 年 6 月国内 21 家主要银行绿色信贷数据》《绿色信贷统计信息披露说明》	2013 年，银监会印发《中国银监会办公厅关于报送绿色信贷统计表的通知》及《关于报送绿色信贷统计表的通知》，并建立了绿色信贷统计制度。截至 2018 年 6 月 1 日，绿色信贷包括两大部分：一是支持节能环保、新能源、新能源汽车等三大战略性新兴产业生产制造端的贷款；二是支持节能环保项目和服务的贷款，具体包括绿色农业开发项目，绿色林业开发项目，工业节能节水环保项目，自然保护、生态修复及灾害防控项目，资源循环利用项目，垃圾处理及污染防治项目，可再生能源及清洁能源项目，农村及城市节水项目，建筑节能及绿色建筑项目，绿色交通运输项目，节能环保服务项目，采用国际惯例或国际标准的境外项目。

从一系列政策和指导意见中我们也了解到，绿色交通是一个具有差异性的概念。

首先，在不同绿色金融产品实践中，绿色交通的划定或范畴并不一致，特别是政策较为清晰的绿色债券、绿色信贷两类。从表 9.2 可见，绿色交通在绿色债券中的内容多了清洁燃油、交通领域互联网应用两项。前者指生产符合国家 V 汽油标准的汽油产品和符合国 IV 燃油标准的柴油产品，后者指的是使用移动通信终端、通信基站、卫星定位设备、互联网和其他设备或设施在交通领域使用的网络应用。此外，绿色信贷将新能源汽车相关产业纳入"战略性新兴产业"，进行单独统计，这也体现出新能源汽车的重要性。至于《能效信贷指引》中涉及的公路运输、航空运输等，其涉及更多在节能领域，与绿色信贷、绿色交通都存在范围偏差，因此不是本节重点的讨论对象。

截至 2018 年 6 月 1 日，国内绿色基金、绿色风投等没有关于绿色交通的明确划定。与此同时，中国的绿色保险主要是环境责任保险，与绿色交通的关系并不密切，而国外的绿色保险也是如此。绿色交通的产品有低排放工具折扣产品、低历程折扣产品、公司车队绿色升级支持产品等。可以看出，中国的绿色保险业务范围仍然相对狭窄(中国绿色交通在绿色债券、绿色信贷领域的不同定义见下表)。

表9.2　　　　中国绿色交通在绿色债券、绿色信贷领域的不同定义

领域	文件	定义
绿色债券	《绿色债券支持项目目录》	绿色交通包括铁路交通、城市轨道交通、城乡公路运输公共客运(分为车辆购置、设施建设运营)、水路交通(分为船舶购置、航道整治)、清洁燃油(分为装置/设施建设运营、车用燃油产品生产)、新能源汽车(分为零部件生产及整车制造、配套设施建设运营)、交通领域互联网应用
绿色信贷	《2013年至2017年6月国内21家主要银行绿色信贷数据》	绿色交通包括"绿色交通运输项目"中的铁路运输项目、航道治理及船舶购置项目、城市公共交通项目(分为城市公共汽电车客运项目、城市轨道交通项目)、交通运输环保项目及"战略新兴产业"下设的新能源汽车项目
	《能效信贷指引》	交通运输节能具体涉及铁路运输、公路运输、水路运输、航空运输和城市交通等

其次,国内和国际绿色金融产品的运输项目绿色认证标准存在差异。例如我们将中国的绿色债券支持项目目录与国际绿色债券原则(2017年版)和气候债券标准(V2.1版)进行比较,从中不难发现,国际标准包括非机动项目,如绿色交通领域的自行车,以及更加重视宽带和视频会议等替代方案;国际标准促进了混合动力汽车的应用,这在国内标准中没有明确规定;国内支持项目包括清洁燃料,这在国际上则并不强调(如表9.3所示)。

表9.3　　　　国内外绿色债券准则对交通运输行业的不同界定

《绿色债券原则》(2017版)	《气候债券标准》(V2.1版)	《绿色债券支持项目目录》
清洁交通:电动、混合能源、公交、轨道、铁路、非机动、多式联运等交通工具类型、清洁能源汽车及减少有害排放的基础设施	交通运输:铁路、车辆、公共轨道交通、快速交通系统(以上认证标准皆已获批建立)、水运、替代燃料基础设施 信息技术与通信:宽带、远程会议	清洁交通:铁路交通、城市轨道交通、城乡公路运输公共客运、水路交通、清洁燃油、新能源汽车、交通领域互联网应用

第三，绿色金融领域与交通运输领域，对绿色交通的定义维度存在差异。2017 年 11 月 27 日，《交通运输部关于全面推进绿色交通发展的意见》强调全面实施绿色交通，发展重大项目。这些包括运输结构优化项目(协调运输基础设施布局，优化客运结构和改善货物运输结构)、运输组织创新项目(促进高效的运输组织，提高物流信息化水平，发展高效的城市配送模式)、绿色旅游推广项目(全面实施绿色出行，深入实施公共交通优先战略，加强绿色旅游推广和科普教育)、大量使用运输资源(加强渠道岸边资源利用，提高交通基础设施的土地效率，促进资源的综合回收，推广和应用先进的节能和环保技术)、高效清洁运输设备升级项目(推动运输设备标准化，推动新能源和清洁能源车辆和船舶的应用)、交通污染防治工程(加强船舶港口污染防治，加强卡车污染排放源头控制)、交通基础设施生态保护项目(促进绿色基础设施的建设，实施交通走廊绿化，实现交通基础设施的生态恢复)。由此观之，交通运输领域内的绿色交通概念，其覆盖面要比绿色金融领域当中的范围更加广泛。例如，交通运输部门的绿色交通概念强调了交通结构的优化和资源的集约化，提出扩大铁路网覆盖面、加快完善公路网、推进内河高等级航道建设、统筹布局综合交通枢纽、完善港口机场等重要枢纽集疏运体系以便于提高综合交通网络的综合效率，促进各种客运系统的有机联系和差异化发展的一系列举措。再如，其在物流运输、个人绿色出行等方面也有所拓宽，同时还涉及到与污染、节能等绿色金融典型行业的交叉领域。我们认为，这与绿色金融业对绿色交通定义的不同，一定程度上体现了政策需求与量化考虑的差异。不可否认的是，交通运输部对于绿色交通的定义更兼顾发展效率、结构优化与节能环保的概念。这种政策引导对于我国绿色金融在交通行业的应用也有一定的影响。

二、绿色信贷与绿色交通

绿色信贷领域中有关绿色交通的划定与数据，主要参考的是自 2013 年 6 月至 2017 年 6 月的《21 家主要银行绿色信贷状况统计表》。

首先，对 21 家银行绿色交通贷款余额及其占绿色信贷比例进行统计，我们可以发现绿色信贷在绿色交通方面的支持整体向好。2017 年 6 月 21 家银行绿色交通贷款余额达到 3081.55 亿元，占全部绿色指标的 37.13%。与之相对的是 21 家银行绿色交通项目标准煤节能量和二氧化碳减排当量，及其占全体绿色信贷项目的比例。绿色交通项目标准煤节能量占比在近五年来有波动，特别是在 2015 年 12 月下降至最低，随后反弹上升。从数据上来看，标准煤节能量和二氧化碳减排当量分别占绿色信贷项目总体的 5.13% 和 3.45%，远不及贷款余额占比，这或许说明我国绿色交通的"绿色"属性尚待提升(图 9.1—图 9.3)。

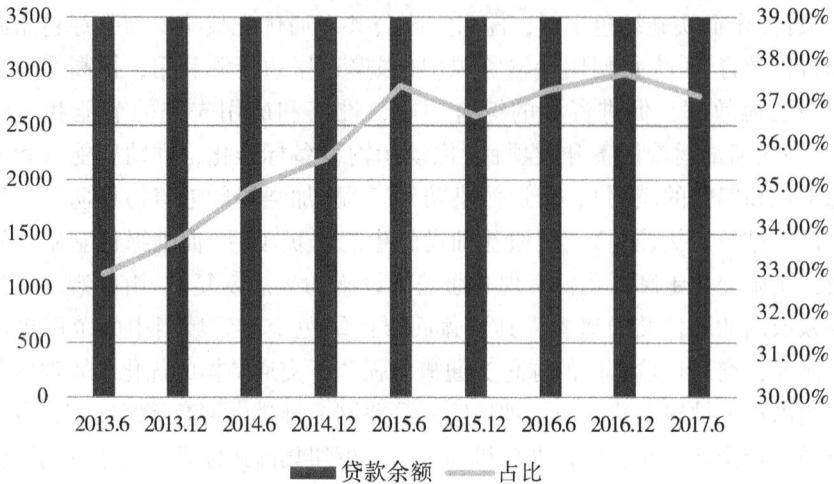

图 9.1　21 家银行绿色交通贷款余额及占绿色信贷比例(单位：亿元、%)

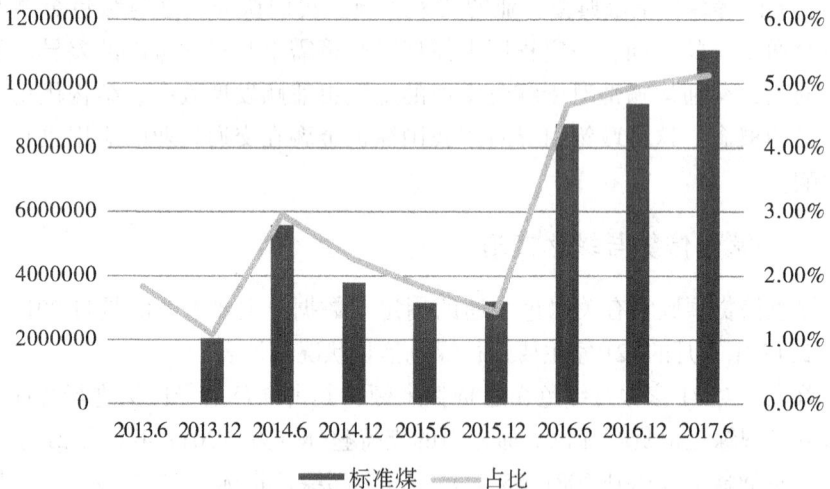

图 9.2　21 家银行绿色交通项目标准煤节能量及占绿色信贷项目总比例(单位：吨、%)

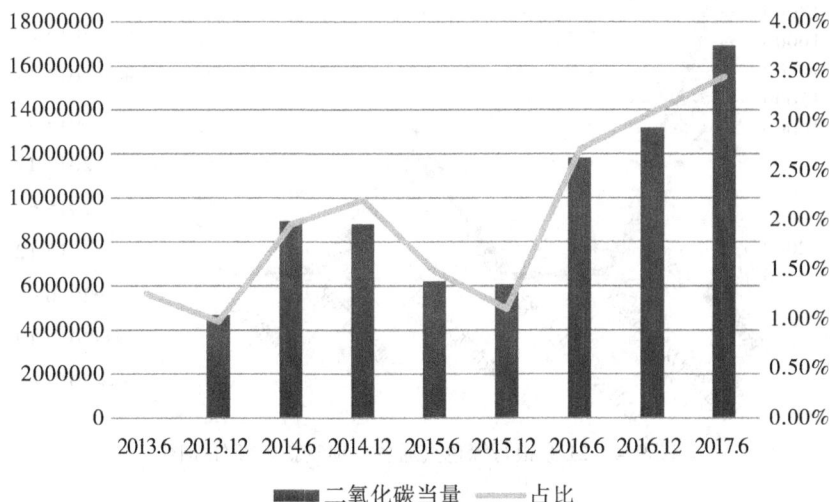

图 9.3　21 家银行绿色交通项目二氧化碳减排当量及占绿色信贷项目总比例(单位：吨、%)

其次，统计表将绿色交通分为"绿色交通运输项目"中的铁路运输项目、航道治理及船舶购置项目、城市公共交通项目(分为城市公共汽电车客运项目、城市轨道交通项目)、交通运输环保项目以及"战略新兴产业"下设的新能源汽车项目。这点前文已有所涉及。

将五年来的九次统计数据中绿色交通各小项贷款余额分布进行对比，我们发现铁路运输项目贷款余额在逐年增加，2017 年 6 月达到 1853.71 亿元，而且其在绿色交通所占比例始终保持首位，在 2016 年 12 月统计时就达到 63%。其次是城市轨道交通项目，贷款余额亦逐步攀升，至 2017 年 6 月达到 1017.17 亿元，占比高达 33%。其余项目占比则较低。其中航道治理及船舶购置项目、交通运输环保项目贷款余额存在波动，城市公共蒸汽和电力客运项目和新能源汽车项目普遍呈上升趋势。可以特别注意到，从属于"战略新兴产业"下的新能源汽车项目尽管近年来比例有所提升，但仍然仅占 2%左右。这与银行的绿色贷款倾向，以及新能源汽车市场本身的运行模式都有一定关系(如图 9.4)。

再次，我们查阅了 21 家银行中较重要的 13 家在 2013—2017 年的官方报告(包括可持续发展报告、社会责任报告、年度报告、绿色金融白皮书等)，择取其中有关绿色信贷在交通领域方面的应用情况案例制成表格如下。从中可以看出：其一，出于总体的主题设计和排布考虑，绿色交通在银行报告当中并不列为单独板块予以分类陈述，而是散见于更具宏观价值的命题下，强调其对

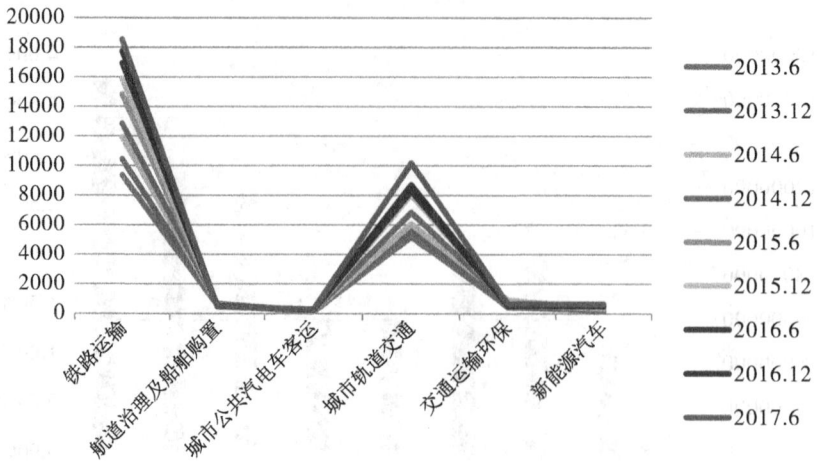

图9.4　21家银行绿色交通各小项贷款余额分布图

统筹交通布局、促进城乡建设等方面的重要意义，如国家战略项目(如一带一路倡议，京津冀交通一体化，长江经济带等)，供给侧改革/助力产业升级(新能源汽车等)、作为稳定政策的基础设施建设(铁路、轨道交通等)，而真正作为绿色信贷案例者较少。同时，在说明银行向京津冀一体化等项目予以资金支持时，绿色交通往往也连带涉及到公路、机场建设等本不属于绿色信贷规定范畴内的交通项目，"绿色"特性并非重点。其二，与银监会所披露数据吻合的是，绿色交通中涉及到铁路建设及轨道交通项目的案例较多，而涉及航道船舶、公共汽电车等项目则相对较少。除绿色信贷之外的其他产品，如中国农业银行2017年参与的多只绿色轨道交通产业基金、中国光大银行2017年作为投资者发起的京津冀城际铁路发展基金，均存在类似问题。

表9.4　　　　　　　我国绿色信贷在交通领域应用情况案例

分类	年份	项目披露
国家战略项目	2013	—
	2014	中国银行：甘肃省分行为兰新高铁贷款18.5亿元；河北张家口市分行为张承高速公路张家口段二期工程、京新高速公路三期、张唐铁路等重大交通项目提供信贷支持，截至2014年末投放贷款近16亿元 中国光大银行：给予新能源乘用车领域某领军企业综合授信额度80亿元，新能源商用车领域某龙头企业综合授信额度59亿元

分类	年份	项目披露
国家战略项目	2015	中国光大银行：乌鲁木齐分行为新疆维吾尔自治区交通运项目，S301线托克逊-乌拉斯台段公路工程发放7.37亿固定资产贷款
	2016	中国农业发展银行：发放贷款10亿元支持安徽省黄山市新安江屯溪段河道建设项目 中国农业银行：与京津冀铁路公司签订意向性融资300亿元的战略协议，支持津秦铁路客运专项项目建设 中国光大银行：支持国家战略实施，西安分行支持西安市轨道交通1号线二期项目建设，批复17.5亿元24年期项目融资贷款 渤海银行：与中国铁路总公司建立了总对总的战略合作关系，提供包括购置机车的中长期贷款、结构性存款等综合服务方案
	2017	中国工商银行：陕西分行为西成铁路客运专线项目投放10.7亿元贷款； 中国银行： ①中老铁路项目中行为客户企业提供履约保函共计16.3亿元，先后为企业开立预付款保函共计2.97亿元； ②中行河北唐山分行为聂庄至东港增二线铁路项目投放1.94亿元，为唐曹铁路项目（唐山至曹妃甸）投放3.20亿元，为承张高速公路承德段项目投放2亿元
供给侧改革/助力产业升级	2013	中国银行：支持晋豫鲁铁路建设75亿元
	2014	—
	2015	—
	2016	中国银行： 中行河南省分行先后为郑西、郑徐高铁，宁西铁路等一带一路沿线重点项目投入275亿元信贷资金； 甘肃省分行累计授信200多亿元支持兰新铁路、中川铁路、敦煌铁路等多条铁路线路建设
	2017	中国工商银行：投资10亿元支持某动力电池企业拓展纳米磷酸铁锂技术

续表

分类	年份	项目披露
作为稳定政策的基础设施建设	2013	国家开发银行：铁路发放贷款 1139 亿元，累计支持国内铁路 6 万公里，约占全国铁路里程的 50%。城市轨道发放贷款 512 亿元，累计为中国 31 个城市近 200 个轨道交通项目提供支持，如浙江分行向杭平申线航道改造和钱塘江中上游衢江航运开发工程项目提供贷款 30 亿元。 中国银行：铁路方面，支持包括兰新二线在内的中西部铁路项目建设，全年为 70 多个项目提供贷款 298.35 亿元，如天津轨道交通 5、6 号线建设。轨道交通方面，支持北京、上海等重要城市轨道交通项目，参与 26 个城市轨道交通的授信合作，贷款余额 1086.76 亿元 交通银行：报告期末已与所有开通轨道交通的城市开展合作，融资余额 685 亿元。
	2014	国家开发银行：发放基础设施领域贷款 4841.5 亿元，如提供新疆首条高铁线路(兰新高铁乌鲁木齐南至哈密段)项目所需 60% 贷款，截至 2014 年末累积发放 41.76 亿元；截至 2014 年末，黑龙江分行为中国最北地区的哈尔滨市地铁累计提供信贷资金 85.15 亿元支持 中国农业银行： ①制定《城市轨道交通行业信贷政策》，明确对城市轨道交通的支持，并对信贷市场份额、担保方式等提出了相关要求。截至 2014 年底累计投放 190.54 亿元贷款支持各地城市轨道交通建设，如：陕西分行与西安市地铁公司签订了总金额 10 亿元、期限 10 年的回租性融资租赁业务合同；河北分行助力石家庄轨道交通项目，贷款余额 14 亿元； ②截至 2014 年底，铁路贷款余额 2124 亿元，出具有条件贷款承诺函 1000 多亿元，重点支持蒙西至华中、银川至西安等路段的 23 个重点项目，如山西分行为山西中南部铁路通道项目提供贷款支持，累计投放贷款 71 亿元，2014 年投放 32 亿元；吉林分行为吉林省中西部铁路有限公司长春至辽源项目投放首笔银团贷款 2000 万元；广东分行珠三角城轨公司授信 107.82 亿元 中国银行：截至 2014 年末，全行铁路行业授信余额 1794.64 亿元，公路项目授信余额 3109 亿元，如深圳市轨道交通与地铁集团上盖物业项目、宁波市轨道交通 1 号线车站配套地块开发、郑州地铁 1 号线项目贷款 55.05 亿元、珠江三角洲城际轨道交通建设等 交通银行：青岛分行为南车青岛机车车辆股份有限公司授信 100 亿元

续表

分类	年份	项目披露
作为稳定政策的基础设施建设	2015	国家开发银行："中国最美高铁"合福高铁开通。 交通银行：河南省分行支持郑州轨道交通建设，与郑州市政府及财政局积极沟通，通过集团子公司交银施罗德成功为郑州轨交注资50亿元，解决轨交2号线资本金缺口；以联合牵头行身份为轨交5号线提供70亿元固定资产贷款额度
	2016	国家开发银行： 累计发放城市铁路贷款额超过1.5万亿元，约占同期全国铁路固定资产投资的20%； 累计支持城市轨道交通里程1817公里，累计发放贷款3934亿元； 革命老区赣瑞龙铁路57亿元贷款项目、徐州轨道交通3号线贷款项目
	2017	中国银行：2017年在各类交通领域新增投放贷款2000亿元，如：北京分行凭借在轨道交通融资领域的丰富经验，中标地铁三号线、七号线、十二号线3个项目。
支持绿色信贷/保护生态环境	2013	—
	2014	—
	2015	中信银行： ①深圳分行给予深圳XX公司综合授信额度1亿元，用于研发及生产新能源客车； ②贷款19.6亿元支持首个在贵阳落地的PPP项目
	2016	中国进出口银行：万向集团新能源汽车项目、上海市内河航道整治工程、肯尼亚蒙内铁路项目、白俄罗斯铁路领域项目 中国建设银行：广西区分行支持南宁市竹排江上游那考河流域治理项目 渤海银行：2016年山西国投新能源汽车服务有限公司收到贷款8500余万元
	2017	—

　　综上所述，在绿色交通的金融发展和信贷实践过程中，存在认知模式与方针设计的错位。这本质上与上文所述我国"绿色交通"的不同定义相关，即强调交通运输结构优化和资源集约的"绿色交通"政策方针，在客观上包含了绿色交通在绿色金融领域较狭义的定义，也更大程度符合我国的发展需要。各大银行就是在这样的语境下挖掘包括国家战略项目、供给侧改革/助力产业升级、作为稳定政策的基础设施建设等的"绿色"价值，如高速公路建设与其他更先进环保的交通方式相比不够"绿色"，但较更原始的交通方式，它一定程度上实现了粗放与集约、原始与规范的跨越，在推进交通运输网络组合、客运系统衔接过程中仍具结构性意义。

　　但应该承认，我们在整个以上述分类方式为名义的信贷过程中，对经典意义上、更具国际性的"绿色交通"关注度不够。这些交通项目进入绿色信贷统计范畴中，但其本身的"绿色"属性并不明显，这在绿色交通项目在贷款余额与节能减排量之间的差异上也能体现。由此观之，理念的先进性和措施的准确性至关重要，同时这背后一定程度上也反映出政府主导与市场运行之间的矛盾。如何理顺政府和市场之间的关系，将绿色信贷、绿色金融市场真正激活，让绿色交通和绿色理念以新能源汽车等实践的方式更深入人们的生活，这才是我们需要最终解决的问题。绿色和经济发展并非对立，我们有潜力寻找到一种环境与经济共同进步的模式，但它仍需要投入大量的人力、物力和智慧。

三、绿色债券与绿色交通

　　自 2015 年底中国人民银行发布《绿色金融债券公告》以来，随着监管体系的逐步建立和行业参与的深入，国内绿色债券市场走上了正轨。

　　表 9.5 显示了从中国金融信息网-绿色债券数据库总结的 2016 年至 2018 年 6 月涉及清洁交通领域的绿色债券发放情况，主要涉及清洁交通的发行规模和所占比例。从中我们可以看出，涉及清洁交通领域的绿色债券具有相当的连续性。通过观察 2016—2018 年清洁交通相关绿债发行期数，其发行期数以 3 年、5 年为主，也有 7 年甚至 15 年者，反映了发行期限的丰富。而其债项级别分布则主要集中于 aaa 和 aa+ 两部分，不过也有分散分布的趋向，详见图 9.5—图 9.6。

表 9.5 我国清洁交通领域的绿色债券发放情况

绿色金融债	年份	清洁交通发行规模(亿元)	清洁交通占比	备注
		2016 年发		
16 浦发绿色金融债 01、02、03	2016	111.41	24.43%	
	2017	145.29	24%	
16 兴业绿色金融债 01、02、03	2016	30.85	10.27%	
	2017	63.76	10.79%	截至第三季度
16 青岛银行绿色金融 01、02	2016	16.14	35.15%	
	2017	11.01	18.82%	截至第三季度
16 江西银行绿色金融 01、02、03、04	2016	0.71	1.69%	
	2017	11.11	13.58%	
16 交行绿色金融债 01、02	2016	34.59	43.58%	
	2017	102.39	34.07%	截至第二季度
16 乌市银行绿色金融 01	2017	4.6	41.44%	截至第三季度(预)
s16 南通农商绿色金融债	2017	0.04	8%	
	2017	10.05	41.26%	
绿色公司债		无		
绿色企业债	年份	清洁交通发行规模(亿元)	清洁交通占比	备注
16 京汽绿色债 01	2016	15	60%	
16 格林绿色债	2016	4	80%	
		2017 年发		
绿色金融债	年份	清洁交通发行规模(亿元)	清洁交通占比	备注
17 河北租赁绿色金融 01、02、03、04	2017	8.7	43.50%	
17 华融租赁绿色金融 01、02	2017	3.01	17.69%	截至第三季度

续表

绿色企业债	年份	清洁交通发行规模（亿元）	清洁交通占比	备注
17 国开绿债 01	2017	25.76	80.29%	截至第二季度
17 国开绿债 02	2017	36.71	80.29%	截至第二季度
17 哈市银行绿色金融 01、02、03	2017	1.84	7.89%	
17 北京银行绿色金融 01、02、	2017	60.08	40%	
17 南京银行绿色金融 01、02	2017	4.73	12.40%	
17 洛阳银行绿色金融债	2017	0.5	5%	
17 长沙银行绿色金融 01、02	2017	3.65	9.68%	
17 甘肃银行绿色金融债	2017	5.84	58.39%	（估）
17 乐山商行绿色金融 01、02	2017	1.84	7.89%	
17 乐山商行绿色金融 03、04、05	2017	1.15	12.23%	
17 华兴银行绿色金融 01	2017	10.05	41.25%	
17 郑州银行绿色金融 01	2017	10.5	56.66%	
17 东莞银行绿色金融 01	2017	2.51	24.29%	截至第三季度
17 交通银行绿色金融债	2017	23.02	41.27%	（预）
17 兰州银行绿色金融 01	2017	10.49	28.05%	（预）（估）
17 国开绿债 03	2017	50	100%	（预）
绿色公司债	无			
绿色金融债	年份	清洁交通发行规模（亿元）	清洁交通占比	备注
17 京汽绿色债	2017	10	43.48%	（预）
17 武汉地铁绿色债 01	2017	15	50%	（预）
17 沣西绿色债	2017	3.58	32.5%	（预）（估）
17 产建绿色 02	2017	—	—	

续表

2018年发				
绿色金融债	年份	清洁交通发行规模(亿元)	清洁交通占比	备注
18威海商行绿色金融01	2018	23.42	34.49%	(预)
18临海农商绿色金融债	2018	0.0015	0.15%	(预)
绿色公司债	无			
绿色金融债	年份	清洁交通发行规模(亿元)	清洁交通占比	备注
18盐城城南债01	2018	—	—	(预)
18武汉地铁绿色债01	2018	10	50%	(预)
18国轩绿色债01	2018	2.5	50%	(预)

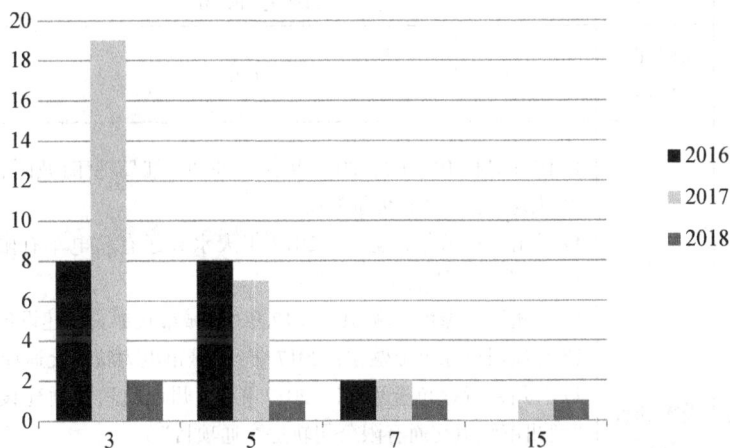

图9.5 2016—2018年清洁交通相关绿债发行期数

另外，我们对2016—2018年中国绿色债券清洁交通具体项目也进行了梳理。当中的一些现象有助于我们理解清洁交通行业的金融运行状况。同时，总结绿色债券发行的整体问题对于透视绿色交通行业本身也具有启示性，具体内容详见表9.6。

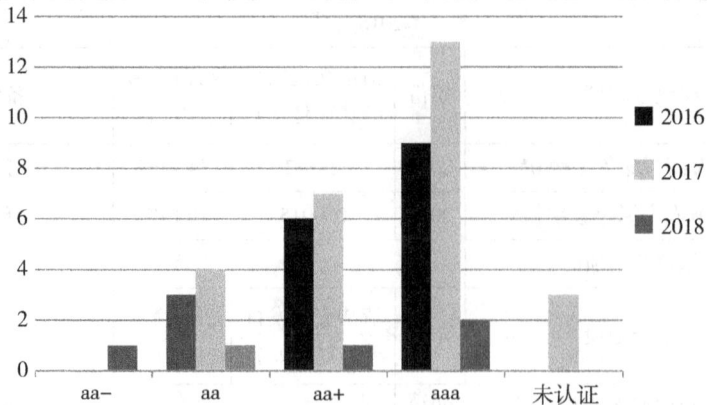

图 9.6　2016—2018 年清洁交通相关绿债债项级别分布(不完全统计)

表 9.6　　　　　　　　　2016—2018 年中国绿色债券清洁交通具体项目

交通类型	项目	绿 色 债 券
铁路交通	设施建设运营	暂无
城市轨道交通	设施建设运营	17 国开绿债 01、02，2017 年第一季度"红岛-胶南城际(井冈山路-大珠山路)轨道交通工程" 17 甘肃银行绿色金融债，2017 年天水天通有轨电车有限责任公司"天水市有轨电车示范线工程" 17 郑州银行绿色金融 01，2017 年"某城市轨道交通建设项目" 17 交通银行绿色金融债，2017 年"某城市电力轨道交通项目" 17 兰州银行绿色金融 01，2017 年"兰州市轨道交通建设项目"、"兰州市轨道交通有限公司轨道交通项目" 17 国开绿债 03，2017 年"深圳市轨道交通 6 号线工程项目"、"深圳市轨道交通 10 号线工程项目"、"深圳市坪山区新型高架中运量跨座式单轨交通系统旅游示范一期工程"、"深圳市大鹏中运量交通云轨旅游示范线" 17、18 武汉地铁绿色债 01，2017—2018 年"武汉市轨道交通 5 号线工程项目"、"武汉市轨道交通 8 号线二期工程项目"、"武汉市轨道交通蔡甸线工程项目"

续表

交通类型	项目	绿　色　债　券
城乡公路运输公共客运	车辆购置	17 兰州银行绿色金融 01，2017 年"兰州公交集团有限公司更换新能源客车"、"更新公交车辆及天水麦积客运站建设工程"
	设施建设运营	16 兴业绿色金融债 01、02、03，2016 年"纳入国家绿色交通要求的重点或示范项目" 17 兰州银行绿色金融 01，2017 年"更新公交车辆及天水麦积客运站建设工程"
水路交通	船舶购置	17 交通银行绿色金融债，2017 年"某 LNG 动力散货船渣土运输项目" 18 临海农商绿色债，2018 年"挖泥船购买与航道疏浚项目"
	航道整治	18 临海农商绿色债，2018 年"挖泥船购买与航道疏浚项目"
清洁燃油	装置/设施建设运营	暂无
	车用燃油产品生产	暂无
新能源汽车	零部件生产及整车制造	16 兴业绿色金融债 01、02、03，2017 年"符合新能源汽车产业发展规划的重点项目" 16 江西银行绿色金融 01、02、03、04，2016 年"电动汽车电池生产项目" 16 乌市银行绿色金融 01，2017 年"新能源汽车制造项目"（年产4.5 万套汽车电池产品） 16 格林绿色债，2016 年"年产 5000 吨镍钴铝（NCA）三元动力电池材料前驱体原料项目"、"荆门市格林美新材料有限公司动力电池用氢氧化锂和碳酸锂材料项目"、"车用镍钴锰酸锂三元动力电池材料及其他配套废水综合利用系统" 16、17 京汽绿色债 01，2016—2017 年"北京汽车股份有限公司株洲基地技改扩能建设项目"（拟生产北汽自主研发的 C40D 乘用车及同平台 C40DB 电动车车型） 18 国轩绿色债 01，2018 年"年产 10 亿 AH 动力电池项目一期"
	配套设施建设运营	17 沣西绿色债，2017 年"西咸新区沣西新城新能源汽车充电设施项目"

续表

交通类型	项目	绿 色 债 券
交通领域互联网应用	设施建设运营	18 盐城城南债 01，2018 年"智慧交通项目"（电子站牌系统、出行查询系统、出租车电召系统）

可以发现，清洁燃油和铁路交通两项在可见材料（包括各债券募集资金使用情况专项报告、募集说明书）中所涉甚少，我们可以从此管窥绿色债券发展的一些问题。

首先，绿色债券行业的认证信息披露不完善和不透明。虽然中国人民银行规定金融债券的公司发行人应定期披露包括募集资金使用在内的信息，但截至2018 年 6 月 1 日，绿色金融市场的信息公开还有待明晰和规范。我们发现某些债券仅披露为包含清洁运输付款，或仅在绿色债券支持项目目录范围内。这不利于相关产业的进一步发展。

其次，如上所述，绿色债券原则和气候债券标准中不存在清洁燃料。这是我国债券标准与国际不完全接轨的一例。而绿色债券在该项目的欠发达，启发我们更加谨慎地审视既有标准，比如它是否与清洁能源/新能源行业存在交叉。

第三，铁路交通项目的绿债发行较少。这固然存在信息披露的缘故，然而也说明就交通行业而言，绿色债券和绿色信贷在具体类目上存在交叉和互补的情况。

四、小结

绿色金融领域涉及到绿色交通实践的还有其他产品，但限于篇幅和我国发展现状的客观情况我们未曾详细介绍。如前文已经提到的国外推行的个人绿色保险，大致可分为低排放工具折扣产品、低历程折扣产品、公司车队绿色升级支持产品，在节能减排和缓解拥堵方面发挥了重要作用。欧洲、美国、加拿大等地推出的绿色汽车消费贷款，对各款低排放车的能效进行评级。截至 2018年 6 月 1 日，各发达国家对清洁汽车的扶持方式已逐渐从公共财政支持向市场化的金融支持过渡。①

以下是针对绿色金融在交通行业的问题所提出的建议。

---

① 海外绿色金融产品纵览．[检索时间：2018.6.1]．http：//news. k618. cn/fae/cjxs/201604/t201604287246326. html.

首先，我国的绿色金融发展是由政府自上而下推动的，但其更进一步的发展需要结合"自上而下"的顶层设计和"自下而上"的基层探索。我国政府应该坚持市场导向，让更多企业和个人真正参与进来，不断通过体制机制创新提高绿色项目的回报率，引导金融资源配置到节能环保的绿色领域，服务实体经济绿色发展，同时也应该积极探索绿色金融产品创新，将多种产品有层次地、多样地结合起来，注意其互补交叉的特性。

其次，我们要更进一步确立"绿色"在各行业的定义、内涵与外延，并在实际运用中更明确其适用范围和尺度。例如，地铁旅游本身具有节能环保的特点，但如果偏离城市发展的实际进度和需求，可能会成为一个非绿色工程，造成资源浪费。再如共享单车亦具备清洁环保、低碳出行的作用，但过度投放反而会造成城市污染现象。因此，我们应注意树立广泛的"绿色"意识和"绿色标准"，使绿色和经济协同发展。

第二节　绿色金融在节能行业的应用

一、相关政策及定义

(一)《十三五节能减排计划》

2017年1月5日，国务院发布了《十三五节能减排计划》(以下简称"计划")，明确了十三五节能减排工作的主要目标和重点任务，全面开展了国家节能减排工作。计划指出，中国应加强关键领域的节能，包括：

1. 加强工业节能

实施工业能效计划，加强高耗能行业的能源消耗控制，在关键的能源消耗行业全面实施能效基准(能效水平基准活动是指企业提高能效水平，比较分析国内外同行业先进企业能效指标，确定基准，通过管理和技术措施实现基准或更高能效的节能实践活动)推进工业企业能源管理控制中心建设，推进工业智能能源监测和诊断技术。

到2020年，工业能效和清洁度水平将得到显著提高，与2015年相比，单位企业价值能耗将降低18%以上，电力、钢铁、有色金属、建材、石油石化、化工等重点耗能行业的能源利用效率已达到或接近世界先进水平。

推动下一代信息技术和制造技术的发展，提高工业生产效率和能源效率。针对工业领域的电力需求侧管理开展专项行动，推动可再生能源在工业园区的应用，并将可再生能源比率指标纳入工业园区评估体系(牵头单位：工业和信息化部、国家发展和改革委员会、国家能源局，参与单位：科技部、环境保护部、国家质检总局等)。

2. 强化建筑节能

开展建筑节能先进标准的领先运行，建立超低能耗、近零能耗建筑的试点项目，在建筑屋顶上实施分布式光伏发电。制定绿色建筑施工标准，开展绿色生态城市建设示范活动。

到2020年，城市绿色建筑面积与新建筑面积的比例将增加到50%。实施绿色建筑产业链发展规划，推广绿色建筑方法，推广节能绿色建材，装配和钢结构。加强现有住宅的节能改造，实现改造面积达到5亿平方米。推进节能宜居综合整治试点城市建设，鼓励老房子节能改造，抗震加固，电梯安装等。公共建筑节能改造完成1亿多平方米。

推广使用太阳能、浅层地热能、空气热能、工业余热等，解决建筑能源需求(牵头单位：住房城乡建设部，参加单位：国家发展和改革委员会、工业和信息化部、国家林业局、国家管理局等)。

3. 促进交通运输节能

加快综合运输体系建设，发挥不同运输方式的比较优势和组合效率，推进交通运输等先进组织模式，提高多式联运比例。大力发展公共交通，推动"公交城市"的创建。提升运输能源的清洁度，大力推广节能环保车辆、新能源汽车、天然气(压缩天然气/液化天然气)清洁能源汽车、液化天然气动力船，并支持相关配套设施建设，提高运输车辆的能源效率。

推动绿色航空项目的实施，如飞机辅助动力装置(加速处理器)更换，机场地面车辆"石油到电力"，以及新能源应用。促进铁路编组站制冷/供暖系统的节能和燃煤替代方案。推进智能交通，建立公共旅游物流平台信息服务体系，引导"共享"交通方式的培育(牵头单位：交通运输部、国家发展和改革委员会、国家能源局，参与单位：科技部、工业和信息化部、环境保护部、国家税务总局、中国民航总局、中直管理局、中国铁路总公司等)。

此外，国家发展和改革委员会、科技部、工业和信息化部、环境保护部2016年12月22日发布的《节能环保产业发展十三五规划》指出：

完善和拓展节能服务业，创新合同能源管理服务模式，完善利益共享机制。推广能源成本保管，节能保障和融资租赁等业务模式，以满足能源用户的个性化需求。支持实施节能咨询、评估、监测、检验和测试、审核、认证等服务。鼓励能源服务公司整合上下游资源，为用户提供一站式服务，实现合同能源管理，如诊断、设计、融资、建设和运营。促进单一设备的服务内容，单项目转型、能源系统优化、区域能效提升。

(二)节能行业划分

根据上述文件，节能产业被分为工业节能、建筑节能、交通节能和节能服务。

1. 工业节能

根据工业和信息化部 2016 年 5 月 13 日发布的《工业节能管理办法》(工业和信息化部[2016] 33 号)，工业节能是实施工业部门资源节约和环境保护的基本国家政策。工业节能采用技术上可行、经济合理、环境和社会负担得起的措施，以减少工业部门各方面的能源消耗，减少污染物排放，有效合理地利用能源。

2. 建筑节能

建筑节能是指在建筑物的规划、设计、施工、改造和使用中使用节能的建筑技术、设备和材料。建立施工设备监控系统，实施建筑机电设备节能改造，优化机电设备运行，能源监管等。加强建筑能源系统的运营管理，提高供暖、制冷、照明、通风、给排水、接入系统的运行效率。在保证建筑物功能和室内热环境质量的前提下，利用可再生能源降低供暖、空调、制冷、供暖、照明、热水供应等能耗，合理、有效地利用能源的活动。

3. 交通运输节能

交通运输节能主要是指降低交通运输行业能耗的一系列措施，将绿色发展理念融入交通发展的各个方面和发展中。根据交通运输部于 2016 年 5 月 31 日发布的《交通运输，节能环保十三五发展规划》，十三五期间中国交通运输业节能减碳的主要任务是继续推进交通结构调整，提高交通运输设备能效，优化交通能源消费结构，深化节能减碳系统的创新和技术应用。

4. 节能服务

节能服务业是一个为节能减排企业和项目提供服务和支持的产业。它以各种专业节能服务公司为主体，以能源消费者为客户，帮助客户解决节能运行和改造的技术和实施问题，是现代服务业的重要组成部分。节能服务项目主要分布在建筑、工业和交通领域。节能服务的目的是减少能源消耗，提高能源效率，减少污染排放。

(1)节能服务公司与合同能源管理

节能服务公司又称为合同能源管理公司(EMC 公司)，国外简称能源服务公司(Energy Service Companies，ESC)。基于合同能源管理 EMC 机制，一个专门的节能服务公司运作和获取直接利润。在美国、加拿大和欧洲，能源服务节能已发展成为一个新兴的节能产业。

能源管理合同机制是 20 世纪 70 年代西方发达国家基于市场运作的新型节能机制。节能服务公司和能源使用单位以合同形式就节能项目的节能目标达成一致。节能服务公司设计、投资和运营节能项目，能源服务公司与节能服务公司分享合理利润，银行业金融机构为节能服务公司提供信贷支持。

(2)节能服务行业发展概况

中国的节能服务业诞生于 20 世纪九十年代。1997 年，国家发展和改革委员会联合世界银行和全球环境基金开设了世界银行/全球环境基金中国节能促进项目。该项目在北京、辽宁和山东成立了示范能源管理公司。三个示范合同能源管理公司利用合同能源管理模式运营节能技术改造项目，达到了成功率超过 99% 的盈利能力。然而，由于当时企业的节能意识和需求疲软，中国的节能服务业发展缓慢。从 2015—2018 年，由于国家对节能环保的政策支持，节能服务业得到了政策的大力支持。中国的合同能源管理市场也取得了长足的发展，已成为中国节能服务业的主导运作模式。

2017 年，节能服务业作为节能环保产业的重要组成部分，在政府、企业和行业协会的共同努力下，不断发展壮大。根据中国节能协会节能服务行业委员会(EMCA)的数据，2017 年，节能服务业的产值达到4148亿元。全国有6137家企业从事节能服务，行业就业人数为685000人。全年二氧化碳减排量突破 1 亿吨，节能服务业继续保持良好发展势头。

在整个节能服务业的发展过程中，整体产业规模快速增长。节能服务业总产值由 2016 年末的3567亿元增加至 2017 年底的4148亿元，增长 16.3%。全国共有节能服务企业6137家，比上年增加 321 家，年均增长 5.5%。该行业员工人数为685000人，比上年增加33000人，年均增长率为5.1%。合同能源管理投资1113.4亿元，比上年增长 3.7%。

同时，节能服务行业节能减排成效显著，节能能力稳步增长。2017 年，合同能源管理项目的年节能能力为3812.3万吨标准煤，比上年增长 6.5%，年减排二氧化碳能力为10331.3万吨。2017 年，合同能源管理项目的年节能量为3812.3万吨标准煤，比上年增长 6.5%，年二氧化碳减排量为10313万吨。

节能服务业不仅在推动节能技术应用和节能项目投资方面发挥着至关重要的作用，它在推动节能改造、降低能耗、增加社会就业、促进经济发展方面也发挥了积极作用。它已成为中国转变发展方式、经济改善和效率、建设生态文明的重要手段之一。

二、绿色金融在节能行业的应用现状

2013年8月1日，国务院发布《国发［2013］30号〈于加快节能环保产业发展的意见〉》(以下简称意见)。意见指出节能环保产业年增长率将在15%以上。到2015年底，总产值将达到4.5万亿元，成为国民经济的新支柱产业。根据国家发展和改革委员会的统计，十二五期间(2011—2015)节能减排重点项目总投资高达2.37万亿元。2017年10月18日，习近平总书记在第十九次全国代表大会的报告中指出要建立以市场为导向的绿色技术创新体系，发展绿色金融，扩大节能环保产业，清洁生产产业和清洁能源产业。由此可看出，节能行业巨大的发展空间创造了快速增长的融资需求。绿色金融既可以提供融资支持，又可以发挥金融的价格发现和优化资源的配置作用，增加高耗能、高污染企业的成本，迫使行业升级。

随着绿色金融在我国的发展，我国绿色金融市场中，绿色信贷和绿色债券对节能行业支持力度较大。此外，国家还采取了一系列战略部署，引导绿色信贷和绿色债券，以帮助节能产业的发展。

银监会官方网站上统计了2013年至2017年6月国内21家主要银行①绿色信贷数据情况，现将工业节能、建筑节能、交通运输节能及节能服务行业贷款余额变动情况整理如下②：

(一)绿色信贷

在绿色信贷方面，2015年1月13日，中国银行业监督管理委员会和国家发展和改革委员会尹建发［2015］第2号发布了《能效信用指南》(以下简称指南)。从能效项目特点、业务重点、业务准入、风险评估点、流程管理、产品创新等方面，该指南提出了节能行业绿色信贷的业务指导，重点如下：

---

① 21家主要银行机构包括：国家开发银行、中国进出口银行、中国农业发展银行、中国工商银行、中国农业银行、中国银行、中国建设银行、交通银行、中信银行、中国光大银行、华夏银行、广东发展银行、平安银行、招商银行、浦东发展银行、兴业银行、民生银行、恒丰银行、浙商银行、渤海银行、中国邮政储蓄银行。

② 数据来源于中国银行业监督管理委员会2013年至2017年6月国内21家主要银行绿色信贷数据。

1. 能效信贷业务的主要服务领域

(1)工业节能：主要涉及电力、煤炭、钢铁、有色金属、石油石化、化工、建材、造纸、纺织、印染、食品加工、照明等重点行业；

(2)建筑节能：主要涉及现有和新的住宅楼办公楼和商业、教育、科研、文化、卫生和其他公共建筑；

(3)交通运输节能：主要涉及铁路运输、公路运输、水运、空运和城市交通；

(4)与节能项目、服务、技术和设备有关的其他重要领域。

2. 能效项目定义和特征

指南第六条同时对能效项目做了规定：能效项目是指优化设计，更新能源使用设备和系统以及加强能源回收，旨在节约一次能源和二次能源的节能项目。它具有以下特点：

(1)技术类型复杂，专业性强；

(2)涉及内容广，参与主体多：

(3)市场潜力巨大，具有经济，环境和社会效益。

3. 重点能效项目

银行业金融机构应在有效控制风险和商业可持续性的前提下，为以下重点能效项目增加信贷支持：

(1)关键能效项目有利于促进产业结构调整、企业技术改造和重要产品升级；

(2)符合国家重点节能低碳技术推广目录中列出的国家规划或能效项目和合同能源管理项目的节能项目；

(3)符合现行国家标准的新能源建筑项目；

(4)符合国家绿色循环和低碳交通要求的重点节能项目或试点示范项目；

(5)符合国家半导体照明节能产业发展规划的半导体照明产业化和室内外半导体照明应用项目；

(6)国家或地方有关部门支持的节能技术改造项目和重大节能技术产品产业化项目；

(7)符合国家产业政策或行业计划的其他重点能效项目。

4. 能效信贷方式

就能源效率信贷的方式而言，指南主要指出两种类型：第一是将能源信用用于能效项目；第二是合同能源管理信贷。

中国银行业监督管理委员会官方网站收集了 2013 年至 2017 年 6 月 21 家

国内主要银行绿色信贷数据的统计数据。工业节能、建筑节能、交通节能和节能服务业贷款余额的变化总结见表9.7：

表9.7 **2013 年至 2017 年 6 月节能行业贷款余额**

代码	指标名称	贷款余额(亿元)								
		2013.6	2013.12	2014.6	2014.12	2015.6	2015.12	2016.6	2016.12	2017.6
3.	工业节能节水环保项目	2899.61	3180.76	3470.07	3496.77	3668.49	4076.89	4040.12	4305.81	5056.64
9.	建筑节能及绿色建筑	426.51	460.11	565.40	657.72	719.12	966.79	1060.36	1203.03	1347.79
9.1	既有建筑绿色改造项目	44.46	49.21	40.32	52.76	44.33	139.49	130.91	147.99	152.53
9.2	绿色建筑开发建设与运行维护项目	382.05	410.91	525.08	604.96	674.79	827.31	929.45	1055.04	1195.26
10.	绿色交通运输项目	15770.39	17306.91	19773.21	21203.54	24462.14	25273.71	26542.71	27758.91	30151.67
10.1	铁路运输项目	9359.34	10444.75	11915.67	12842.95	14836.99	15893.21	16938.36	17745.47	18537.61
10.2	航道治理及船舶购置项目	567.54	555.76	677.75	664.51	588.53	563.80	524.51	536.14	482.85
10.3	城市公共交通项目	5350.09	5862.51	6253.06	7017.80	8426.72	8239.20	8537.65	8952.18	10462.95
10.3.1	城市公共汽电车客运项目	132.32	152.80	177.22	155.26	165.20	189.27	237.81	261.94	291.21

续表

代码	指标名称	贷款余额(亿元)								
		2013.6	2013.12	2014.6	2014.12	2015.6	2015.12	2016.6	2016.12	2017.6
10.3.2	城市轨道交通项目	5217.77	5709.71	6075.85	6862.54	8261.52	8049.93	8299.84	8690.24	10171.73
10.4	交通运输环保项目	493.42	443.90	926.73	678.28	609.91	577.50	542.18	525.11	668.26
11.	节能环保服务	408.84	361.91	349.27	405.89	533.16	595.01	613.14	643.58	672.18
11.1	节能服务	139.64	152.13	114.85	141.49	192.40	195.05	194.47	188.15	233.73
11.2	环保服务	126.88	127.55	128.39	170.07	214.05	238.90	252.32	295.68	276.16
11.3	节水服务	27.58	18.84	27.07	23.58	36.05	42.40	52.88	51.47	63.95
11.4	循环经济(资源循环利用)服务	114.74	63.39	78.96	70.77	90.66	118.66	113.47	108.27	98.35

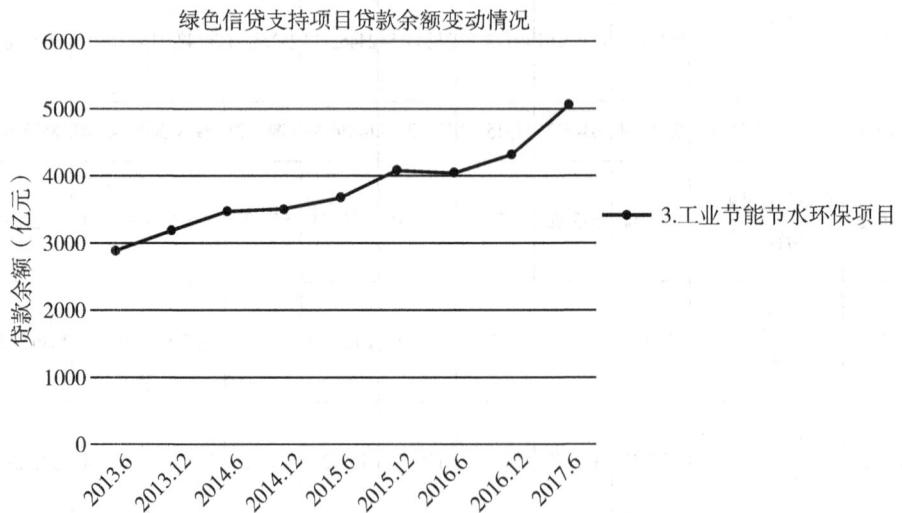

图9.7　工业节能节水环保项目贷款余额

绿色信贷支持项目贷款余额变动情况

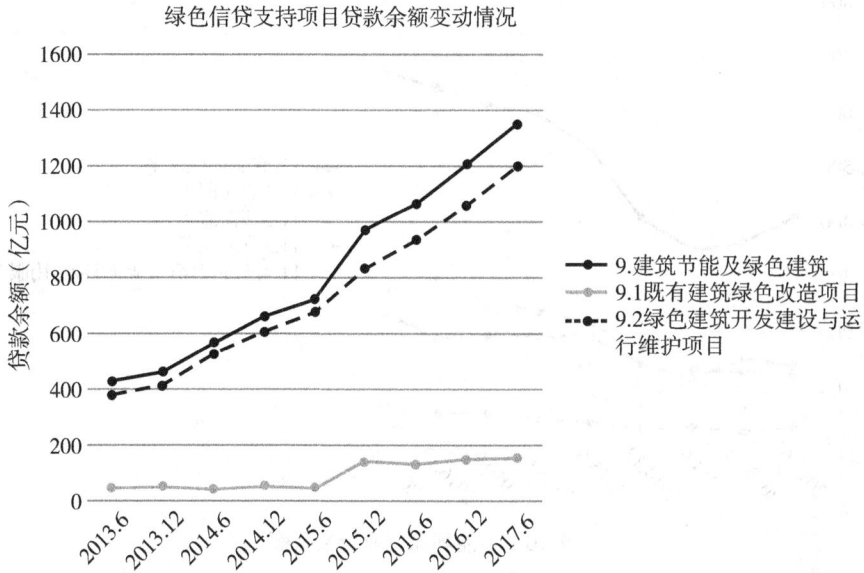

图9.8 建筑节能行业贷款余额

绿色信贷支持项目贷款余额变动情况

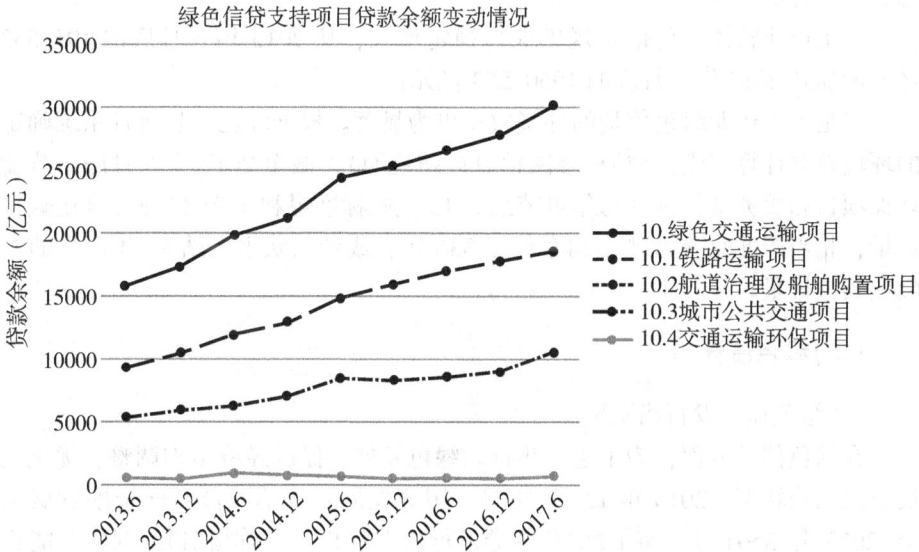

图9.9 交通运输节能行业贷款余额

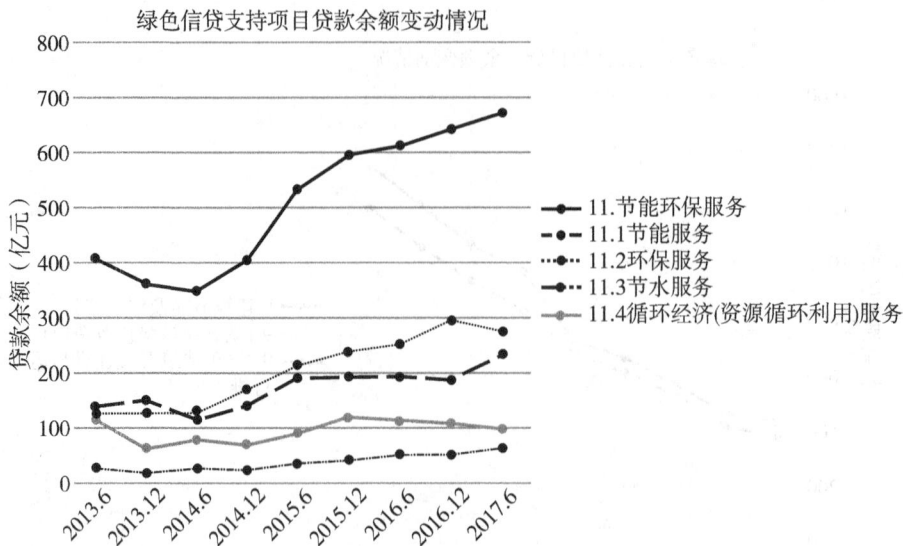

图 9.10 节能环保行业贷款余额

从以上统计数据可以看出，中国节能产业的绿色信贷处于持续健康发展的态势，具有以下特点：

一是行业整体绿色信贷规模保持稳定增长，从 2013 年 6 月底的 195.553 亿元增加到 2017 年 6 月底的 1950.553 亿元；

二是节能产业绿色信贷的环境效益更为显著。根据绿色信贷统计系统确定的环境效益计算规则(详情请参阅信息披露说明)，截至 2017 年 6 月底，节能环保项目和服务贷款预计每年可节约 2.15 亿吨标准煤和 4.91 亿吨二氧化碳排放量，相当于北京 7 万辆出租车停工 336 年，或者三峡水电站 84 年产生的二氧化碳减排量。

(二)绿色债券

1.《绿色债券发行指引》

在绿色债券方面，为了进一步推动绿色发展、促进经济结构调整、优化发展方式加快转型，2015 年 12 月 31 日，国家发展和改革委员会向金融发展基金[2015]第 3504 号发布了《绿色债券发行指引》(以下简称指引)。对于节能行业，《指引》现阶段支持重点为：

(1)节能减排技术改造项目。该项目包括燃煤电厂的超低排放和节能改造，余热和余热利用，如余热锅炉、燃煤锅炉的节能和环保改善，电机系统提高能效，提高企业能效和绿色照明。

（2）绿色城镇化项目。包括绿色建筑发展、建筑工业化、既有建筑节能改造、海绵城市建设、智慧城市建设、智能电网建设和新能源汽车充电设施建设等。

（3）节能环保产业项目。包括节能环保主要设备，技术产业化以及合同能源管理，节能环保产业基地(园区)建设。

2. 绿色债券支持项目目录(2015 年版)

中国绿色债券的另一个标准是 2015 年 12 月 22 日的中国金融协会绿色金融专业委员会制定的《绿色债券支持项目目录(2015 年版)》(以下简称目录)。该目录共包含 6 个主要类别和 31 个小类环境效益重要项目及其解释和定义，其中第一大类即是节能。具体分类情况及相关信息如表 9.8：

表9.8　　　　　　　　　　　　节能行业绿色债券支持项目目录

一级分类	二级分类	三级分类	说明或界定条件	国民经济行业分类名称和代码	备注
1.节能	1.1工业节能	1.1.1装置/设施建设运营	1. 国家颁布单位产品/工序能源消耗限额标准的行业，装置/设施(不含燃煤火力发电)产品能耗或工序能耗≤国家单位产品能源消耗限额标准先进值； 2. 燃煤火力发电机组限定为容量≥300MW 超超临界或超临界热电(冷)联产机组和背压式供热机组(背压式供热机组无机组容量限制)； 3. 特高压电网等采用特定高效低耗技术项目按特定技术直接认定； 4. 生物质、低热值燃料供热发电等项目，按项目消费生物质或低热值燃料原料属性认定； 5. LED 照明等高能效产品利用项目按产品技术直接认定。	E-建筑业-48土木工程建筑业。	产品(工序)能源消耗限额先进值参照相应行业产品(工序)能源消耗限额国家标准或《全国工业能效指南(2014 年版)》第 4 节重点行业产品和工序能效附表 4 重点行业主要产品(工序)能效表。

续表

一级分类	二级分类	三级分类	说明或界定条件	国民经济行业分类名称和代码	备注
1. 节能	1.1 工业节能	1.1.2 节能技术改造	含采用《国家重点节能低碳技术推广目录(2014年本，节能部分)》节能技术的改造项目，"上大压小、等量替换"集中供热改造项目，以及工业、交通、通讯等领域其他类型节能技术改造项目。被改造装置/设施/设备节能改造后满足如下标准之一： 1. 装置/设施产品能耗或工序能耗≤国家单位产品能源消耗限额标准先进值； 2. 改造后装置/设施/设备节能率≥相应行业/领域节能应用推广技术平均节能率/节能能力。	E 建筑业-48 土木工程建筑业-4840 工矿工程建筑 或-49 建筑安装业	国家有相关具体项目节能量测量与验证标准的节能技术改造项目，项目节能效果及认定标准按照国家标准要求执行
	1.2 可持续建筑	1.2.1 新建绿色建筑	指新建符合以下标准的建筑： 1. 新建工业建筑：达到《绿色工业建筑评价标准》(GB/T50878-2013)二星级及以上标准； 2. 新建住宅建筑和公共建筑：达到《绿色建筑评价标准》(GB/T50378-2006)二星级及以上标准。	E 建筑业-47 房屋建筑业	
		1.2.2 既有建筑节能改造	包含但不限于以下类别建筑节能改造项目： 建筑围护结构节能改造、供热系统、采暖制冷系统、照明设备和热水供应设施节能改造。	E 建筑业-49 建筑安装业；-50 建筑装饰和其他建筑业	

续表

一级分类	二级分类	三级分类	说明或界定条件	国民经济行业分类名称和代码	备注
1.节能	1.3 能源管理中心	1.3.1 设施建设运营	指采用自动化、信息化技术和集中管理模式,对企业能源系统生产、输配和消耗各环节(不限定包含所有环节)实施集中扁平化动态监控和数字化管理,改进和优化能源平衡,实现系统性节能降耗的能源管理管控一体化系统。包括系统硬件设施设备购置安装和配套软件系统开发运用。	I 信息传输、软件和信息技术服务业-65 软件和信息技术服务业-6510 软件开发及-6520 信息系统集成服务	项目建设标准符合《工业企业能源管控中心建设要求》国家标准
	1.4 具有节能效益的城乡基础设施建设	1.4.1 设施建设	包括但不限于以下类别: 1. 城市地下综合管廊项目; 2. 按照城市内涝及热岛效应状况,调整完善地下管线布局、走向以及埋藏深度的建设及改造项目; 3. 根据气温变化调整城市分区供暖、供水调度方案,提高地下管线的隔热防潮标准的建设及改造项目。	E 建筑业-48 土木工程建筑业-4819 其他道路、隧道和桥梁工程建筑;-485 架线和管道工程建筑	参照文件:《国务院办公厅关于推进城市地下综合管廊建设的指导意见》(国办发〔2015〕61号)

三、绿色金融在节能行业的应用案例:兴业银行节能减排项目贷款

(一)兴业银行节能减排项目贷款简介

兴业银行是中国第一家为节能减排项目提供贷款的商业银行。兴业银行贷款项目支持和服务的企业包括开展节能减排改革的企业事业单位和专业节能服务公司、节能减排设备制造商、节能减排设备租赁公司和公用事业服务提供商等。

2005 年 5 月，兴业银行与世界银行集团成员国际金融中心(IFC)合作，设计交易结构和能效产品。国际金融公司于 2006 年 5 月 17 日签署了《损失分担协议》，正式宣布进入中国节能融资市场，并签署了节能减排融资项目合作协议(第一期)。在这个项目下，国际金融公司为兴业银行提供了 2500 万美元的贷款本金风险分担，以发放绿色信贷。该项目为中国 46 个节能减排项目提供了 9 亿元人民币(约合 1.26 亿美元)的贷款。在该项目中，大多数贷款企业都是中小企业。2007 年 3 月 21 日，兴业银行第一期能效贷款在济南分行成功落户，贷款额 1600 万元。这个期限是四年。截至 2007 年底，兴业银行已发放 38 项节能减排项目贷款，金额 6.63 亿元。2008 年 2 月 25 日，兴业银行与国际金融公司在北京举行了中国节能减排融资项目(二期)签约仪式和新闻发布会。在第二阶段合作的框架下，兴业银行参与能源效率、可再生能源和纯净减排领域的项目融资。截至 2008 年底，兴业银行共发放节能减排项目贷款 86 笔，金额达 33.04 亿元。

2009 年 1 月，兴业银行在北京成立了可持续金融特许经营中心——可持续金融中心。截至 2009 年底，兴业银行已发放 223 项节能减排项目贷款，金额 165.83 亿元。

截至 2012 年 12 月 31 日，兴业银行共实施节能减排项目 48 项，节能减排项目融资租赁应收账款余额 133.97 亿元，占总余额的 33.5%。2012 年，启动了 20 个节能减排项目，总额 70.18 亿元，占同期总量的 35%。

(二)兴业银行节能贷款项目管理

1. 兴业银行制度和管理模式

在整个节能贷款项目的开发过程中，兴业银行通过组织安排、制度建设、宣传培训等方式持续推进。其制度及管理模式为：

(1)建立一个可持续的金融中心，负责能效融资，环境金融和碳金融的产品开发和营销；

(2)颁布《节能减排企业管理办法》和《节能减排项目入境规范》；

(3)组织多阶段节能减排培训，促进员工业务发展和业务运营。

2. 兴业银行项目运作模式

兴业银行的这些节能减排贷款模式侧重于担保条件和短期限，降低了贷款门槛，贷款期限扩大，贷款期限最长可达 5 年，可根据项目实际现金流量采用分期付款方式。对于那些缺乏抵押品的中小企业来说，这些创新可以更好地解决他们的融资问题。对于不同的节能减排项目，兴业银行定制了五种不同的运营模式。

（1）节能减排设备制造商加大生产融资方式。

该模型是一种综合融资业务模式，为节能设备制造商提供短期融资和中长期融资，适用客户是节能减排设备制造商。该模型为节能减排设备制造商提供固定资产贷款，流动资金贷款或项目贷款。当市场需求强劲，订单爆炸时，可以提供流动性贷款以增加产量，并为其扩张和新生产线提供固定资产贷款和项目融资。

（2）公用事业服务融资模式。

该模型适用于为城市公用事业服务提供者提供项目建设的固定资产贷款，以及采购链接等流动资金贷款的综合融资业务模式。其适用客户是节能环保的城市公用事业服务商。兴业银行为公用事业服务提供商提供固定资产贷款，包括支持项目的建设，支持采购流程，合并融资服务，如流动资金贷款、融资租赁、特许经营质押融资等，常见的项目类型包括天然气供应（天然气）、供暖等。

（3）特许经营项目融资模式。

通过特许经营、项目融资、融资租赁等参与公共设施有偿服务的企业管理法人，兴业银行为其建设和运营，节能和环境保护以及基础设施项目提供综合融资的商业模式，适用于通过特许经营参与节能环保领域公共设施有偿服务的企业法人。项目特许经营权或收费权质押是主要保障方式，项目运营产生的现金流量被用作还款的主要来源。常见的项目类型包括公共供水、供气、集中供热、污水处理和垃圾处理。

（4）节能服务商融资模式。

该模式是兴业银行为节能服务提供商提供合同能源管理项目的收益权质押，拟议的项目收益权质押，或者设备和在建工程质押的综合融资业务模式。其适用客户为节能服务公司。节能服务公司承诺已完成或拟议的合同能源管理项目的未来收益权，或将设备抵押和在建工程作为主要担保。兴业银行为节能服务公司提供财务咨询，现金管理，股份制改革和私募股权融资。

（5）融资租赁模式。

该模型适用于融资租赁公司作为融资主体，申请以节能环保项目质押融资的业务模式，适用客户为融资租赁公司。兴业银行为融资租赁公司在节能环保领域开展的租赁业务提供融资。该模型有助于扩大租赁公司的资金来源，并间接支持节能减排领域的租户。

第三节　绿色金融在清洁能源行业的应用

一、相关政策及定义

截至 2018 年 6 月 1 日，清洁能源的定义在业界仍然存在着一些争议。《气候债券标准》①以及《绿色债券支持项目目录》,② 存在不同的定义方式。我们对两种定义方式进行简单对比：

表9.9 清洁能源行业定义比对

气候债券标准	绿色债券支持项目目录
太阳能、风能、地热能、水电、生物质能、波浪和潮汐能、能源分布与管理、专用电网	风能、太阳能、智能电网及能源互联网、分布式能源、太阳能热、水能、其他新能源的利用(比如地热能、海洋能等)

《绿色债券支持项目目录》更广泛、更具特点地定义了清洁能源，与《气候债券标准》相比多出了能源互联网一项。由于能源互联网在我国绿色产业中占有重要位置，因而本文倾向于《绿色债券支持项目目录》中给出的清洁能源的定义。

截至 2018 年 6 月 1 日，我国所有的绿色债券募集说明书均引用的的是《绿色债券支持项目目录》的规定，涉及的公司必须在资金募集说明书中注明其投入在《绿色债券支持项目目录》中的具体项目。在《绿色债券支持项目目录》中，清洁能源行业具体定义如下：

表9.10 《绿色债券支持项目目录》中对清洁能源行业的定义

1.1 风力发电	1.1.1 设施建设运营	指风力发电场建设运营(含配套风能监测、风电场功率预测系统、风电场群区集控系统等)。	D电力、热力、燃气及水的生产和供应业-44电力、热力生产和供应业-4414风力发电。

① 气候债券委员会气候债券标准版本 2.0. [检索时间：2018.6.1]. https：//cn. climatebonds. net/files/files/Climate%20Bonds%20Standard%20v2_0%2023Oct16_CH(1). pdf.

② 绿色债券支持项目目录(2015 年版). [检索时间：2018.6.1]. http：//www. greenfinance. org. cn/displaynews. php? id=459.

1.2 太阳能光伏发电	1.2.1 设施建设运营	太阳能光伏发电站、太阳能高温热发电站(不含分布式太阳能光伏发电系统)需满足如下限定条件： 1. 多晶硅电池组件光电转化效率≥15.5%，组件自项目投产运行之日起，一年内衰减率≤2.5%，之后年衰减率≤0.7%； 2. 单晶硅电池组件光电转化效率≥16%，组件自项目投产运行之日起，一年内衰减率≤3%，之后年衰减率≤0.7%； 3. 高倍聚光光伏组件光电转化效率≥28%，项目投产运行之日起，一年内衰减率≤2%，之后年衰减率≤0.5%，项目全生命周期内衰减率≤10%； 4. 硅基薄膜电池组件光电转化效率≥8%，铜铟镓硒(CIGS)薄膜电池组件光电转化效率≥11%，碲化镉(CdTe)薄膜电池组件光电转化效率≥11%，其他薄膜电池组件光电转化效率≥10%； 5. 多晶硅、单晶硅和薄膜电池项目全生命周期内衰减率≤20%。	D电力、热力、燃气及水的生产和供应业-44电力、热力生产和供应业-4415太阳能发电。 1. 参照文件：《国家能源局工业和信息化部国家认监委关于促进先进光伏技术产品应用和产业升级的意见》 2. 分布式光伏发电系统归入分布式能源类别
1.3 智能电网及能源互联网	1.3.1 设施建设运营/升级改造	指能够提高供、需负荷平衡和响应能力，显著改善电网综合能效、降低输变电损耗及增强可再生能源接入能力电网建设运营和技术升级改造项目。 1. 智能电网： 指采用智能型电气设备和实时、双向、集成通信技术以及其他先进技术的电网建设运营项目及电网智能化升级改造项目。 2. 能源互联网： 指综合应用电力电子、信息和智能管理技术，连接分布式能源(含分布式可再生能源)、分布式储能装置及各类型负荷，实现能量双向流动和对等交换与共享的电、微电网及其他能源(燃气等)网络设施建设运营项目。	D电力、热力、燃气及水生产和供应业-44电力生产-4420电力供应-45燃气生产和供应业。

续表

1.4 分布式能源	1.4.1 设施建设运营	指区域能源站(包括天然气区域能源站)、分布式光伏发电系统等分布式能源设施建设运营以及分布式能源接入及峰谷调节系统、分布式电力交易平台等能源管理系统建设运营。	D 电力、热力、燃气及水的生产和供应业-44 电力、热力生产和供应业-4420 电力供应。设施能效达到国家分布式能源相关能效标准准入值要求。
1.5 太阳能热利用	1.5.1 装置/设施建设运营	指太阳能热利用装置/设施建设运营。包含但不限于以下类别：太阳能热水器安装运营工程；太阳能采暖系统；太阳能中高温集热系统；太阳能空调制冷系统、热泵空调系统；太阳能与空气源热泵热水系统、兆瓦级太阳能高温热发电装置/设施等建设运营。	D 电力、热力、燃气及水的生产和供应业-44 电力、热力生产和供应业。
1.6 水力发电	1.6.1 设施建设运营	指以水力发电为目的的水库大坝、水工隧洞、电站厂房、发电机组等水利发电设施建设运营。	D 电力、热力、燃气及水生产和供应业-44 电力、热力生产和供应业-水力发电。符合《2014 年能源工作指导意见》及其他相关文件规定，且通过生态环境保护和移民安置方案论证的项目。
1.7 其他新能源利用	1.7.1 设施建设运营	指利用地热能、海洋能及其他可再生能源发电的工程设施建设运营。	D 电力、热力、燃气及水的生产和供应业-44 电力、热力生产和供应业-4419 其他电力生产。

二、绿色信贷与清洁能源

2016 年在我国的倡议和推动下，G20 绿色金融研究小组成立。2017 年 6 月，中国在 5 个省(区)建立了绿色金融改革创新试验区，以鼓励绿色信贷的发展，并且赋予了绿色信贷重要的时代意义。

绿色信贷在绿色金融中占有很大比例。自 2013 年起，银监会先后发布了《关于报送绿色信贷统计表的通知》(银监办发〔2013〕185 号)和《关于报送绿色信贷统计表的通知》(银监统通〔2014〕60 号)，组织银行业和地方银监局统计绿色信贷具体运行工作。截至 2018 年 6 月 1 日，银监会完成的 11 次绿色信贷统计工作显示整体统计制度运行平稳。本文根据银监会披露的信息，整理了 2013 年至 2017 年 21 家商业银行绿色信贷中涉及清洁能源行业的信息。

表 9.11　　　　　　21 家主要商业银行绿色信贷情况贷款余额统计表

截至日期	2013.06.30	2013.12.31	2014.06.30	2014.12.31	2015.06.30	2015.12.31	2016.06.30	2016.12.31	2017.06.30
可再生能源及清洁能源项目	9970.85	10407.39	11615.18	11722.14	12907.12	13973.9	14686.39	15062.76	16103.17
太阳能项目	495.54	616.44	854.11	1013.46	1216.92	1423.57	1619.09	1784.34	2018.55
风电项目	2207.09	2374.13	2716.82	2792.17	3322.11	3775.76	4102.5	4225.78	4731.48
生物质能项目	143.43	161.09	182.2	177.83	168.03	159.4	162.66	185.85	204.38
水力发电项目	6201.12	6366.74	6823.47	6592.72	6930.03	7218.49	7380.29	7272.77	7535.77
其他可再生能源及清洁能源项目	763.98	806.19	944.03	1037.86	1141.02	1268.54	1277.08	1286.36	1279.65

续表

截至日期	2013.06.30	2013.12.31	2014.06.30	2014.12.31	2015.06.30	2015.12.31	2016.06.30	2016.12.31	2017.06.30
智能电网项目	159.69	82.81	94.55	108.1	129	128.14	144.76	307.65	333.34

（备注：可再生能源及清洁能源项目为下面各项之和，其定义包含于《绿色债券支持项目目录》中所给出的清洁能源定义；单位：亿元）

由表中不难看出，清洁能源总的贷款余额非常大，在 2013 年就已经突破了一万亿大关，并在之后逐年稳定增长。在清洁能源的贷款中，水力发电、风力发电、光伏发电占了很大一部分比例，是清洁能源中较为重要的几种能源利用方式。

表 9.12　　　　截至 2017 年 6 月 21 家主要商业银行绿色信贷情况

指标名称	贷款余额(亿元)[①]	占比
总计	82956.64	100.00%
1. 绿色农业开发项目	536.03	0.65%
2. 绿色林业开发项目	446.98	0.54%
3. 工业节能节水环保项目	5056.64	6.10%
4. 自然保护、生态修复及灾害防控项目	3378.99	4.07%
5. 资源循环利用项目	1603.18	1.93%
6. 垃圾处理及污染防治项目	3722.9	4.49%
7. 可再生能源及清洁能源项目	16103.17	19.41%
8. 农村及城市水项目	1921.35	2.32%
9. 建筑节能及绿色建筑	1347.79	1.62%
10. 绿色交通运输项目	30151.67	36.35%
11. 节能环保服务	8291.23	9.99%
12. 采用国际惯例或国际标准的境外项目	371.76	0.45%
13. 新能源以及新能源汽车项目	10024.96	12.08%

---

①　中国银行业监督管理委员会 21 家国内主要银行绿色信贷统计数据汇总表.

根据表 9.13，清洁能源贷款余额约占绿色信贷总额的 20%，仅次于绿色交通运输项目。

表 9.13　截至 2017 年 6 月 21 家主要银行在清洁能源行业的绿色信贷情况

指标名称[①]	贷款余额(亿元)	占比
总计	16103.17	100.00%
太阳能项目	2018.55	12.54%
风电项目	4731.48	29.38%
生物质能项目	204.38	1.27%
水利发电项目	7535.77	46.80%
其他可再生能源及清洁能源项目	1279.65	7.95%
智能电网项目	333.34	2.07%

由表中可以看到，水力发电项目的占比最大，达到了 46.80%；风力发电项目其次，占比达到了 29.38%；太阳能项目占比排名第三，占比达到了12.54%。这三种能源利用方式也是我国能源改革的重头。

下面，我们以国家开发银行为例探究绿色信贷对于清洁能源行业的支持情况。

表 9.14　　国家开发银行绿色信贷对于清洁能源行业的支持情况

年份	发展情况[②]
2013	水电：承诺贷款 267 亿元，总装机量 490 万千瓦 风电：发布《海上风电项目开发评审指导意见》 光伏：支持技术研发、改造和引进，压缩产能过剩等行业的新增信贷
2014	风电、光电：截至 2014，风电、光电总装机规模达到 3900 万千瓦 水电：投放 157.6 亿元支持速传雅砻江锦屏水电站建设

---

①　中国银行业监督管理委员会 21 家国内主要银行绿色信贷统计数据汇总表.
②　国家开发银行 2013—2016 社会责任报告.

续表

年份	发展情况
2015	光电：支持青海龙羊峡水光互补光伏发电项目、支持宁夏盐池光伏发电项目 风电：支持江苏如东中广核 150 兆瓦海上风电项目
2016	光电：投放 2.12 亿元贷款支持浙江江山市 200 兆瓦林光互补地面电站建设

截至 2016 年末，国家开发银行在清洁能源行业贷款余额为 4024 亿元，主要资金项目集中在水利发电、风力发电、光伏发电行业中。我们据此可以看出绿色信贷能够有效解决了我国清洁能源行业发展的资金问题并促进清洁能源的普及。

三、绿色债券与清洁能源

绿色债券在绿色金融地位显著。截至 2016 年 12 月 31 日，在绿色债券中清洁能源行业募集资金为 332.02 亿元，占募总额的 16.17%。① 截至 2017 年 12 月 31 日，其募集资金达到 670.84 亿元，占总额的 16.37%。②

本文整理了绿色债券数据库中的关于清洁能源行业的相关债权，并进行了分析比对。

（一）绿色金融债

表 9.15　　　　　　　　　　绿色金融债统计表

债券③简称	发行人	类型	发行年份	发行规模（亿元）	清洁能源占比（%）
18临海农商绿色金融债	浙江临海农村商业银行股份有限公司	太阳能光伏发电、水力发电	2018	1	87.00

---

① 气候债券倡议组织，中央国债登记结算有限责任公司．中国绿色债券市场现状报告 2016.

② 气候债券倡议组织，中央国债登记结算有限责任公司．中国绿色债券市场现状报告 2017.

③ 绿色金融——绿色债券数据库．[检索时间：2018.6.1]．http：//greenfinance.xinhua08.com/zt/database/.

续表

债券简称	发行人	类型	发行年份	发行规模（亿元）	清洁能源占比（%）
17进出绿色债01	中国进出口银行	太阳能光伏发电、风力发电	2017	20	50.00
17河北租赁绿色金融04	河北省金融租赁有限公司		2017	7	27.00
17北京银行绿色金融债	北京银行股份有限公司	太阳能光伏发电、水力发电	2017	150	6.90
17河北租赁绿色金融03	河北省金融租赁有限公司		2017	7	27.00
17乐山商行绿色金融05	乐山市商业银行股份有限公司		2017	10	1.38
17华兴银行绿色金融01	广东华兴银行股份有限公司		2017	20	10.59
17河北租赁绿色金融02	河北省金融租赁有限公司		2017	5	27.00
17乐山商行绿色金融03、04	乐山市商业银行股份有限公司		2017	20	0.76
17长沙银行绿色金融02	长沙银行股份有限公司		2017	30	6.03
17甘肃银行绿色金融债	甘肃银行股份有限公司		2017	10	1.95
17长沙银行绿色金融01	长沙银行股份有限公司		2017	10	6.03
17国开绿债02	国家开发银行	清洁能源	2017	50	8.53
17南京银行绿色金融01、02	南京银行股份有限公司	清洁能源	2017	50	5.39

续表

债券简称	发行人	类型	发行年份	发行规模（亿元）	清洁能源占比（%）
17 北京银行绿色金融 01、02	北京银行股份有限公司	太阳能光伏发电、水力发电	2017	150	6.90
17 国开绿债 01	国家开发银行	清洁能源	2017	50	8.53
17 乌海银行绿色金融债	乌海银行股份有限公司	太阳能光伏发电	2017	5	6.00
17 华融租赁绿色金融 01、02	华融金融租赁股份有限公司	清洁能源	2017	20	11.69
17 河北租赁绿色金融 01	河北省金融租赁有限公司	清洁能源	2017	1	100.00
16 进出绿色债 01	中国进出口银行	太阳能光伏发电、风力发电	2016	10	50.00
16 交行绿色金融债 01、02	交通银行股份有限公司	清洁能源	2016	300	11.31
16 兴业绿色金融债 01、02、03	兴业银行股份有限公司	清洁能源	2016	500	7.00
16 江西银行绿色金融 01、02、03、04	江西银行股份有限公司	清洁能源	2016	80	2.08
16 浦发绿色金融债 01、02、03	上海浦东发展银行股份有限公司	清洁能源	2016	500	10.21
16 青岛银行绿色金融 01、02、03、04	青岛银行股份有限公司	清洁能源	2016	80	15.01

（二）绿色公司债

表 9.16　　　　　　　　　　　　绿色公司债统计表

债券①	发行人	项目名称	类型	发行年份	发行规模（亿元）	清洁能源占比(%)
G18 新 Y1	新天绿色能源股份有限公司	多个风电项目	风电	2018	15	100
G17 协合 1	协合风电投资有限公司	多个风电项目	风电	2017	10	100
G17 三峡 3/G16 三峡 1/G16 三峡 2	中国长江三峡集团公司	乌东德水电站建设	水电	2016/2017	150	100
G17 风电 1	中节能风力发电股份有限公司	偿还绿色项目产业贷款		2017	10	
G17 启迪 1	启迪控股股份有限公司	启迪控股子公司启迪清芸投资建设的光伏电站项目	光电	2017	15	100
G17 华电 1/2/3	中国华电集团公司		生物质能发电水电项目	2017	50	100
G16 节能 1/2/3/4	中国节能环保集团公司		生物质能发电以及风电项目	2016	50	约 40

---

① 绿色金融——绿色债券数据库．［检索时间：2018.6.1］. http：//greenfinance. xin-hua08. com/zt/database/.

（三）绿色金融债

表 9.17　　　　　　　　　　　　绿色金融债统计表

债券[①]	发行人	项目名称	类型	发行年份	发行规模（亿元）	清洁能源占比（%）
18 龙源绿色债 01	龙源电力集团股份有限公司		风电项目	2018	60	50
17 西藏开投绿色债 NPB	西藏开发投资集团	西藏易贡藏布金桥水电站项目、加查县索朗沟嘎堆水电站项目	水电项目	2017	18.2	100
17 龙源绿色债 01	龙源电力集团股份有限公司		风电项目	2017	60	100

由这三种发行的债券不难看出，我国清洁能源行业中绿色债券的发行主体同样也主要是水利发电、风力发电和光伏发电企业。其债券发行规模较大，且有一部分发行了多期。但绿色债券中同样存在着一些问题，比如中节能公司由于连续两年亏损，其绿色债券已经被停止上市。

四、小结

除了天然气，其余的清洁能源行业都是可再生能源。可再生能源是第三次能源革命的核心。世界的能源结构未来主要会从不可再生能源转变为可再生能源。因此，发展清洁能源行业是十分必要的。不论是从绿色信贷还是绿色债券，我们都不难看出绿色金融对于清洁能源行业的影响之大。它能够有效地解决清洁能源行业的资金链问题，为清洁能源行业的稳步发展提供资金后盾。

---

① 绿色金融——绿色债券数据库．［检索时间：2018.6.1］．http：//greenfinance. xin-hua08. com/zt/database/．

第四节 绿色金融在污染防治项目的应用

一、相关政策及定义

污染防治类项目涉及的细分行业多，在绿色金融的不同层面和产品中有不同的定义和界定条件。截至 2018 年 6 月 1 日，我国有两套标准定义绿色项目，一套是 2015 年由中国金融学会绿色金融专业委员会（简称"绿金委"）编制的《绿色债券支持项目目录》（以下简称目录）对其的规定，另一套是发改委在《绿色债券发行指引》（以下简称指引）中所规定的绿色循环低碳发展项目。

2015 年 12 月中国人民银行发布了《中国人民银行公告【2015】第 39 号》以及中国金融学会绿色金融专业委员会编制配套的《绿色债券支持项目目录》，明确界定了了六大类及三十一小类环境满足效益显著的所需要的条件。

目录中关于"污染防治"项目的界定如下：

表 9.18 　　　《绿色债券支持项目目录》关于污染防治项目的界定

一级分类	二级分类	三级分类	说明或界定条件	国民经济行业分类名称和代码	备注
2. 污染防治	2.1 污染防治	2.1.1 设施建设运营	包括但不限于以下类别污染物处理设施建设运营：污水、污水处理副产污泥、大气污染物、城镇生活垃圾等固体废物（含危险废物、医疗垃圾等）处理、综合治理等污染处理、治理设施及最终处置设施等（含管网、收集中转储运等配套设施建设运营）	D 电力、热力、燃气及水生产和供应业-46 水的生产和供应业-4620 污水处理及其再生利用；7340 海洋服务；N 水利、环境和公共设施管理业-77 生态保护和环境治理业	符合环境污染治理设施运行服务企业相关国家标准要求；如涉及废弃物转移，须符合《控制危险废料越境转移及其处置巴塞尔公约》相关要求

续表

一级分类	二级分类	三级分类	说明或界定条件	国民经济行业分类名称和代码	备注
2.污染防治	2.2环境修复工程	2.2.1项目实施	包括但不限于以下类别环境修复项目：城市黑臭水体综合整治项目、矿山土地复垦与生态修复项目、土壤污染治理及修复项目等	N水利、环境和公共设施管理业-77生态保护和环境治理业	如涉及废弃物转移，须符合《控制危险废料越境转移及其处置巴塞尔公约》相关要求
	2.3煤炭清洁利用	2.3.1装置/设施建设运营	指对煤炭进行洗选加工，分质分级利用，以及采用便于污染物处理的煤气化等技术对传统煤炭消费利用方式进行替代的装置/设施建设运营项目	B采矿业-06煤炭开采和洗选业；E建筑业-48土木工程建筑业-4840工矿工程建筑；C制造业-25石油加工、炼焦和核燃料加工业-2520炼焦；33金属制品业-3311金属结构制造	限定为符合《煤炭清洁高效利用行动计划（2015—2020年)》《关于规范煤制燃料示范工作的指导意见》政策范围的装置/设施建设运营项目

目录将污染防治分为三个二级分类：污染防治、环境修复工程、煤炭清洁利用。总的来说这一标准对污染防治项目的规定是通过脱硫、脱硝、除尘、污水处理等设施建设，以及其他类型环境综合治理行动，实现削减污染物排放，治理环境污染，保护、恢复和改善环境。①

发改委指引将绿色项目划分为十二大类，并在每类后进行了简要的列举说明，其中将污染防治项目界定为如下细分类别：

---

① 中国金融学会绿色金融专业委员绿色债券支持项目目录.

表 9.19   《绿色债券发行指引》对污染防治项目的界定

适用范围	列举说明
污染防治项目	污水垃圾等基础设施建设
	水、气、土环境问题治理
	危险废物、医疗废物、工业尾矿等处理

截至 2018 年 6 月 1 日，发行绿色金融债、绿色公司债以及非金融绿色债务融资工具主要依据的是绿金委目录中对绿色项目的界定，而发行绿色企业债则主要依据的是发改委指引中的界定范围。

在绿色信贷的实践应用层面，根据银监会的绿色信贷统计制度及 21 家主要银行的绿色信贷情况统计，绿色信贷中涉及污染防治类项目的主要细分项目如下：

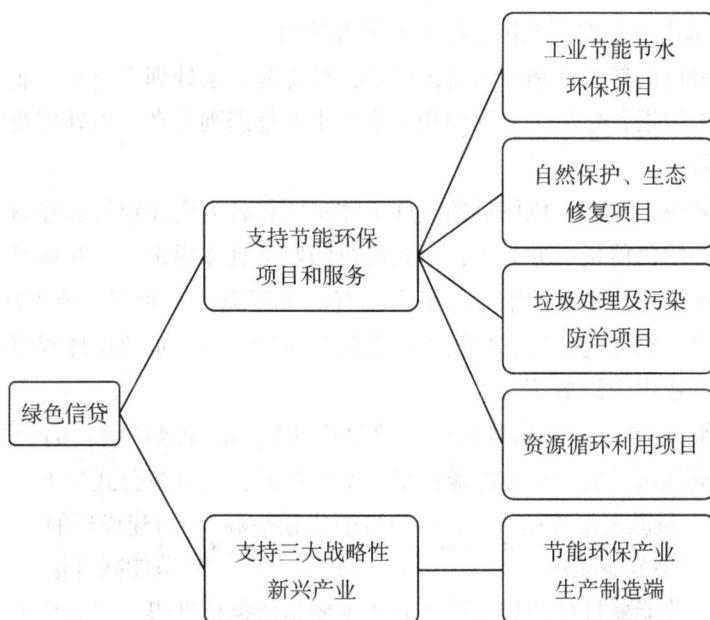

图 9.11 绿色信贷对污染防治项目的分类

截至 2018 年 6 月 1 日，根据绿色信贷统计制度，绿色信贷主要涵盖两部分：一个是支持三大战略性新兴产业生产制造端（包括节能环保、新能源、新能源汽车)的贷款；二是支持节能环保项目和服务的贷款，其中节能环保项目和服务的贷款细分又涵盖12个项目：

(1)绿色农业开发项目；

(2)绿色林业开发项目；

(3)工业节能节水环保项目；

(4)自然保护、生态修复及灾害防控项目；

(5)资源循环利用项目；

(6)垃圾处理及污染防治项目；

(7)可再生能源及清洁能源项目；

(8)农村及城市水项目；

(9)建筑节能及绿色建筑；

(10)绿色交通运输项目；

(11)节能环保服务；

(12)采用国际惯例或国际标准的境外项目。

依据绿色信贷统计制度的具体要求，纯工业废水处理需要在工业节能节水环保项目中填报，生活污水处理和工业废水的处理则是在垃圾处理及污染防治项目中填报。

总的来说，我国绿色信贷的实施主体主要是各大商业银行和券商。由于主要以银行的绿色信贷业务为主，因此银行的归类具体界定了这些项目。污染防治类项目在绿色信贷中的细分界定主要有以下五类：工业节能节水环保项目、自然保护及生态修复项目、垃圾处理及污染防治项目、资源循环利用项目以及节能环保产业生产制造端。

根据银监会的《绿色信贷统计表填报说明》，银行绿色信贷的贷款环境效益测算以贷款所形成的年节能减排量为衡量指标，其计算公式如下：

$$\frac{贷款所形成的}{年节能减排量} = \frac{银行对项目的贷款余额}{项目总投资} \times \frac{项目建成后的}{年节能减排量}$$

其中，节能减排量的具体测算方式主要是依据标准煤、二氧化碳当量、化学需氧量、氨氮、二氧化硫、氮氧化物、节水等指标。

截至2018年6月1日，我国污染防治类项目主要针对废气、废水、废物的处理处置，但是没有对污染防治设施本身的有害排放与能量回收的标准有明确的要求。比如污水处理厂的尾水后续是否妥善回收利用，或排入水体是否拥有足够的环境承载力这些问题并没有得到足够的重视；垃圾焚烧项目仅考虑垃圾处理量与处理效果，却对类似于焚烧余热的利用率与高危飞灰的处理等问题并没有明确的标准。

二、行业绿色金融需求

发展绿色金融，是实现绿色发展的重要措施，也是供给侧结构性改革的重要组成部分。截至 2018 年 6 月 1 日，我国环境治理问题艰巨，环境保护投资需求大，构建绿色金融体系势在必行。

2016 年国务院发布《"十三五"生态环境保护规划》，其中涵盖了 11 项环境治理与保护重点项目、14 项山水林田湖生态项目，以及水、气、土三大污染防治战役等。这表明我国政府已经开始重视生态环境保护，并且逐渐给予充足的政策支持。绿色发展已经成为国家战略，绿色金融在未来发展道路上也会充满机遇。可以预见未来绿色金融市场潜力不可估量。[①]

同时，我国环保产业结构于 2013 年开始做出较大调整，"小而散"格局正逐步进行调整，但和长期产业规划目标及国外市场相比依然有较大差距。随着环保需求的不断升级，加快产业并购重组是龙头企业实现业务范围拓展、技术储备扩充，抓住市场机遇的重要手段。

从市场需求的角度看，我国环境污染治理正在从企业末端治理转向为综合性治理如集中治理、公共服务以及生态保护修复。比如污水处理项目不再仅与污水处理厂的建设运营相关，也需要管网建设的配合；部分水环境治理项目甚至覆盖多个相关但完全不同的领域如污水处理、水系治理、环境修复等；垃圾焚烧发电项目也大多需要同时承担垃圾清运、转运体系的建设与运营的工作。这些都在客观上扩大了项目规模，同时也对企业业务领域和技术能力提出了更高的综合性、复合性要求。[②]

三、行业绿色金融现状

绿色金融在污染防治类项目的应用是主要以绿色债券、绿色信贷和绿色保

---

① 健全绿色金融发展机制 [检索时间：2018.6.1]. http：//www. greenfinance. org. cn/displaynews. php？ id=1704.

② 兴业研究 GPI 指数跟踪：我国环保产业的分化与并购态势. [检索时间：2018.6.1]. http：//www. ideacarbon. org/archives/47966.

险等形式存在。

(一)绿色债券

绿色债券包括绿色金融债券和非金融企业绿色债券,后者涵盖了绿色公司债、绿色企业债、绿色中期票据(绿色债务融资工具)等。本文整理了这两大类绿色债券在污染防治行业中的应用。

1. 绿色金融债

通过整理中国金融学会绿色金融专业委员会的数据库中已有的从 2016 年 1 月至 2018 年 4 月绿色金融债数据,我们发现这些债的发行相对于其他项目,较少针对污染防治项目,大多数资金应用于绿色产业,或者全部用于绿金委发布的《绿色债券支持项目目录》中所涉及的项目,或指明是重点行业如节能环保、清洁能源、清洁交通行业。

以下是针对污染防治项目的绿色金融债实例:

2017 年 2 月 21 日,国家开发银行发行首期五年期的 50 亿元绿色金融债券。该债券是第一个将大气污染防治作为主题的绿色债券。国家开发银行共和 11 家机构达成交易,成量达到 12.4 亿元,中标利率 3.86%。和近期国开行五年期 4%左右的非绿色债发行利率相比,此次绿色债券具有很强的发行成本优势。

2. 绿色公司债

表 9.20   **绿色公司债统计整理表**

债券	发行人	发行年份	发行规模 (亿元)	募集资金投向
G18 华友 1	浙江华友钴业股份有限公司	2018 年 3 月	6.2	全部用于废旧电池资源化绿色循环利用项目、废水处理优化提升及再生资源综合利用项目、硫酸铵废水资源化综合回用二期项目、含钴废料多组分高值化情节循环利用示范项目的投资、建设及运营
17 丽 鹏 G1	山东丽鹏股份有限公司	2017 年 12 月	2.5	安顺市西秀区生态修复综合治理二期(PPP)项目(不包括植物园建设工程)

续表

债券	发行人	发行年份	发行规模（亿元）	募集资金投向
17 深能 G1	深圳能源集团股份有限公司	2017 年 11 月	10	全部用于发行人下属子公司深圳市能源环保有限公司所属垃圾焚烧发电厂建设项目
G17 华昱 1	山西晋煤华昱煤化工有限责任公司	2017 年 9 月	8	拟用于污染防治、清洁交通领域

3. 绿色企业债

表 9.21　　　　　　　　　　**绿色企业债整理表**

债券	发行人	发行年份	发行规模	募集资金投向
17 扬中城投绿色债/G 扬城 1	扬中市城市建设投资发展总公司	2017 年 10 月	20	12 亿用于扬中市村镇水环境治理项目，8 亿用于补充营运资金
17 汴投绿色债/G17 汴投 1	开封市发展投资有限公司	2017 年 9 月	13	8 亿投向开封市水生态综合治理改造项目(一期工程)，5 亿用于补充流动资金
17 洪泽绿色债	江苏洪泽湖神舟旅游开发有限公司	2017 年 8 月	10	6 亿用于洪泽湖下游生态环境综合治理项目，4 亿用于补充资金
17 丹投绿色债	丹阳投资集团有限公司	2017 年 7 月	15	10 亿用于丹阳市村镇污水治理工程项目，5 亿用于补充营运资金
17 云水务绿色债/G17 云绿 1	云南水务投资股份有限公司	2017 年 5 月	5.5	2.71 亿用于玉溪市生活垃圾焚烧发电项目，0.36 亿用于大理污水厂二期，2.73 亿用于补充营运资金

267

续表

债券	发行人	发行年份	发行规模	募集资金投向
16 清新绿色债/16 清新 G1	北京清新环境技术股份有限公司	2016 年 10 月	10.9	3.3 亿用于莒南县域利用力源电厂余热回收集中供热及保障性住房(棚户区改造)供热配套工程项目，2.2 亿用于大气治理核心装备生产项目，5.4 亿用于补充营运资金

4. 绿色中期票据(绿色债务融资工具)

表 9.22　　　　　　　　　　　　**绿色债务融资工具**

债券	发行人	发行年份	发行规模（亿元）	募集资金投向
18 天业 GN001	新疆天业（集团）有限公司	2018 年 4 月	2.2	用于公司燃煤热电厂节能升级改造和超低排放改造项目中的天伟热电厂#1 机组、#2 机组的节能升级改造和超低排放改造项目
18 义务国资 GN001	义乌市国有资本运营有限公司	2018 年 4 月	7	用作下属公司义乌市水务建设集团有限公司义乌江综合治理工程、白沙湖工程、义务市城市内河水系激活工程(东青溪、六都溪引水工程)、义乌市排水管道工程及污水厂扩建工程所需建设资金
18 晋煤 GN001	山西晋城无烟煤矿业集团有限责任公司	2018 年 1 月	10	补充全资子公司山西晋煤华昱煤化工有限责任公司高硫煤洁净利用化电热一体化示范项目建设资金

续表

债券	发行人	发行年份	发行规模（亿元）	募集资金投向
17 义务国资 GN001	义乌市国有资本运营有限公司	2017 年 7 月	8	主要用于"义乌江水环境综合治理工程"项目建设

我国从 2016 年 1 月 1 日到 2017 年 10 月 10 日合计发行了 74 支非金融企业绿色债券，包含绿色企业债、绿色公司债和绿色中期票据三个品种，达到 989.65 亿元。其中有 11 支因没有披露资金用途，或因公开资料不充分，或因部分绿色企业债用途无法对应到人民银行《目录》分类等，都没有计入统计之中。中国金融学会研究团队统计了剩余的 63 支绿色债券，总发行规模达到 866.25 亿元，占总量的 88%。① 其中，已发行的 33 支绿色公司债中有 27 只披露了募集资金去向，合计规模 311.75 亿元。清洁能源类项目和污染防治类项目成为主要资金投向，其中污染防治项目占到 87 亿元，占比 27%。污染防治类项目中有 73 亿投向了污水处理和水环境综合治理，占总规模的 23.42%。在 23 支绿色企业债中，可具体分类的 21 支发行规模为 380.5 亿元，污染防治类项目为 43.5 亿元，占 11.43%。截至 2017 年 10 月 10 日，我国发行的绿色中期票据规模达到 192 亿元，发行数量和规模与绿色公司债和企业债相比，相对较小。

依据人民银行《目录》一级分类划分，清洁能源、污染防治和清洁交通依次是绿色中期票据募集资金投向最多的三个行业。针对污染防治类项目的绿色中期票据，共计发行 55 亿元，占比超过了 30%。

从具体项目的投向看，非金融绿色债券在污染防治项目有近 90% 的资金投向污水处理和水环境综合治理，资金达到 166 亿元，占总发行量的 19.16%，成为了占比最大的单类项目。②

（二）绿色信贷

中国的绿色信贷体系将《绿色信贷指引》作为核心的纲领性文件，以绿色

① 企业绿色债券：募集的资金去了哪里？［检索时间：2018.6.1］. http：//www. greenfinance. org. cn/displaynews. php？id=1658.

② 中国金融学会绿色金融委员会．［检索时间：2018.6.1］. http：//greenfinance. xin-hua08. com/zt/database/lsgsz. shtml.

信贷统计制度和考核评价机制作为考核机制的两大基石。

截至 2016 年 6 月末，21 家主要银行业绿色信贷余额为 7.26 万亿，占各项贷款的 9.0%。其中，包括节能环保、新能源、新能源汽车在内的战略性新兴产业贷款余额达到了 1.69 万亿，其中节能环保项目和服务贷款为 5.57 万亿，效益显著。其中，根据 2016 年银监会在绿色信贷新闻发布会上发布的中国绿色信贷投向分布图（单位：万亿），投向工业节能节水环保项目的资金占 0.40%、垃圾处理及污染防治项目占 0.29%，投向自然保护、生态修复及灾害防控项目占总投资金的 0.22%，资源循环利用和农村及城市水项目紧随其后皆为 0.14%。

根据银监会披露的最新的信息，截至 2017 年 6 月末，国内 21 家主要银行绿色信贷余额达到 8.2 万亿元，同比增长了 12.9%，在各项贷款总余额中约占 10%。污染防治类项目虽然不是 21 家主要银行绿色信贷的主要投向项目，但是其资金占比在逐步上升，体现出污染防治项目在绿色信贷应用中的向好态势。

（三）绿色保险

绿色保险在污染防治项目主要以环境污染责任险作为实际应用，是借助市场手段来抑制和转移企业环境污染风险、保护污染受害者合法权益的商业保险，具有经济补偿和社会管理的双重职能。

在 2016—2018 年三年间，我国的绿色保险获得快速发展，但在财产保险中的占比处于较低水平，还存在较大发展和完善的空间。我国主要保险公司在政府政策指引下陆续开展绿色保险业务，参与试点的保险产品从初期的 4 个发展到 20 余个。各家保险公司的保险产品差异化明显，其保障范围涵盖因污染损害遭受损失进行赔偿的费用、必要清污费用、合理施救费用、诉讼费调查取证费等相关必要费用。

我国绿色保险产品在保障金额、渐进性污染赔付、事前环保风险排查等方面有一定程度的创新。第一家推出绿色保险产品的是华泰财险，在 2008 年 1 月推出了两款绿色保险产品：场所污染责任保险和环境污染责任保险。它们针对污染清理和第三方索赔进行承保，提供了最高达 3 亿人民币的保障额度。除承保意外突发污染，华泰财险也将渐进性污染、因污染事故导致企业营业中断所致的损失纳入承保范围。在推广绿色保险过程中，江苏、陕西、辽宁等省已逐步涉及到风险评估，将企业内在的生产设施、管理措施等评价纳入指标，作为费率的调节系数。

四、小结

在环保领域，绿色金融发挥巨大作用仍然存在一些障碍。公共产品在环保行业占比较大，投资内生机制、回报机制和成本内生化这些问题长期没有得到合理的解决，决定了环保不是暴利或是盈利性很强的行业。截至 2018 年 6 月 1 日，我国绿色金融在污染防治行业的应用多为政府推动甚至强制推行，市场缺乏主动性和积极性。未来要深入发展绿色金融，加强其在污染防治项目的应用，应该创新绿色金融政策体系。

绿色金融体系覆盖七个基本领域：

一是大力发展绿色信贷；

二是推动绿色投资在证券市场的发展；

三是设立绿色发展基金，通过政府和社会资本合作(PPP)模式动员社会资本的介入；

四是发展绿色保险；

五是完善环境权益交易市场、丰富融资工具；

六是支持地方发展绿色金融；

七是推动开展绿色金融国际之间的合作。①

发展绿色金融，首先应当明确其主体，即做到政府、企业、金融机构和中介机构"四位一体"各司其职。国家颁布了多项利好政策，企业应该紧跟绿色金融潮流，促进行业发展。绿色金融逐渐覆盖项目全周期，需要政府、企业、金融和中介结构四者共同努力，有效推进全方位、多层次的绿色金融体系，为进一步提升环境治理能力提供坚实的金融后盾。

---

① 中国人民银行、环境保护部等七部委关于构建绿色金融体系的指导意见.

第十章

未来绿色金融的发展探究

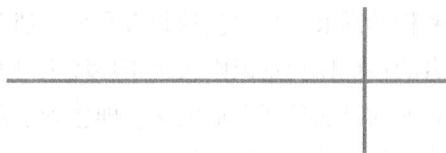

　　纵观绿色金融市场中各参与主体(政府、企业、消费者、金融机构、第三方机构等)，不难看出绿色金融市场仍主要由政府通过行政手段主导发展。政府以监管企业排放为主，税收歧视、定向采购、绿色信用担保、直接投资为辅，调动企业进行产业升级和绿色化的积极性，同时引导鼓励商业银行、投资银行等金融机构接受并主动开放绿色投资业务、绿色金融衍生品业务等，或直接设置行政性金融机构以发放绿色金融产品。

　　由于绿色产业化需额外成本，若无外界压力，企业没有激励自主参与绿色金融市场，对绿色金融业务或绿色化升级的参与意愿较低。多数企业仍是迫于政府的监管压力而被动进行整改，且在此过程中由于环保部门和企业间存在信息不对称，偷排漏排等躲避监管的污染行为频发。

　　此外，风险投资公司等金融机构单纯追逐项目投资回收期短、回报率高的项目，而忽视项目的潜在环境风险，提供融资等服务时大多不区分绿色项目与棕色项目。

　　而且，由于消费者对绿色金融产品的需求不足，除政策性金融机构外，金融机构所发放的绿色金融产品种类数量很少，难以满足企业进行绿色化升级的需求。由于消费者对环境保护的关心程度不足，多数消费者不区分绿色产品与高污染产品、绿色金融产品与非绿色金融产品，而是单一追求低廉价格或高收益率。但是，绿色(金融)产品往往是新进入市场的产品，用户基础薄弱，在规模经济上较其他产品居于劣势，价格往往较高，加之我国消费者对金融市场的参与度整体较低，因而只有少数环保意识很强的消费者会主动选择，这进而导致了绿色(金融)产品的竞争力的进一步削弱。

　　由于消费者和企业对环境保护漠不关心，第三方机构对消费者环保意识的促进作用、对企业环境污染行为的监督作用微乎其微，以致虽然有很高的环境保护激励但是影响力很低，无法起到实际作用。

　　从绿色金融市场各参与主体的效用来源分析，消费者希望满足自己的物质和精神诉求，其中包括收入水平、消费水平、居住地的环境水平等要素，消费者的环境保护意识则取决于环境水平对他效用的贡献。在经典经济学模型中，企业的目的是利润最大化，即包含了营业成本、销售收入、融资难易等多种因素。其中，企业的销售收入与消费者的购买选择密切相关，融资情况受到金融机构对该金融产品供给的影响较大。金融机构作为特殊的企业，其目的同样是最大化利润，即金融机构的收入来源——金融产品交易量，取决于消费者对该金融产品的需求和认可度。关心环保问题的第三方机构着力于提升影响力，若消费者具有更高的环保意识，第三方机构将具有更大的社会话语权和更强的环境影响力。

总而言之，在消费者——企业——金融机构——第三方机构所构成的绿色金融体系中，如果消费者具有较高的环境保护意识、热心关注环境问题、谴责其他主体不利于环保的行为，一方面将扩大社会中生产绿色产品企业的销售和盈利，推动规模效应，实现绿色产品的廉价化并提升绿色企业在市场中的地位，而另一方面能够扩大消费者对绿色金融产品的需求，产生金融机构扩大绿色金融产品供给、开发新绿色金融产品的激励，在支持绿色企业进一步融资发展外为金融市场注入了新的驱动力、丰富金融产品的种类，在防范系统性风险的同时，促进金融市场的进一步发展。此外，消费者高度的环保意识能放大第三方环保机构影响力，使其对企业、金融机构的舆论监督力显著提升，成为针对污染行为的强大抑制力，充分发挥第三方机构的环境保护价值。由此可见，消费者的环保意识和参与激励是绿色金融自主发展的关键，未来绿色金融的发展机遇就在于此。

在我国，绿色金融的另一个重要参与主体是政府，其效用来源于其国民生活水平和国际影响力。前文已得出在消费者的环保意识驱动下的绿色金融市场的发展有利于实现社会最优，提升全社会的福利水平，所以政府需要培养消费者积极参与绿色金融市场。

由此我们可以预测，政府将在一段时间内以培养消费者环境意识为目标，继续以政府为主导发展绿色金融市场和环境保护产业，称为绿色化阶段；在消费者具有足够的环保意识后，政府将逐渐退出市场，以消费者的参与激励为主导令绿色金融市场自发运行直至绿色化成为整个金融市场的普世观念，称为去绿色化阶段。

第一节 绿色化阶段

一、绿色化阶段概述

在绿色金融发展的初级阶段，消费者、企业和商业金融机构均未形成环境友好的正向激励，因此需要政府在这一阶段中采取一系列措施，起到核心推动作用。具体体现在一方面加强监管，必要时继续执行强制行政手段，内部化金融市场各主体的非绿色化行为造成的外部性；同时通过发放实际货币补贴，鼓励上述经济个体的绿色行为，双管齐下推动金融行业乃至于社会整体的绿色化进程。

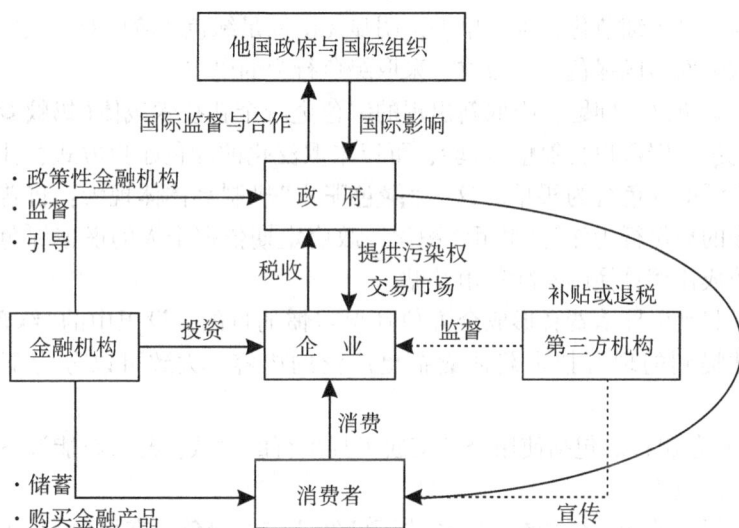

图 10.1　绿色金融发展各种机构相互作用图

二、绿色化阶段交互分析

(一) 政府与消费者的交互

在绿色化阶段，消费者效用函数中"绿色"行为的占比较低。其原因主要有二：

（1）从主观意愿来看，消费者普遍未形成环保意识，不会直接选择购买自己不熟悉、不信任且可能价格较高的环保产品，抑或是采取可能对生活造成不便的绿色生活方式；

（2）从客观条件来看，由于上游产业信息不透明，国家为绿色产业的分级评分制度不完善，消费者无法区分绿色产品和非绿色产品，因而无法自主选择购买环保产品，抑或是在金融市场上为绿色产业投资。

政府亟需进一步提高广大普通消费者的环保意识，调整其效用函数从重个人利益向重社会利益与责任倾斜，督促其在社会生活的各方面采取绿色生活方式、购买环保产品。截至 2018 年 6 月 1 日，政府主要通过强制行政措施对个人的非绿色行为进行惩罚与限制，例如北京市政府采取单双号限行的方式来限制市民的私家车使用，减少空气污染。然而这一类行政手段针对普通消费者的单个行为，过于细节化，维度单一，明显无法满足绿色化阶段对个人在社会生活各领域全面形成绿色生活习惯、采取绿色行为的要求。

为了解决这一问题，吸取新出现的绿色金融全新技术载体（蚂蚁森林、深圳市绿色出行碳账户）的优秀经验，可以采取泛化的绿色账户方式，让政府为消费者广泛的绿色行为买单。这一"绿色账户"机制具体体现为：将普通消费者生活中的环保行为作为"货币"积累，政府定期依据个人的虚拟绿色货币积累量给予成比例兑换的实际货币补贴。

为了起到引导消费者形成全方位环保习惯的目的，设想中的"绿色账户"应比上述提到的现有技术载体囊括更广泛的内容，大致可以分为下列几个方面：

（1）绿色出行。包括使用公共交通工具出行的次数；购买新能源汽车的金额、出行次数等；

（2）绿色消费。包括在超市中购买已经认定的绿色、有机食品（土壤无公害）的金额；采取电子支付方式付款的次数与金额等；

（3）绿色投资。包括向银行等金融机构购买的绿色基金、债券项目的金额等；

（4）绿色公益。包括向致力于环保的公益机构捐款金额；参加义卖、义务捐献推动旧商品的二次利用等。

上述行为均可以根据权重转换为个人的"绿色货币"计入"绿色账户"中，由政府定期予以结算，以成比例货币补贴的形式返还给消费者，作为对其绿色行为的鼓励。长此以往，消费者逐渐将绿色的生活方式与消费行为内化为其效用函数的组成部分，对此种"绿色补贴"的依赖度逐渐降低，从而使得环保逐步成为其精神追求，社会整体朝着去绿色化阶段转型。

(二)政府与企业的交互

在绿色化阶段，部分企业仍采取传统高能耗、高污染的生产方式，以污染环境为代价追求商业利益。部分企业的决策者仍对创新企业绿色生产方式抱有顾虑，认为采取减排与其他绿色环保技术将极大地提高成本，从而使企业在市场价格竞争中处于不利地位。

针对这一现实情况，政府对企业层面绿色行为的促进措施主要可划分为"堵"与"疏"两方面。"堵"即利用传统行政手段对污染、高耗能企业进行惩罚，例如罚款、强制责令整改甚至于停工等。"疏"即一方面对创新绿色生产方式，高质量完成减排任务的企业提供政策优待、扶持与资金补贴，一方面通过市场机制设计，确定区域内环保目标(污染总量)，引导企业自行达到节能减排的目的。截至 2018 年 6 月 1 日，我国的市场机制包括设计较完善、覆盖面较广的碳排放交易市场，以及仍处于萌芽期的水权、排污权交易市场等。在下一步绿色金融体系建设中，中国类似的污染治理市场机制需要在横向范围及纵向深度上都有进一步发展。

从横向广度的角度看，在碳排放交易方面，自我国从 2013 年启动区域碳市场以来，建立的 9 个区域碳市场大多集中在经济较发达地区。[1] 空气质量长期最差的河北诸城市，以及同被生态环境部列为空气质量检测重点区域的长三角与珠三角区域参与度较低，[2] 而全国性的碳排放权交易市场仅包括电力这一行业，总体情况仍处在试点地区向全国发展的过渡阶段。

在水权交易方面，2016 年中国水权交易所在北京正式开业，北京市、河北省、山西省、宁夏回族自治区和河南省部分城市代表签署了战略合作协议，标志着全国性水资源要素配置市场的建立。截至 2018 年 6 月 1 日，中国水权交易所官方网站已有 41 条区域水权/取水权交易记录，[3] 然而严重缺水的剩余西北五省中的新疆省、甘肃省、陕西省仍未加入水权交易的市场制度。

---

① 截至 2018 年 6 月 1 日，按建立时间排序，我国区域试点区域碳市场包括深圳、上海、北京、广东、天津、湖北、重庆、四川九地。

② 2018 年 4 月中华人民共和国生态环境部大气环境质量报告．[检索时间：2018. 6.1]．http：//www.zhb.gov.cn/hjzl/dqhj/cskqzlzkyb/201806/P020180608504987081400.pdf.

③ 中国水权交易所．[检索时间：2018.6.1]．http：//www.cwex.org.cn/.

　　在污染权交易方面，我国的排污权交易始于上世纪七八十年代，截至 2018 年 6 月 1 日，共有 28 个省份开始试点，其中 11 个省份为国家试点，然而这些试点省份普遍存在初始排污权分配和出让定价方法差异大、部分省份交易不活跃、部分企业积极性不足等多个问题。

　　综上所述，推动区域、流域与全国环境整体协调发展需要扩大此类污染权交易市场的规模，使其不局限在单个省份、地级市乃至区县范围中，而是在污染严重的地区建立跨区域的大规模污染权交易市场，以期提升整个区域内的环境质量。然而，区域统整乃至于全国性的污染权交易市场的建立和实施在实际中仍困难重重，需要中央政府调整现有管理模式中的问题，各级政府协调、统整区域中的问题。具体将在本章下一节中进行详细阐述。

　　从纵向深度，也即污染权市场交易机制设计本身来看，截至 2018 年 6 月 1 日，我国各地交易市场机制在实践过程中仍存在种种问题。在顶层设计方面，碳交易的部分试点省市出现了因政府机制设置不当而造成的配额发放过多、约束过松等问题。对包括碳排放交易市场在内的众多污染权交易机制而言，首先需要多方参与的科学顶层设计，考虑政府、学界、第三方组织共同参与市场的设计与评估，避免政府"一言堂"，导致市场作用无法发挥；同时通过多方协作，统一标准，制定科学的检测核算系统。地方政府在确定阶段减排目标时需要明确绿色化阶段的目的并非仅为污染控制，而是地方产业结构与企业生产方式向绿色、环保转型。因此在制定配额标准时需考虑到地方产业结构转型带来的影响，不能仅仅根据环保部下达的减排总量决定，而是需要依据成本效益分析，科学确定减排企业，进而基于减排企业的实际排放量制定总额削减量，最后采取行业统一的排污值绩效确定每个企业的年度配额标准。①

　　在本阶段采取市场机制减排，推动绿色化发展时，政府仍需要采取一系列与其相适应的行政措施起辅助作用，例如加强对重点企业的监管督查，对仍超出排污限额的企业采取更严厉的惩罚措施等，以弥补市场初步建立时出现的问题。

---

　　① 宋国君 & 赵文娟 (2018). 浙江省排污权交易政策问题分析及对策建议. 中国物价，5，55-57.
　　宋国君 & 赵文娟 (2018). 美国区域排污权交易市场"RECLAIM 计划"的经验及启示. 环境保护，5，75-77.

(三)政府与国内外各级机构、组织的交互

国内政府与国外政府和国际组织形成的正反馈环可以细化为联合国——区域合作组织——中央政府——地方政府的序列。鉴于环境保护的特殊性，一方面，同一国家的不同地区，同一大洲的不同国家乃至于全球气候环境都具有整体性，各地环境牵一发而动全身；另一方面，由于同一区域不同行政地域的经济发展水平不同，在环境保护中应承担共同而有区别的责任。面对不同的金融市场发展水平，各国绿色金融发展的侧重点不同，在未来面临的挑战也不尽相同。

结合本书绿色金融国际组织一节内容，接下来本节将自上而下分析在绿色化阶段绿色金融体系中各级政府、国际组织间的交互。

1. 联合国等政府间全球性国际合作组织

在本阶段，联合国等政府间全球性国际合作组织仍要从如下两个方面推动全球金融行业全面、平衡的绿色化进程。

其一，维护各国间达成的共同环境保护目标的稳定，为各国政府推动未来绿色金融行业的发展释放全球性的政策信号。联合国等其他政府间全球国际性合作组织应继续为形成国际间环境治理新格局而推动成员国之间的深度对话与谈判，以期维护全球性的环境保护目标，引导各成员国制定本国阶段性发展目标，同时进一步深化、明确国际绿色金融行业基准，鼓励推动更多成员国参与，为资金在绿色金融体系内的全球流动提供制度保障，扫除因各国绿色债券、投资等审核标准不同造成的投资障碍。

其二，在实践手段层面，全球性国际合作组织主要应利用其国际融资能力与国际影响力为低收入成员国的环境保护项目提供多渠道资金来源支持，用金融手段引导全球环境治理均衡化发展。措施包括建立基金会，为各国尤其是发展中国家的可持续项目直接提供资金，或利用其国际影响力为欠发达地区的环境保护项目与旨在创新推动本国绿色化进程的私营企业提供融资担保与额外补贴，以刺激私人资本注入。

《京都议定书》过期后，为促进不同发展水平的国家共同达到减排目标而设立的清洁发展机制(Clean Development Mechanism，以下简称 CDM)也随之失效。然而，CDM 所倡导的建立全球性的市场机制以促进绿色投资资金从附录一国家(发达国家)向非附录一国家(发展中国家)流动，达成全球减排目标的方法仍值得在绿色化阶段得到进一步深入发展。同时，《巴黎协定》中提出了可持续发展机制(Sustainable Development Mechanism，以下简称 SDM)的设想。

作为 CDM 的后继，SDM 计划扩展 CDM 中的资金流向，使其不局限于从发达国家流向发展中国家，而是从全球视角出发，任何国家均可以通过向他国提供资金与技术支持获得经核准的减排量。除此之外，在 SDM 抑或是其他后续机制中，"减排抵消额"应有更宽泛的应用领域。由于《京都议定书》与《巴黎协定》的限制，"减排抵消额"仅限于二氧化碳气体的排放。在绿色化阶段，核准减排量可以测算任何易测算与监控的全球性污染源。

2. 区域性合作组织

区域性合作组织在承接全球性组织制定的纲领性环保减排目标的同时，应基于区域发展特征作出适当调整，促进区域中政府、私营金融部门领导人、学界和社会人士之间的信息流动，扩大能力建设学习网络，引导绿色金融领域国家之间连贯一致、合作统筹的政策实施①。区域性的多边开发银行，应继续发挥对区域内营利性金融市场的政策引导作用，在公共资本与私人资本之间搭建桥梁，并推动地区融资金融机制与工具的创新。各多边开发银行之间，特别是绿色金融机制与体系较完善的发达国家银行应加强与发展中国家地区的多边开发银行之间的深度交流与合作，从地区层面推动全球绿色金融体制框架的建设，促进国际间绿色金融融资标准化，创新金融机制、产品的信息共享。②

3. 中国中央政府与地方政府

在中国，中央政府需要履行国际环保承诺。在环保部制定统一减排目标的同时，因经济发展水平差异，不同地方政府的环保意愿差异明显，欠发达地区因迫于经济增长抑或是官员考核"唯 GDP 论"的压力，对部分税收收入高、对地方 GDP 贡献大的"两高一剩"企业有较高的容忍度。因此，中央政府和地方政府需要设置合理的机制来降低政府层面的潜在阻力。

除此之外，我国政府的环境治理体系存在较大问题，鉴于经济发展和政绩的强大影响力，我国环境治理与立法在全局上呈现出"事件-应急"的短平快末端治理范式。中央制定的硬性环境法令、规定与减排目标在地方实际执行时遭到实为篡改的"变通"。条块分割的管理模式让层层细化下放的环保指标与实施细则在实际执行时完全取决于市县一级环保部门，这样低层次的环境治理常

①　Brochure OECD：Centre on green Finance and Investment. ［Retrieved on 2018. 6. 1］. http：//www. oecd. org/cgfi/P3-8.

②　多边开发银行在绿色金融中的角色 . ［检索时间：2018. 6. 1］. http：//iigf. cufe. edu. cn/article/content. html？id＝1656.

因为地方政府与企业基于经济利益的合谋而陷入停滞。① 各地方政府之间区域环境治理目标的差异使其无法对可能达成的协作机制中承担的责任达成共识。信息不对称、信任缺失等地方政府价值理念问题，地方经济发展不均衡引发的资源占有不均问题和现有"各管一段"的区域环境分割管理机制等导致我国跨行政区域间地方政府的环境治理协作碎片化。在执行时，由于上级政府过于原则性的宏观纲领而导致了实施过程中无法可依，措施五花八门、质量无法保证。② 以市县级为单位的环境治理体系无法与全国性的金融市场协同一致，进而难以用绿色金融手段满足流域、区域环境共同治理的需要。

因此，参考欧盟国家与美国的流域、区域治理经验，在制度设计层面，我国应树立从中央到地方的区域共治管理思路：由中央政府主导制度设计，鼓励区域中各级政府之间的协调，在充分激发地方绿色发展的内部驱动力的同时，为地方的绿色金融市场机制，特别是污染权排放市场制定一系列可执行的原则，并给地方政府因地制宜的政策实施留有余地。在制度实施层面，应由国家牵头，地方各部委参与设立区域环境保护协调委员会，为区域的污染权交易机制与绿色产业融资建立区域统一的环境检测评价体系和信息共享平台，扩大现有的总量控制的污染权市场机制的影响范围，鼓励各省在环境治理的各领域积极寻求横向合作，推动区域内整体绿色环保目标的达成。

4. 中国对全球绿色金融市场的影响

随着环保意识在全球的兴起，绿色金融的国际市场规模发展迅速，各国金融机构之间为争夺这一市场，竞争日趋激烈。

截至 2018 年 6 月 1 日，中国金融存在资本市场深度浅、证券化率低、股票市场广度与可得性低于发达国家、金融投资中散户占比过高等问题。③ 若抓紧绿色金融市场的发展机遇，完善资本管制政策，使中国绿色产业分类与绿色债券评级制度与国外接轨，加强核心城市的金融配套基础设施建设，敦促培养国内投资者在投资行动上的绿色环保意识，使中国逐步成为区域中乃至于全球性的绿色产业融资中心与绿色债券发行中心，将会极大增强本国的国际贸易实力，扩大税收收入，提升国际影响。

---

① 杜辉(2012). 环境治理的制度逻辑与模式转变，博士学位论文. 重庆：重庆大学.

② 胡佳(2011). 跨行政区环境治理中的地方政府协作研究，博士学位论文. 上海：复旦大学.

③ 《2017·径山报告》中国金融四十人论坛(CF40).

（四）政府与金融机构的交互

下面简要细化一下在绿色化阶段，金融机构与企业投融资交互，也即绿色金融的业界参与部分内容。针对中国国情，我们认为对于截至 2018 年 6 月 1 日的较为普遍的绿色金融产品和服务，应有以下所示的改进与创新措施：

1. 商业银行

对于商业银行，政府应在自愿的基础上推动各银行之间建立不仅仅局限于项目融资的其他可持续原则，还应该鼓励金融机构发放更多绿色贷款，积极采用创新型金融工具克服绿色项目的期限错配问题。中央与地方政府也应进一步探索通过利息补贴、转贷和贷款担保等机制，适当利用公共财政鼓励绿色增长。[①]

2. 绿色债券

对于绿色债券，政府应该鼓励金融机构重点需要建立完善的绿色债券指数和评级机制，降低风险溢价以及认证和信息披露的成本，在向国内投资人宣扬绿色债券优势的同时开放国际市场，鼓励境外资本跨境投资。

在金融市场开放的同时，中国也需做好应对开放带来金融风险的准备。例如开放绿色金融市场可能造成本国资金外逃，加剧汇率不稳定性，影响我国外汇储备乃至经济系统安全。另外，要防范外国资本过度注入导致本国金融活动对外资的过度依赖，进而使我国丧失金融市场的定价权与本国资本在金融市场上的话语权。

3. 绿色保险

截至 2018 年 6 月 1 日，我国绿色保险应用范围较窄，主要险种为环境污染责任险，缺少在发达国家应用较广的可再生能源项目保险、绿色建筑保险等其他险种。因此，应进一步扩展绿色保险的定义和范围，明确和细化绿色保险的分类，对于核心的环境污染责任保险评估机制进行重新设计，确保多方综合参与的综合磋商进程。[②]

另一方面，保险涉及到对环境气候风险的管理。在绿色化阶段，特别在保险行业应使用大数据技术对环境数据进行分析，以加强金融乃至于社会生产的

---

① The Knowns and Unknowns of China's Green Finance. [Retrieved on 2018.6.1]. http://www.environmentportal.in/files/file/ChinaGreenFinance.pdf.

② 谢孟哲 & 张承惠(2015). 中国绿色金融经验、路径与国际借鉴. 北京：中国发展出版社.

各部门领域应对环境风险的能力。我们认为主要措施是建立一个以行业为主导、以用户为核心、以学界为主体的环境风险评估中心，提供学术界与行业间信息交换的窗口。该中心的作用并不是开展环境气候分析，而是开发工具和指标，将气候和环境数据产出整合到可在主流金融体系内使用的更广泛的风险建模框架中。①

4. 一些共识——绿色金融评级与度量机制

在绿色化阶段，对中国绿色金融领域的各参与主体，为了进一步识别和评估绿色投资的进程与有效性，为去绿色化阶段全社会企业广泛披露可持续发展数据做准备，亟需由政府建立全国统一的绿色金融评级与度量机制。这一机制包括：

(1)对绿色金融流量与存量的评价指标体系。针对绿色金融领域的各金融产品与市场建立普遍的绿色金融指标，② 为政府评估绿色金融市场发展状况，进行政策评估打下基础。

(2)对绿色金融实施情况的绩效评估体系。政府应建立完善对金融机构及资本市场参与者是否在决策中履行可持续原则、在投资过程中进行环境风险评估等行为的"绿色绩效"评估机制。

(3)对绿色金融可能造成的社会、经济影响的评估体系。③

第二节　去绿色化阶段

一、去绿色化阶段概述

在绿色化阶段，环境的成本和收益还没有被充分内生化，因而绿色投资通常被投资者认为是高风险的。相比于传统的、资源密集的、高污染的投资，绿色投资往往涉及到更多的前期投资和更慢的回报速度。因此，在绿色金融逐渐起步的绿色化阶段，绿色投资对私人部门尚未显现出其独特吸引力，绿色投资通常是在政府部门的主导下进行，或者通过显式或隐式的补贴实现的。

---

① Accelerating Green Finance：A report to Government by the Green Finance Taskforce. [Retrieved on 2018. 6. 1]. http：//greenfinanceinitiative. org/wp-content/uploads/2018/04/Report-of-the-Green-Finance-Taskforce-1. pdf.

② 已有指标包括绿色股票指数，绿色债券或气候债券的界定与分类标准等。

③ G20 绿色金融研究小组. (2016). G20 绿色金融综合报告.

但是，绿色投资的融资需求相当于 2018 年预估的财政收入的约七分之一，远远超过了公共预算的能力。因此，动员私人资本加入绿色投资是非常必要的，在绿色金融市场的发展过程中，不能也不应该一直依靠政府来推动绿色投资的发展。

正如同 19 世纪下半叶到 20 世纪初的第二次工业革命，人类由"蒸汽时代"进入"电气时代"的过程。第二次工业革命前期，蒸汽动力已经不能适应大工业进一步发展的需要，而与此同时，科学技术突飞猛进，电磁学日臻完善，为电机的创制和电力的应用奠定了理论基础。随着发电机、电动机、高压输电技术的相继发明和应用，电力作为新能源登上了历史舞台。然而工业上对电力的利用意味着以往由蒸汽驱动的设备的大规模更替，较高的成本使得动力转换过程在初期进展较为缓慢，在这个阶段政府的引导起到了至关重要的作用。而随着使用电力的优势逐渐显露并深入人心，大工业发展纷纷用电力替代了蒸汽动力。随着电力技术和电力工业的发展，电能迅速推广应用于照明、电讯、城市交通运输和日常生活等各个领域。于是，对电的使用延续至今，成为司空见惯的事情。

类似的，绿色金融发展到在这一阶段，开始逐步成为金融体系不可或缺的一部分，逐渐褪去其在绿色化阶段的特殊性，成为金融体系发展过程中的一种常态。这个阶段被称为去绿色化阶段。

我们预期在去绿色化阶段，从主观意愿上来看，随着绿色金融的逐步发展，消费者逐步形成较强的环保意识，在消费决策上体现为更愿意直接选择购买环保产品，在行动上体现为愿意采取更为绿色的生活方式。政府尝试逐步减少对绿色金融市场的干预，逐渐退出新兴的绿色金融市场；在这个阶段，绿色金融的发展主要依靠市场的主动行为而非政府的强制干预。

二、去绿色化阶段交互分析

(一) 政府与企业的交互

在绿色化阶段，政府为绿色发展项目提供了隐性担保，反映出地方财政救济和行政债务重组，这样的隐式担保能够降低投资者的风险，但是也会切断市场的"创造性破坏"机制，阻止了合理的风险定价。这样一来，企业和银行倾向于发展出一种政府将作为最后的手段介入的预期，软预算约束就会成型，不利于绿色金融市场的可持续性发展和效率的提升。虽然一个有效的绿色金融体系仍然需要政府的支持，但是这种支持应当逐步从隐式转为显式。

1. 信用担保

在企业信用担保方面，政府对绿色企业的支持通过基于政策的信用担保机构和信用增级实现。信用担保具有保证绿色责任履行、信用增级、减少信息不对称、风险管理、降低市场交易成本的功能。通过专业化的绿色金融担保服务，政府可以调整金融机构对环境风险的认知，深化对与环境因素相关的金融风险的理解，完善定价机制，调整和不断健全将环境外部性内部化的机制体系，满足产业、能源和交通等主要领域的绿色投资需求。政府能够通过运用市场化手段，有效缓解绿色金融面临的环境外部性、期限错配、信息不对称、分析能力不足等问题。①

2. 市场准入

在企业市场准入方面，政府应该实行严格的市场准入政策，为企业的市场准入设定合理的标准，正确量化企业的绿色程度，并根据绿色程度判断从事市场经营活动需要遵守的条件和程序规则。这样的政策标准适用于市场中的所有企业。通过这种方式，政府可以将绿色化阶段中在政策上对绿色企业提供支持的方式，逐步转变为对绿色程度不合要求的棕色企业的限制与约束。在保证绿色程度的要求的基础上，根据企业绿色程度的不同判断是否可以优先审批，使绿色程度更高的企业优先完成审批。

3. 信息披露

在企业信息披露方面，政府通过立法形式强化环境信息披露，建立一个高度透明的环境信息披露机制，要求企业披露环境资源的利用情况和环境污染的治理情况的详细信息，加强环境监督和信息核查能力，降低市场的信息不对称。这样的环境信息披露机制对所有企业都提出了要求，使得环境信息披露成为必须，进一步推动了去绿色化过程。

通过上述方式，将政府对绿色企业的支持由隐式转化为显式，能够提升绿色金融市场的效率，保证绿色金融市场的可持续性发展。

(二) 企业与消费者的交互

随着法律法规的逐渐成熟，涉及环境风险的"两高一剩"行业将面临很大的风险，棕色企业要么在政策引导下逐步完成转型升级，要么逐渐被市场淘汰。由此一来，环境带来的外部性被成功内生化，绿色在企业和消费者的效用函数中都占据了更大的份额。

---

① 人民银行等七部委关于构建绿色金融体系的指导意见(2016).

在去绿色化阶段初期，消费者的环保意识达到一定程度，绿色指标在其效用函数中起到一定作用，消费者愿意主动购买绿色产品。消费者的绿色行为将以绿色积分等形式体现，积分机制逐步完善，覆盖诸如绿色出行、绿色消费、绿色投资、绿色公益等多方面的绿色行为，绿色行为得到合理量化，积分机制更为合理。在消费者的配合下，政府节省下的对绿色企业的补贴、污染治理等支出可用于城乡垃圾处理设施建设、城镇污水处理设施建设、城市道路绿化、重点流域水污染治理、燃煤电厂烟气脱硫、医疗废物及危险废物处置、核与辐射安全工程、铬渣污染治理、重点流域水污染治理工程等环境改善项目。

而绿色企业本身也会在发展壮大的过程中产生规模经济效应，竞争优势稳步提升，同时绿色化的过程中产生的副产品也可考虑进一步使用，通过循环再利用做到零排放。绿色企业可以根据实际情况，选择性地扩大经营范围，增加产品种类，扩大范围经济效应。绿色企业通过规模经济和范围经济具备了远超棕色企业的竞争优势，在市场上良性发展，逐步取代棕色企业，改变市场上棕色企业占主导的局面。这样一来，绿色产品将成为市场上的主要产品。上述过程便如同新能源电动车推广应用的过程，新能源电动车初步推广时，市场中传统的以汽油燃烧为动力驱动的汽车占据主导地位。相比于加油站等基础设施建设的完善程度，充电基础设施建设刚刚起步，为数不多的充电基础设施属于公司内部财产，外部车辆很难享受充电的便捷，这在无形中影响了潜在消费者购买电动车的积极性。而如同加油站的饱和程度促进了燃油车的发展，充电设施理应达到相应的密度提升电动车社会保有量。

随着绿色金融体系的进一步发展，绿色观念深入人心，绿色产品逐渐成为消费者购买产品时的习惯性选择。同样，新进入市场的企业也会把产品绿色化视为必要任务。如此一来，去绿色化的进程又将向前推进一大步。

(三) 企业、金融机构、消费者三者之间的交互

在第一阶段，中国的绿色融资主要是通过银行的绿色信贷，隐性地得到公共资金的支持和保障。虽然在"赶超"阶段，政府的干预使得快速的、大规模的融资成为可能，但是绿色项目涉及更为复杂的技术、市场和政策风险，并且没有一条清晰的技术路线。银行缺乏评估创新绿色项目所需的专业知识，而倾向于直接向国有企业或有担保企业提供贷款，这样一来，快速、大规模、长期的资金分配很容易导致行业层面的资金错配和随后的系统性金融风险。

而通过绿色资产、绿色债券和抵押贷款市场的发展直接融资，将会从机构投资者、中介机构和风险投资者那里获得更多样化的评估绿色项目的视角，加

强风险定价，扩大金融服务供应。多视角的评估同时也避免了银行因为缺乏评估创新绿色项目所需的专业知识而造成的盲目借贷、拒绝借贷问题，使得绿色金融市场得以良性发展。因此，在政府前期的引导结束后，绿色金融市场应当自主承担价格发现、信息甄别、风险管理等任务。

在去绿色化阶段初期，消费者出于环保意识和绿色积分激励，储蓄时会更多地倾向于购买金融机构推出的绿色金融产品。但是随着绿色金融市场的发展壮大，诸如绿色债券、绿色保险等金融产品逐渐褪去其特殊性，绿色信贷项目转化为常规项目，绿色成为金融产品普遍具有的属性。在这种情况下，为棕色企业融资的不具备绿色属性的金融产品就会被投资者排斥，成为具有特殊性的金融产品。

同样的，在去绿色化阶段之初，银行和其他金融机构提供绿色信贷项目，在开展信贷资产质量压力测试时，将环境和社会风险作为重要的影响因素，并在资产配置和内部定价中予以充分考虑。机构对环境高风险领域的贷款和资产风险敞口进行评估，定量分析风险敞口在未来各种情景下对金融机构可能带来的信用和市场风险的同时，为绿色企业的发展提供了助力，有效抑制了污染型企业的进入。

而当市场内的污染型企业减少到一定量后，绿色企业占据主导位置。如同政府与企业之间的交互，当绿色成为市场的主要力量时，去绿色化的过程就开始了。这时绿色信贷项目将逐渐转化为一种常规的存在，而不会因为其绿色的标签带有特殊性，绿色金融市场开始逐步去绿色化。

(四) 企业与第三方机构的交互

企业的绿色程度需要由第三方机构进行评估，在绿色的前提下，应该对不同企业的绿色程度给出合理的量化评估准则。第三方企业为绿色企业提供审计，对其重大项目和财务收支进行事前和事后的审查。

1. 信息获取

在信息获取方面，第三方机构构建企业环境信息基础数据库，建立企业环境信息的共享机制，尽可能地降低信息不对称。同时，第三方机构应当在政府和消费者的共同监督下运营，通过多方信息比较验证和信息的防篡改机制，保证信息的真实有效，防止第三方机构的审计合谋。

2. 信息公开

在信息公开方面，第三方机构向政府和消费者提供绿色企业的信息，使政府和消费者具备甄别市场上的绿色企业和棕色企业的能力。同时，绿色程度更高的企业进入市场后，需要经历一定的成长阶段，而第三方机构提供的信息有助于绿色程度更高的企业更快地被消费者接受，具备快速发展壮大的能力。在去绿色化的阶段，仍然需要通过第三方机构维护市场中企业的绿色程度的评级信息，通过这种方式保证绿色金融市场的良性发展。

由于第三方机构对绿色企业的审计和评级对绿色企业本身有所助益，绿色企业有激励向第三方机构寻求审计，提供运转资金。

于是，由第三方机构向政府和消费者提供企业的绿色程度信息，政府和消费者获得信息，通过调整税收或者主动消费等行为对绿色程度不同的企业进行相应的反馈，绿色企业获得激励保持或增进已有的绿色化程度，并向第三方机构提供资金，使得第三方机构能够通过提供信息和接受审计委托形成多个正反馈环。

综上所述，在去绿色化阶段，多方交互逐渐改变在绿色化阶段的形式，绿色金融市场逐渐褪去其特殊性，成为金融体系的新常态。

第三节　未来绿色金融展望

一、未来绿色金融概述

(一) 金融市场的参与者

经历去绿色化阶段后，未来绿色金融参与者涵盖本文前述的各个主体，包括实行绿色生产的企业、推行金融机构绿色化与去绿色化的政府、国际组织（如世界银行）、第三方机构、以及商业银行和投资银行等金融机构，也包括具体的金融工具，如碳基金、碳币等。

(二) 未来绿色金融工具

未来绿色金融工具将融入整体金融体系中，是金融体系中必须考虑的一环，可分为银行类绿色金融工具、绿色担保与绿色保险、绿色债券与绿色债券证券化三大方面。

1. 银行类绿色金融工具

银行类绿色金融工具主要包括整合于银行整体服务中而又体现绿色的金融工具，包括绿色融资，绿色基础建设贷款，绿色评级，绿色信用卡与绿色支付等。

对于企业来说，由于未来绿色金融世界普遍实现了绿色化，绿色评估已成为项目筹措资金中必不可少的评价环节，获得项目融资的大部分为绿色项目。由于未来基础设施的普遍绿色化，绿色基础设施建设投资回报率提高，包括政府、银行和私人资本等在内的资金将流入绿色基础设施建设中，以 PPP 模式共同实现绿色基础设施的融资与开发。针对企业生命周期生产的绿色评估机制被用于银行的投资决策中，同时由于全生命周期环境友好的企业更可能实现成本最小化，同时其资源的循环利用，即循环产业发达，使其产品在市场上更具有竞争力，因而其绿色评分较高，更容易获得银行的资金注入。

对于消费者而言，绿色信用卡和绿色支付记录了其在市场上的消费行为，并结合绿色系统数据库和企业的绿色评分，以人工智能、云计算等方式实时更新消费者的绿色积分，并将其与个人信用相结合。考虑到未来绿色经济中绿色行业环境友好，成本较低，绿色积分可反映出消费者进行决策时的理性程度。对于理性的消费者而言，其绿色积分往往更高，在信用卡额度和绿色支付等方面将获得更大的便利，这项激励机制配合绿色金融的创新模式将给予消费者正向的引导，使其与绿色金融世界能够更好地契合。绿色信用也是消费者绿色评分的组成部分之一。

对于银行而言，绿色信用卡和绿色支付也是银行业绩的考核项目之一。需要指明的是，绿色信用卡和绿色支付在经历去绿色化阶段后已普遍化，即日常的信用卡和支付方式早已与"绿色"结合在一起，没有"不绿色"的支付方式存在，"绿色"仅指其在全生命周期中的环境友好和资源节约程度。

2. 绿色担保与绿色保险

在绿色担保与绿色保险方面，由于国家依然存在，因政治因素导致绿色产品价格波动，或者存在交付风险以及不同国别间绿色评级机制脱节等问题也将长期存在，这也是绿色担保与绿色保险的主要职能。如果因政治事件导致投资者所遭受了损失，如国际政局动荡导致交付无法发生时，承保人将对其提供保险，以此来减少绿色金融市场中的不确定性，降低交易成本，同时还有利于全球金融市场的融合。对于金融机构而言，绿色项目评估和开发活动中寻租和其他内生性的风险依然存在，绿色保险产品可以起到稳定市场、减少损失等作用。值得注意的是，由于未来金融世界的普遍绿色化，绿色保险的主要关注点并非其"绿色性"，而是其"保险性"，因为绿色已成为产品中不可缺少的一部分。

3. 绿色债券及其证券化

未来绿色金融世界中的绿色债券和其证券化主要针对的是长期的资源竭耗

和环境风险，如气候变化债券、森林债券、生态证券等，而普通绿色企业的融资债券经去绿色化后已转为普通债券，因为普通债券和证券已普遍实现了绿色化。具体而言，对于未来世界中的森林债券，主要是用于解决森林再造问题，债券的购买者可能是森林再造的直接受益者或森林部分权益的支配者，如在一定期限内通过旅游、合理垦伐等方式来获取收益。类似于气候变化债券、森林债券的绿色债券及其证券化都是在一个较长的时间范围内，实现环境保护或减少资源竭耗的资金筹措方式。

二、未来绿色金融特点

经历了绿色化与去绿色化的阶段后，未来绿色金融世界基本轮廓大致成型，并具有普遍性、体系性、全生命周期性和开拓性四大特征。

(一) 普遍性

普遍性是高度去绿色化的体现，即经济生活中的投资方与企业普遍将绿色化作为基本要求而逐渐减少对"绿色"的过分强调。具体可体现在以下四方面：

1. 基础设施普遍的绿色化

城市交通向紧凑型方向发展，实现交通的低碳化。在未来的绿色基础设施中，类似 PPP 模式的市场化手段可解决资金筹措问题，并为基础设施的建设提供更节能，更环保的建议。同时绿色建筑的普及也意味着建筑业的普遍节能化，导致只有在生命周期中实现绿色化的企业才会拿到融资。灾害应急设施趋于完备，能够应对气候变化导致的海平面上升可能对城市造成的损害，并尽可能利用这些资源，使其"变废为宝"，如进行水力发电等。①

2. 消费者、企业与市场角度

在消费者、企业与市场角度中，企业经营制度中绿色成为必选项，如环境会计职能等；同时循环工业发达，产业链条完整，金融机构将部分融入这些企业中，成为企业环境管理和资金筹措的来源。

3. 政府角度

在未来，政府一个主要职能是避免垄断和技术的过分集中和防止金融市场异化与产生金融泡沫。未来金融市场尽管体系完备，但仍有可能产生劣币驱逐良币等现象，即企业在利益驱动下有可能倒退回"不绿色"的阶段，而这"不绿色"不良风气的蔓延将导致市场失灵等，而这些正是政府应该引导规范的。政

---

① 谷树忠，谢美娥，& 张新华(2016). 绿色转型发展. 浙江：浙江大学出版社.

府与金融市场联动，将"看得见的手"与"看不见的手"充分结合，避免并且抑制上述问题的出现。

4. 全球绿色金融市场的融合

未来的全球绿色金融市场将融为一体，金融机构决策时将会把全球环境利益放入其效用函数中。

（二）体系性

从一个公司的基础设施、产品流通环节和其所用到的中介服务中，我们可以看出未来在公司的整体体系中绿色早已成为普遍要求，而绿色金融正是其中的必备环节。

在公司的基础设施中，外部的政府需要提供完备的绿色金融法律，公司自身需要有基础研究和产品开发，而在产品开发中公司将生命周期分析作为基本评价方法。

在公司的产品流通这个环节，企业充分利用金融手段筹措资金，开发绿色技术和进行绿色生产，其生产的产品被贴上绿色标志并进行营销，直至进入消费者手中实现绿色消费。

其中以绿色金融为核心的中介服务必不可少。绿色金融的评估和信息化管理有助于企业筹措资金、制定发展战略，同样绿色金融中介也会给公司提供绿色咨询和技术支持。绿色金融的体系化也是"去绿色化"的最终阶段和未来绿色金融世界的普遍特质，即整个产品链与金融体系的契合中都体现了"绿色"这一概念。

（三）全生命周期性（Life-cycle assessment，LCA）

生命周期评价是以产品为核心，分析、识别和评估原材料、生产过程、最终产品或生产系统在其整个生命周期中的环境影响，[①] 其最初应用可追溯到1969 年美国可口可乐公司对不同饮料容器的资源消耗和环境释放所作的特征分析。该公司在考虑是否以一次性塑料瓶替代可回收玻璃瓶时，比较了两种方案的环境友好情况，肯定了前者的优越性。[②]

未来 LCA 具有普遍的专属基础数据库。该数据库与金融工具相结合，对

---

① 　国部克彦，水口刚，& 伊坪德宏（2014）. 环境经营会计原书第 2 版. 北京：中国政法大学出版社.

② 　韦保仁（2015）. 能源与环境. 北京：中国建材工业出版社.

资金的流向起到引导作用，同时人工智能将有利于决策制定的快速化。对于企业而言，其全产业链的生命周期化意味着其在融资时必须提供整个公司上下游的污染情况，如此可避免金融资产流向本环节污染很轻，但上下游污染十分严重的企业中，而这也意味着金融意识的生命周期化。在本国金融市场生命周期化后，全球金融市场也将生命周期化，这也意味着污染转移将无从发生，因为金融投资考虑到了其产品的整个生命阶段，而并没有将视野局限在一个国家内。最后具有挑战性的是金融本身的生命周期化与金融与信息技术的创新，绿色金融存在是为了资金更高效更环保地利用，但如果绿色金融本身导致的环境伤害超过其带来价值的时候，绿色金融本身也意味着消亡，这时候例如区块链等技术将直接沟通投资者和企业，避免了中间的金融机构，也将减少一部分环境伤害。换言之，绿色金融机构本身也必须进入生命周期评估中，考虑其存在的价值。

（四）开拓性

经历高度去绿色化的未来绿色金融世界中，绿色早已成为基本需求而不再是奢求，绿色金融手段将进一步丰富，并可能与区块链、人工智能相结合，绿色金融的理念将进一步深化。例如在金融决策者制定决策时，传统方式仅仅考虑其投资回报率，而这种往往与公司历年的绩效相关，金融公司需要结合信息进行筛选和数据处理，以便得出适合投资的公司。但这一数据处理与决策过程本身意味着资源的消耗与数据的汇总，既要防止数据被篡改又要让数据便于处理。区块链可以解决前者，即其去中心化性保证了数据的保密性，其不可篡改性保证了数据的真实性，而数据的智能处理和筛选可交给人工智能完成。这有利于零散数据的快速整合和决策的迅速制定。

未来绿色金融体系将形成正反馈机制，技术进步与金融手段共同进步，相辅相成，不断有更新、更绿色、成本更低的技术进步出现，并伴随有与之相匹配的金融手段。为解决全球环境问题，将形成全球绿色金融联盟实体，进行全球环境决策、产业循环和生命周期评估。无论怎样，未来绿色金融的导向性为源头控制而不再是末端治理，即从产品诞生之前就已经利用金融手段决定了其发展方向，而非其环境污染出现后再用金融方法补全漏洞。绿色金融工具必将全面考虑生命周期化。

三、绿色评级考核机制——金融机构及其作用

未来金融世界中的绿色评级和考核机制是绿色金融的核心之一。这一评级

考核机制不仅仅适用于企业，也与金融机构本身密不可分，也是其全生命周期的环境友好性考评的主要依据之一。

(一) 绿色评级考核概述

绿色评级考核主体多元，涉及市场与消费的企业、金融机构、政府、消费者和第三方机构均为考评的主体。这些主体本身也是绿色考评的对象，也有属于自己的"绿色评分"。金融机构的评分是主体绿色评分的重要权重，也是自身存亡的主要依据之一。

(二) 企业绿色考评

企业的绿色考评是金融机构绿色考评的基础。

企业先对其本身定期进行绿色评估，确保绿色设施的运行和更新，披露其绿色运行状况，同时将其数据整合到全产业链的整个生命周期中，通过这些数据披露可以追本溯源到产品整个生命周期中的各项绿色评分。

政府通过定期检查和突击抽查等方式对企业进行核查，并给予政府权重的绿色评分。企业绿色评分与政府相差过大时将对其扣分处理。

消费者对绿色产品起到监督作用，当遇到产标不一致或其他问题时给予投诉差评，使其绿色评分下降。

金融机构的投资情况同样可以作为企业评分的重要参考，获得重点绿色金融机构注资的公司本身也可获得加分，但金融机构与企业存在不正当交易时将予以大幅降分。

以上的评级均有其权重，最后加权平均，排除企业规模差异的标准化后作为企业的绿色评分。结合云计算功能，其绿色评分将实时动态更新。

(三) 金融机构绿色评分

对于未来绿色金融体系，LCA 可与绿色企业的评分机制相结合，并与金融机构挂钩，即金融机构本身也具有绿色评分，其绿色评分是被投资公司生命周期链中评分最低公司的绿色评分，并予以标准化。金融机构的绿色评分是其决策理性和效益的体现，对于决策良好的金融机构，其绿色评分较高。由于金融机构往往只投资全产业链中的一环，而这一环的绿色程度很有可能与其他环节不一致，如果说该环节的环境成本较小，而其他环节环境成本很高，金融资本的注入同样会导致整个产业链环境成本的提高，而金融机构的绿色评分机制将有效避免大量资金注入整个生命周期环境负担严重的企业。

金融机构的绿色评分也将金融机构自身运作时产生的环境效应考虑在内。金融机构运作时不可避免有环境代价，这些环境代价是以往被忽略了的。如果金融机构想给企业一个绿色评分，其本身必须也有一个绿色评分，因为金融机构同样也是一类特殊的企业。金融机构本身如果环境代价很大，其绿色评分将会大受影响，其存在与去留也将成为问题。如果区块链、人工智能等渠道的金融方式比传统实体金融机构的环境代价更小，这将是进一步金融演化的方向。

金融机构的绿色评分对企业决策同样存在影响。当企业选择金融机构时，绿色评分较高的金融企业往往具有全局意识，并对整个产业链都有了解，更有可能对企业的发展提供建议和帮助，也能帮助企业筹措到相关产业链的资金，从而帮助企业进行重组和升级。如果说金融机构的绿色评分对其名誉和后续发展存在影响，金融机构就更会关注并尽量提高自己的绿色评分。这一正反馈机制也是市场不断向着绿色升级的演进动力。这也是绿色金融评分机制的核心作用之一。

(四) 第三方机构的绿色评分

第三方机构主要起到监督和评分的作用，评分的范围主要为金融机构和企业。第三方机构通过企业联盟等信息筹措渠道，结合实地考察和模型计算等多种方式，对企业的经营进行考评，同时金融机构也属于其考评的范围。考评的原则同样遵循生命周期分析。

此外，第三方机构也有属于自己的绿色评分，体现其对金融机构和企业考评的专业性和准确性。这一评分是政府、企业的实际表现和金融机构的决策情况、消费者的监督共同决定的。

(五) 消费者的绿色评分

在金融工具普遍平民化和数字化的未来世界，消费者和投资者早已密不可分。当投资者通过日常渠道进行投资时，金融机构会更关注这些投资者的绿色评分。绿色评分高的投资者本身就是绿色评分高的消费者，即其消费行为与投资行为是相互影响的。例如消费者将闲置资金注入未来"余额宝"时，其年化利率与其绿色积分的多少呈正相关关系。绿色积分较高的消费者往往具有较强的消费能力和较高的金融意识，也更有可能会有较多的投资经历，在理财产品推送上也会更加多元化和新映化；而绿色积分较低的消费者往往是较为保守的投资者，其理财产品推送也会更保守化和低风险化。

当未来数字货币出现后，其本身将带有记录功能，而绿色信用将直接与其数字身份相结合，具有更强的身份标识能力。在消费者支付时，根据其绿色等级的不同将给予其不同的折扣，对其日常消费行为起到引导作用。与此同时绿色积分将进一步与消费者的身份结合在一起，例如在消费者未来积分落户北京时，绿色积分的多寡也会成为一个重要的考虑因素。

(六) 金融机构绿色评分及其作用总结

金融机构的绿色评分机制本身糅合生命周期分析与其投资经验，结合了企业、消费者、政府和第三方机构对其的绿色评价，是多维的数组，而不是简单的一个数。未来的金融机构绿色评分与区块链的结合将消除其中心化并对数据的真实性提供保障，其与人工智能的结合将导致金融机构的虚化和决策的智能化。金融机构的联动中介作用将推动绿色经济的正反馈调节机制，使其不断更新和升级。

(七) 金融机构绿色评分的国际化

在涉及跨国金融流动和不同国家之间的投资抉择时，金融机构绿色评分的国际化就显得至关重要。考虑到各国金融发展水平的差异，不同国家给出的绿色评分必然存在差别，尤其是对于跨国金融机构而言，这一评分的不统一性会导致金融机构本身的复杂化。未来的金融机构的绿色评分必然是国际化的，具体可以通过各国评分的加权平均与世界组织(如世界银行，国际货币基金组织等)评分共同决定。世界银行和国际货币经济组织对跨国大企业和具有明显环境效应的企业进行系统评估，根据其在全球的生命周期性给予一套绿色评分，结合各个国家具体的情况再给予一个分国评分，这两个评分将与企业自身的评估相互综合构成一整套的金融机构的绿色评分，该评分受到消费者的监督和影响。这一绿色评分同样也是实时更新的。

总　　结

总而言之，未来的绿色金融世界是一个高度去绿色化的世界，金融市场涵盖了政府、消费者、企业、金融机构和第三方等多个环节，同时进行交叉考评，各有属于自己的绿色评分。在这个全新的世界中，绿色是"必需品"而不再是"奢侈品"。这一切我们将拭目以待。